京大合格高校盛衰史

天才たちは「西」を目指した

小林哲夫

光文社新書

はじめに

「自由な校風」「最先端研究」「ノーベル賞学者」――。

京都大について語られるキーワードである。自由な校風につつまれ、最先端研究に存分に打ち込める。その結果、日本でもっとも多くのノーベル賞学者が輩出した。これが、京都大が人気を集める大きな理由といえよう。入試最難関の東京大ではない。京都大でなければだめなのである。好きなことができる。それが、自己実現にもっとも近い大学ではないか。京都大受験生は、そこに誇りと自負を持っている。京都大には、未来のノーベル賞学者が集まる。

東ではなく西の名門大学の門を叩いた天才、秀才たちはどのような高校で学んできたか。約四分の三世紀（１９４９～２０２３年）の京都大合格者出身高校ランキングを作ってみた。

京都大に多くの逸材を送り出してきた高校のなかには、波瀾万丈感を漂わせている学校が少なくない。地域の高校入試制度に翻弄《ほんろう》され、京都大合格者がパタリと途絶えてしまったかつての名門公立高校。イケイケの進学指導で合格実績をいっきに高め、京都大合格者数日本一の座を掴んだ私立高校。そこにはいくつものドラマが生まれてきた。

「京大合格高校盛衰史」の「盛衰」をまさに体現したのが、京都府立洛北高校である。旧制京都第一中を起源としており、京都大の前身、旧制第三高等学校の合格者数では常にトップだった。ここから、ノーベル賞学者の湯川秀樹と朝永《ともなが》振一郎の２人が生まれた。戦後、新制高校として洛北に生まれ変わってからも、１９６０年代半ばまでは京都大合格者数で上位につけていたが、70年代以降はその勢いがなくなってしまう。京都府立高校の入試に、総合選抜制、小学区制が導入されたためだ。進学先が勝手に割り振られる、あるいは居住地域によって自動的に決定される制度のもとで、優秀な生徒は府立高校を敬遠するようになった。

この盛衰の歴史は、東京都立日比谷高校（旧制東京府立第一中）のそれによく似ている。同校は１９６０年代後半まで、東京大合格者数でトップの座を守りつづけていた。しかし都立高校入試に学校群制度が導入されたことで、やはり優秀な生徒が私立や国立などに進学し、日比谷からの東京大合格者数は90年代に１ケタまで落ち込んでしまう。

１９６０年代～80年代、全国の公立高校は大学受験に特化した教育から距離を置いていた。高校は受験予備校になってはいけない、という考え方である。この方針を映して、北陸、甲信越、東海、九州の一部などでも総合選抜、あるいはこれに類する学校群制度が導入された。これによって全国的に、公立の名門校、伝統校の進学実績はふるわなくなってしまう。

それにかわって京都大合格高校として表舞台に立ったのが、私立中高一貫校だった。洛星、洛南、大阪星光学院、四天王寺、甲陽学院、灘、神戸女学院、東大寺学園、西大和学園など。公立とは正反対の方向性を、つまり、大学受験に備えたカリキュラムを打ち出してきた。ただ、露骨に「京都大入試対策」と銘打った授業を設定し、受験予備校的な役割を果たしているわけでない。甲陽学院や灘など戦前からの伝統校には、教養色が強い授業がいまでもある。しかし、高校2年までに高校の全課程を修了するスタイルが当たり前のように確立しており、スムーズに大学受験へとシフトできる仕組みが徹底されているといえる。

ただ、２０００年代に入ってから、公立も京都大合格高校として巻き返しつつある。その代表例が大阪府立北野高校だ。大阪の府立高校では京都のような総合選抜が採用されず、生徒は希望の高校を受験することができた。しかし、通学区が縮小されたことにより、京都大に合格できる優秀な生徒は分散していた。合格者数の激減は見られなかったものの、長いあいだ私立の後塵《こうじん》を拝していた。しかし、北野は２０１１年に文理科を設置。進学指導にも重点を置き、10年代後半には京都大合格高校ランキングの1位に返り咲いている。

先に見た洛北と日比谷の両公立高校も、２０００年代になってそれぞれ京都大、東京大の合格者数を増やして「復活」しつつある。まさに「盛衰史」といえるだろう。

『京大合格高校盛衰史』はランキング本である。100位近くまでズラリと合格者数が並ぶのは、スポーツ新聞に載る野球の打率ランキングと同じように見えるかもしれない。実際、大学合格高校ランキングはスポーツ新聞的だと言われることがある。それには甘んじよう。

しかし、京都大合格者の出身高校ランキングからは、さまざまな教育課題も見えてくる。ぜひ、チェックしてほしい。ランキングを10年前、30年前、50年前、70年前と比べてほしい。京都大に合格する高校はなぜこんなに様変わりしたのか、という関心を持ってほしい。ここを突き詰めると、日本の教育で問われているテーマが次から次へと浮かび上がってくる。中学受験、高校入試制度、大学入試制度のあり方、学校と予備校、現役と浪人の関係、女子の進学率などだ。教育史、社会学の観点からも興味深い話がたくさん出てくるだろう。

また、姉妹本ともいうべき拙著『改訂版　東大合格高校盛衰史』（光文社新書）と読み比べてほしい。東京大合格高校は１９８０年代以降、私立が圧倒的に強く、公立が上位30校に入るのはなかなかむずかしい。一方の京都大では、公立が上位10校にもかなり顔を出している。日本の大学としてトップを争う東京大と京都大には、それぞれ私立高校と公立高校が強い。このことは何を示しているのか。出身高校によって大学のカラーは変わっていくのか。京都大関係者にノーベル賞受賞者が多いこととの因果関係はあるのか。また本書では、京都大合格体験記を多く掲載した。「自由な校風にあこがれ」という志望理由は少なくない。これも東京大には見られないことだ。興味は尽きない。

本書はこうした謎がすこしでも解き明かされるよう、さまざまな資料、証言を整理してまとめてみた。京都大合格高校について、１９４９年以降の通史はもちろん、前史として旧制三高時代も振り返った。地域別の検証に加え、京都大医学部、合格者数トップ校、女子校、京都大受験生御用達の予備校、ノーベル賞学者といった項目についても章を用意している。

本書を読みながら、高校のあり方を考えてほしい。大学受験の課題を掘り起こしてほしい。京都大の将来を問うてほしい。教育問題の資料となればこれほど嬉しいことはないが、もちろんスポーツ新聞的に読んでおもしろがってもいい。母校の合格実績に一喜一憂してもいい。京都大合格高校から、また新たなノーベル賞学者は誕生するのか。そんなことも期待しながら、高校生、そして高校関係者の京都大愛を堪能してほしい。

京都大合格高校の世界にようこそ。

京都大合格高校1位校の推移（1951-2023年）

年	高校	人
1951	鴨沂	69
1952	鴨沂	56
1953	鴨沂	42
1954	鴨沂	47
1955	洛北	51
1956	洛北	43
1957	洛北	53
1958	北野	51
1959	◎灘	47
1960	北野	49
1961	鴨沂	59
1962	◎洛星	56
1963	北野	69
1964	大手前	69
1965	天王寺	98
1966	北野	100
1967	天王寺	93
1968	北野	105
1969	北野	86
1970	天王寺	103
1971	北野	102
1972	天王寺	113
1973	天王寺	120
1974	北野	101
1975	北野	112
1976	北野	86
1977	北野	98
1978	◎洛星	78
1979	北野	96
1980	北野	82
1981	北野	82
1982	◎甲陽学院	72
1983	◎甲陽学院	77
1984	北野	82
1985	◎甲陽学院	91
1986	◎洛星	104
1987	◎灘	102
1988	◎洛南	108
1989	◎洛星	106
1990	◎洛星	116
1991	◎洛南	128
1992	◎洛南	151
1993	◎洛南	147
1994	◎洛南	135
1995	◎洛南	140
1996	◎洛南	132
1997	◎洛南	114
1998	◎洛星	101
1999	◎洛南	116
2000	◎洛南	108
2001	◎洛南	116
2002	◎洛南	103
2003	◎洛南	101
2004	◎洛南	103
2005	◎洛南	116
2006	◎洛南	101
2007	◎洛南	98
2008	◎洛南	85
2009	◎洛南	105
2010	◎西大和学園、◎洛南	83
2011	◎洛南	88
2012	◎洛南	85
2013	◎洛南	88
2014	◎洛南	79
2015	◎西大和学園	81
2016	◎洛南	69
2017	◎洛南	68
2018	北野	84
2019	北野	72
2020	北野	100
2021	北野	95
2022	北野	91
2023	北野	81

京大合格高校盛衰史

天才たちは「西」を目指した

目次

目次・章扉作成／熊谷智子
図表作成／小林ひとみ（ＫＩＰ）

京都大合格者別高校ランキングの出典、作成方法、表記について

●京都大合格者の高校別データの出典

①「京都大学新聞」(1952～1959年は「学園新聞」)に掲載された合格者氏名、出身高校(1952～78年)
②『螢雪時代』(旺文社)掲載の京都大合格者別高校一覧(1949～75年)
③『サンデー毎日』(毎日新聞社)調査(1976～85年)、『サンデー毎日』、大学通信調査(1986～2023年)
④各高校がまとめたデータ(進路指導資料、学校新聞、学校史、広報誌など)

上記データをもとにランキング作成にあたって、78年まで①を優先させた。79年以降は③と④をつきあわせ、1人合格校まで調査した。京都大が合格者出身校を非公表とした79年以降、マスコミ各社が独自調査を行っているが、合格者数にバラツキの見られる年がある。また、わずかだが未判明分がある。なお、2000～03年および2000年以降でデータ非公表の高校がある(10校未満)。これらは誤差の許容範囲内としてそのまま集計した。

●旧制第三高等学校入学者の旧制中学別データの出典

『第三高等學校一覧』(『第三高等中學校一覧』)

●表記

(1) 設置別

都道府県立・市立(東京は区立)＝無印、私立＝◎、国立＝□を校名の前に付した。

(2) 高校名のあとの注記

①初出には都道府県名をつけた。
②同名高校が存在する場合は都道府県名をつけた。向陽(京都)と向陽(愛知)、甲南(兵庫)と甲南(鹿児島)など。
③都道府県内の同名高校で設置が異なる場合、(県立)(市立)(私立)と表記したところがある。西宮(県立)と西宮(市立)、武蔵(私立)と武蔵(都立)など。
④都道府県別のランキングの項目(6章～9章)では設置のみ分けて表記した。
⑤中等教育学校は「中教」と記した。

(3) 校名の変更

①原則としてその年の校名で表記した。1966年以前＝大阪学芸大学附属、1967年以降＝大阪教育大学附属など。
②共学化した女子校は、年ごとのランキングでは当時の校名を表記した。
③統合、合併で再編された高校は、再編前と後それぞれの校名で表した。

(4) その他

①引用文の旧字・旧仮名遣いは一部、新字・新仮名遣いに改めた。
②原文で本名が示されていても、イニシャルなどを用いた個所がある。
③肩書は、原則として当時のもの。
④ウェブサイトからの引用は、年月が記されていないものは23年12月現在、公開されたもの。

1 章

京都大合格校の歴史 I

1949~1970 年

①洛北、鴨沂など地元伝統校の興隆（１９４９〜１９５５年）

【１９４９年】

戦後、教育制度が六三三四制に変わり、新制大学として初めての入試は６月に行われた。本来なら年度末の３月に入試を行うはずだが、国会での審議が長引き、国立学校設置法の施行が年度を越えてしまったため、この時期の入試となる。合格者の教育機関別内訳は、旧制の学校（高校、専門学校、高等女学校など）１１１９人、新制高校383人、新制高校卒業資格認定者27人だった。女子は53人が合格しているが、入学者は15人だった。この年の大学入学者は30万８５８２人で男子が28万５２９０人、女子が２万３２９２人である。女子率が全学生のわずか7.5%という時代だった（文科省調べ）。

大学新聞に、合格した女子のコメントが掲載されている。「男の人に圧倒されそうに感じましたが、負けぬように頑張りたいと思っています」（学園新聞49年８月１日）。

教育学部は定員50人なのに合格者は15人だった。これは学部の合格最低点と関わりがある。文系学部の最低点は法658点、経済632点、文と教育590点だった。大学新聞が説き明かす。「教育学部の五九〇点は最初の予定通り五〇人の合格者を取ることにすると、最低得点は三〇〇点位にまで落ちて他学部との釣り合いが取れなくなってしまうため、文学部の最低点五九〇点に合わせたものであり、この尺度によってふるいにかけた結果、結局五〇名の予定であった合格者が一五名になったものである」（学園新聞49年8月1日）。教育学部で定員どおりの学生を受け入れると、300点台まで下がってしまい学力レベルがかなり低くなる。そこで590点まで引き上げたら、15人しか合格できず定員割れが起こった、ということだ。

新制高校出身者383人の高校別内訳について大学、受験誌の資料は残っていない。いくつかの高校で学校史に記録が残っていた。彦根東11人、天王寺8人、三島野（大阪）8人、北野3人、三国丘《みくにがおか》1人となっている。京都大の前身となる旧制第三高校への入学者が多い旧制中学の府立京都第一中（京都一中）、京都二中は、新制高校に切りかわって洛北《らくほく》、洛南《らくなん》と改称された。両校からの京都大合格者は多いと思いきや、名前は出てこない。48年洛北、洛南はわずか半年で廃校となってしまい、存在しなかったからだ。当時の洛北に在籍していた生徒がふり返る。「京一中の生徒として一緒に学んだ友人はそれぞれの住所で定められた男女共学の新制高校へと散っていき、一中生のみが在校した洛北高等学校が消滅した。（略）昭和二四年四月には入学試験も入学式も無く、自動的に山城高等学校の一年生になった」（『むかし　京都の一中生』京一中洛北高校同窓会、２０１８年）。46年京都一中入学者は、半年だけ洛北の生徒になり、彼らのうち秀才何人かは鴨沂《おうき》に入学し京都大に進んでいる。１９５０年代前半、洛北ではなく鴨沂が合格者数1位を続けていたのはこうした理由からだ。

一方、洛南は復活ならなかった。映画監督の大島渚氏は旧制の京都二中、その後に改称した洛南に通っていたが、同校が廃校となり京都市立洛陽《らくよう》に編入する。そして50年に京都大法学部に合格した。なお、京都二中は全国高校野球選手権大会（中等学校野球選手権大会）第１回（１９１５年）の優勝校である。１９７０年代以降、京都大に多くの合格者を出した洛南は、62年に私立の東寺《とうじ》から改称した学校であり、半年しか存在しなかった公立の洛南、前身の京都二中とはなにも関係がない。

◆入学定員１５２０人／志願者４０７２人／入学者１５２９人（女子15人）

【１９５０年】

志願者が前年よりも約２６００人増えた。その背景について大学新聞がこう解説する。

「旧制大学受験者が一応願書を出したこと、私大より時期が早いこと、新制高校卒業者が増加し新教育制度が軌道に乗りだしたなどの理由によるものであろう」（学園新聞50年３月６日）。当時、存在していた旧制度の京都大（京都帝国大学からの改称で、新制京都大とは別）

1950年入試

順位	高校	人
	文学部	
1	鴨沂（京都）	10
2	西京（京都）	7
3	堀川（京都）	6
	山城（京都）	6
5	膳所（滋賀）	4
	市岡（大阪）	4
7	朱雀（京都）	3
	福知山（京都）	3
	清水谷（大阪）	3
	芦屋（兵庫）	3
	尼崎（兵庫）	3
	奈良（奈良）	3
	徳島城南（徳島）	3
	高知丸の内（高知）	3
15	浜松西（静岡）	2
	甲賀（滋賀）	2
	伏見（京都）	2
	西舞鶴（京都）	2
	園部（京都）	2
	高津（大阪）	2
	豊中（大阪）	2
	住吉（大阪）	2
	鳳（大阪）	2
	兵庫（兵庫）	2
	倉吉（鳥取）	2
	呉三津田（広島）	2
	山口東（山口）	2
	小倉（福岡）	2
	明善（福岡）	2
	教育学部	
1	鴨沂	2
	朱雀	2
	池田（大阪）	2
	尼崎	2
	工学部	
1	鴨沂	13
2	北野（大阪）	8
	天王寺（大阪）	8
4	膳所	7
	朱雀	7
	堀川	7
7	西京	6
	奈良	6
9	豊中	5
	三島野（大阪）	5
	神戸（兵庫）	5
	岡山朝日（岡山）	5
13	山城	4
	大分上野丘（大分）	4
15	大阪市立（大阪）	3
	敦賀（福井）	3
	彦根東（滋賀）	3
	洛陽（京都）	3
	西舞鶴	3
	桃山（京都）	3
	東舞鶴（京都）	3
	◎同志社（京都）	3
	市岡	3
	高津	3
	住吉	3
	大手前（大阪）	3
	今宮（大阪）	3
	芦屋	3
	兵庫	3
	姫路西（兵庫）	3
	篠山鳳鳴（兵庫）	3
	◎灘（兵庫）	3
	桐蔭（和歌山）	3
	鳥取西（鳥取）	3
	高松（香川）	3
	高松第一（香川）	3
	丸亀（香川）	3
	田川（福岡）	3
	鶴丸（鹿児島）	3
	農学部	
1	鴨沂	13
2	朱雀	12
3	西京	7
	山城	7
	桃山	7
6	北野	5
7	堀川	4
8	膳所	3
	西舞鶴	3
10	三島野	2
	神戸	2
	岡山朝日	2

には編入学枠があった。「旧制大学受験者」とはここの受験生を指しており、旧制の高校、専門学校出身者などが多い。「私大より時期が早い」とは、この年の私立大学入試について、早稲田大は３月６日、明治大は11日、上智大は29日から始まっていることが念頭にある。

　１９５０年の合格実績は受験誌（「螢雪時代」50年６月号）に一部の学部が掲載されている。４学部（文、教育、工、農）合わせて鴨沂38人、山城、朱雀《すざく》34人、堀川21人、膳所《ぜぜ》14人だった。全学生については記録に残っていないが、高校新聞と学校史によれば、鴨沂75人、西京34人、山城32人、堀川27人、北野21人、姫路西14人、天王寺８人、三島野８人、彦根東７人、三国丘４人となっている。

◆入学定員１５２０人／志願者６６２９人／入学者１５２６人（女子28人）

【１９５１年】

　志願者はさらに多くなり、前年比約３４００人増となった。大学の予想をはるかに超えるものであり、受験雑誌はこんなレポートを載せている。「大学本部の薬学部建物と吉田分校校舎の両方をフルに使ってもなお何千人という連中がはみでるはめに立ち至った。この受験ラッシュに泡を食った大学当局では、遂に立命館大学の一部まで拝借に及んで、経・理の試

1951年入試

順位	高校	人
1	鴨沂	69
2	朱雀	37
3	山城	36
4	桃山	26
5	堀川	25
6	兵庫	19
7	三島野	18
	神戸	18
9	大手前	17
10	膳所	15
	大津（滋賀）	15
12	北野	14
	豊中	14
	姫路西	14
	奈良	14
16	天王寺	13
	岡山朝日	13
18	西舞鶴	11
19	彦根東	10
	◎同志社	10
	清水谷	10
	◎灘	10
23	福知山	9
	高津	9
	豊岡	9
26	姫路東（兵庫）	8
27	上野（三重）	7
	岸和田（大阪）	7
29	宮津	6
	八尾（大阪）	6
	阿倍野（大阪）	6
	高松	6
	高松第一	6
34	新潟（新潟）	5
	武生（福井）	5
	西京	5
	園部	5
	四條畷（大阪）	5
	池田	5
	今宮	5
	夕陽丘（大阪）	5
	山本（大阪）	5
	長田（兵庫）	5
	郡山（奈良）	5
	鳥取西	5
	米子西（鳥取）	5
	松江（島根）	5
	福山東（広島）	5
	丸亀	5
	小倉	5
	鶴丸	5
52	富山中部（富山）	4
	藤島（福井）	4
	三国丘（大阪）	4
	生野（大阪）	4
	住吉	4
	市岡	4
	桜塚（大阪）	4
	柏原（大阪）	4
	星陵（兵庫）	4
	三田（兵庫）	4
	桐蔭（和歌山）	4
	日高（和歌山）	4
	米子東（鳥取）	4
	岡山操山（岡山）	4
	城北（徳島）	4
	長浜（滋賀）	4
	高知追手前（高知）	4
	高知丸の内	4
	◎土佐（高知）	4
	佐賀（佐賀）	4
72	新宿（東京）	3
	出町（富山）	3
	長岡（新潟）	3
	大聖寺（石川）	3
	松本深志（長野）	3
	飯田高松（長野）	3
	加納（岐阜）	3
	大垣北（岐阜）	3
	中津（岐阜）	3
	静岡城内（静岡）	3
	掛川西（静岡）	3
	一宮（静岡）	3
	亀岡（京都）	3
	城南（京都）	3
	洛陽	3
	寝屋川（大阪）	3
	富田林（大阪）	3
	泉陽（大阪）	3
	河南（大阪）	3
	上宮（大阪）	3
	小野（兵庫）	3
	尼崎	3
	畝傍（和歌山）	3
	新宮（和歌山）	3
	鳥取東（鳥取）	3
	倉吉	3
	大社（島根）	3
	◎関西（岡山）	3
	下関西（山口）	3
	徳島城南	3
	城東（徳島）	3
	今治西（愛媛）	3
	高知小津（高知）	3
	三池（福岡）	3

験場にあて、ここに延べ八十四教室を使用、各学部とも教授を総動員して万全を期した」（「螢雪時代」51年6月号）。

受験誌や予備校が主催する全国規模の模擬試験が行われておらず、大学受験情報が十分に行きとどかなかった時代である。自分の学力に見合っているかの判断ができないまま、さまざまな学力層が京都大を受けたことで、志願者数が膨れあがったようだ。合格者数上位５校すべてに京都の府立高校が並ぶ。２０２３年までのあいだで唯一のできごとである。また、上位71校のうち私立は灘《なだ》、同志社、土佐の３校のみだった。

◆入学定員１３０５人／志願者１万47人／入学者１３２８人（女子44人）

【１９５２年】

志願者は前年より約１７００人減少した。志願倍率では文、教育、農が高い。これら３学部の直近３年間（１９５０、51、52年）の志願者数は、教育137人↓257↓257人、文946人↓１３４８人↓１０８０人、農708人↓１３０４人↓１１２６人となっており、大学新聞はこう分析した。「受験者が万一の僥倖《ぎょうこう》を願って出願する傾向がなくなり、実力にあった学校を選ぶという慎重な態度がうかがえる。しかも、受験生のどうしても一流校に入りたい、合格したら

1952年入試

順位	高校	人
1	鴨沂	56
2	山城	35
	朱雀	35
4	膳所	29
	大津	29
6	桃山	27
7	堀川	23
	◎灘	23
9	神戸	19
10	大手前	15
11	松江	14
12	洛北（京都）	13
	北野	13
	天王寺	13
	奈良	13
	岡山朝日	13
17	彦根東	12
18	日吉ヶ丘（京都）	11
	豊中	11
	清水谷	11
	姫路西	11
22	福知山	10
	鳥取西	10
	高松	10
25	洛陽	9
	今宮	9
	阿倍野	9
	丸亀	9
29	宮津	8
	高津	8
	住吉	8
	池田	8
	三島野	8
	兵庫	8
	城北（徳島）	8
	高知追手前	8
36	伏見（京都）	7
	桂	7
	東舞鶴	7
	小野（兵庫）	7
	豊岡（兵庫）	7
	洲本（兵庫）	7
	米子東	7
	岡山操山	7
	熊本	7
45	水口（滋賀）	6
	園部	6
	◎土佐	6
	小倉	6
	佐賀	6
51	長浜（滋賀）	5
	長野北（長野）	5
	藤島	5
	武生	5
	上野（三重）	5
	綾部	5
	西舞鶴	5
	◎同志社	5
	三国丘	5
	四條畷	5
	岸和田	5
	八尾（大阪）	5
	市岡	5
	布施（大阪）	5
	夕陽丘	5
	明石（兵庫）	5
	◎甲陽学院（兵庫）	5
	観音寺第一（香川）	5
	松山南（愛媛）	5
	今治北（愛媛）	5
	高知丸の内	5
72	勝山（福井）	4
	八幡（滋賀）	4
	峰山（京都）	4
	泉尾（大阪）	4
	和泉（大阪）	4
	加古川東（兵庫）	4
	柏原（兵庫）	4
	三原（兵庫）	4
	尼崎	4
	大淀（奈良）	4
	畝傍	4
	桐蔭	4
	向陽（和歌山）	4
	新宮（和歌山）	4
	出雲（島根）	4
	勝山（岡山）	4
	門司（山口）	4
	徳山（山口）	4
	山口（山口）	4
	宇和島南（愛媛）	4
	城東（徳島）	4
	高知小津	4
	鶴丸	4

何とかなるだろうという気持ちが従来易しいといわれていた農、教育、文などの学部に予想外に殺到した結果に表れている」（学園新聞52年3月3日）。京都大ならどこでもいいから入りたいという思いから、難関といわれた法、経済、工などの学部を避けた、という見方だ。

京都一中を引き継いだ洛北が初めて卒業生を出し、13人が合格した。同校が50年に開校（事実上の復活）したときに編入した2年生だ。彼らのなかには46年京都一中に入学、同校を引き継いだ洛北が48年に閉校したため移動先である鴨沂、山城、市立洛陽などに急きょ作られた附設中学の3年へ編入、49年にそのまま移動先の系列高校へ入学した者もいる。50年にあらためて洛北が開校し、移動先から洛北に通える学区内在住という理由により編入という形で戻ってきたわけだ。教育制度変更で振り回された世代であり、いい迷惑だった。

終戦から7年しか経っていない。多くの受験生は経済的に厳しい生活のなかで勉強を続けた。法学部合格の男子（東京・大森）がこう話す。「浪人してから家の事情があって三月末から六月迄《まで》約三カ月アルバイトを続けました。一日の労働の疲れでその期間中は何もできず、勉強始めたのは七月に入ってからでした」（「螢雪時代」52年5月号）。

ラ・サールから初めての合格者を出した。

◆入学定員１５３９人／志願者８３４８人／入学者１４５６人（女子48人）

【1953年】

倍率がもっとも高かったのは医学部医進課程で、9.5倍だった。医学部はこう受け止めている。『海のものとも山のものともつかないので、こんなに志願者が増えたのでしょうね』（医学部某教授）ともいわれ、また、『こんなにお医者さんになり度《た》い人が多いはずがないですがね』（同）と不審がられている」（学園新聞53年3月２日）。

戦後の学制改革、六三三四制度導入で１９４７年にスタートした新制中学の入学者が大学入試を迎えた。新制の中学、高校出身者は、旧制の中学、高校修了者よりも学力は低いとみなされた。教科内容のレベルが違うからだ。それゆえ、入試では旧制の学校を経験した浪人が有利と受験誌はみており、こう伝える。「今年の現役組は初めて新制中学の全課程をおえた人達で、基礎学力が薄弱であるから、今年こそ浪人の稼ぎ年であると一般にいわれているが、鴨沂高校などで、昨年でさえ合格者の三分の二が浪人であったということだから、今年はそれを上回る浪人の合格をみるかもしれない」（「螢雪時代」53年6月号）。

進学適性検査（進適）と内申書で、978人が学科試験の受験資格を与えられなかった。進適とは、心理検査、知能検査を応用した試験のことで、学科試験では資質、能力を測るものとして、新制大学入試制度スタート時から活用された。受験者に課せられる共通テストで「足

1953年入試

順位	高校	人	順位	高校	人	順位	高校	人
1	鴨沂	42		岡山操山	8		倉吉	5
2	洛北	37		津山	8		倉敷青陵	5
3	大津東（滋賀）	32		徳島城南	8		山口	5
	北野	32		今治西	8		防府	5
5	山城	31		熊本	8		松山東	5
6	堀川	24	35	武生	7		佐賀	5
	大手前	24		日吉ヶ丘	7	66	新宿	4
8	桃山	21		龍野（兵庫）	7		高田（新潟）	4
9	◎灘	17		福山誠之館	7		木津（京都）	4
	土佐	17		高松	7		伏見	4
11	朱雀	16		高知丸の内	7		四條畷	4
12	西京	15		小倉	7		今宮	4
	洛陽	15	42	長野北（滋賀）	6		八尾	4
14	◎同志社	13		津（三重）	6		桜塚	4
15	天王寺	12		長浜北（滋賀）	6		高槻（大阪）	4
16	彦根東	11		草津（滋賀）	6		篠山	4
	清水谷	11		桂	6		洲本	4
	姫路西	11		住吉	6		御影	4
	岡山朝日	11		夕陽丘	6		星林（和歌山）	4
20	◎甲南（兵庫）	10		◎甲陽学院	6		鳥取東	4
	奈良女子大学附属（奈良）	10		奈良	6		広島皆実（広島）	4
				郡山（奈良）	6			
22	豊中	9		松山南	6		宇部	4
	春日丘（大阪）	9	53	綾部	5		下関西	4
	神戸	9		三島野	5		柳井	4
25	西舞鶴	8		三国丘	5		丸亀	4
	福知山	8		長田	5		高知追手前	4
	高津	8		星陵	5			
	池田	8		尼崎	5			
	市岡	8		鳥取西	5			

長浜→長浜北、膳所→大津東

きり」に使われており、のちの共通一次やセンター試験のような位置付けのように見える。だが、これらとは出題内容は異なり、学科試験のように練習や慣れでは得点できない、人間の潜在的な能力を見るものと言われた。一方で進適には有効な対策があるという見方もあった。いずれにせよこの頃、京都大は進適を活用して、受験生を門前払いしたのである。

◆入学定員１４３５人／志願者８９７３人／入学者１４３３人（女子42人）

【１９５４年】

志願者が前年比で約２０００人減少した。大学新聞の見立ては、「世界史が必須だったこと、２学部以上の併願が許されなかったことと進適による〝足きり〟を恐れて阪大、大阪市大などに方向を変えた人が多かったためと見られている」（学園新聞54年3月1日）。

教育学部合格の女子（大阪・春日丘《かすがおか》）が話す。「進適の結果。両親のすすめもいれましたが、いまの社会情勢のなかでの教育の重要性、実状にたいする自分の不満が、結局根底にあると思います」（「京大を受ける人のために」京都大学新聞、54年）。

入学後の健康診断でトラホーム（慢性結膜炎による視覚障害）が多いことがわかった。大学の保健診療所長の見解は「発育状態が例年よりずっと悪く、とくに体格がずっと小さくな

1954年入試

順位	高校	人
1	鴨沂	47
2	洛北	45
3	山城	41
4	朱雀	29
5	北野	28
6	◎灘	26
7	大津東	19
	堀川	19
	大手前	19
10	桃山	18
	西京	18
12	住吉	17
13	天王寺	16
14	高津	15
15	洛陽	14
	◎甲南（兵庫）	14
	□奈良女子大学附属	14
18	◎同志社	13
19	姫路西	12
20	彦根東	11
	城南（京都）	11
	岡山朝日	11
23	日吉ヶ丘	10
	豊中	10
	高松	10
26	福知山	9
	三島野	9
	三国丘	9
29	清水谷	8
	兵庫	8
	龍野	8
	尼崎	8
	高松第一	8
	土佐	8
35	八日市（滋賀）	7
	綾部	7
	神戸	7
	柏原	7
	鳥取西	7
	熊本	7
41	長野北	6
	桂	6
	宮津	6
	峰山	6
	池田	6
	八尾	6
	春日丘	6
	山本	6
	◎甲陽学院	6
	福山誠之館	6
	坂出（香川）	6
	松山南	6
53	藤島	5
	岐阜（岐阜）	5
	草津	5
	嵯峨野	5
	東舞鶴	5
	伏見	5
	四條畷	5
	岸和田	5
	夕陽丘	5
	◎高槻	5
	芦屋（兵庫）	5
	米子東	5
	倉敷青陵	5
	岡山操山	5
	西大寺（岡山）	5
	呉宮原（広島）	5
	呉三津田	5
	防府	5
	新居浜東	5
	鶴丸	5
73	小石川（東京）	4
	新潟	4
	小松（石川）	4
	大聖寺	4
	敦賀	4
	伊那北（長野）	4
	須坂（長野）	4
	◎東海（愛知）	4
	西舞鶴	4
	市岡	4
	夢野台（兵庫）	4
	倉吉東（鳥取）	4
	松江	4
	徳山	4
	岩国（山口）	4
	松山東	4
	明善（福岡）	4
	大分上野丘（大分）	4
	宮崎大宮（宮崎）	4

倉吉→倉吉東

ってきている。これは受験に無理をするからとも考えられる…」である（学園新聞１９５４年４月19日）。戦後10年の貧しい時代にあって無理をした受験生が多かったようだ。

進学適性検査の平均点は28・8点（100点満点）。京都大合格者上位校における進適の生徒平均点は次のとおり。①鴨沂37・4点、②洛北38・9点、③山城40・2点、④朱雀――、⑤北野42・4点、⑥灘46・5点、⑦大手前44・0点、⑧大津東（膳所）35・1点、⑨堀川35・7点、⑩桃山34・6点。なお、同年東京大合格者1位の日比谷は53・2点だった。京都の高校が東京や大阪の高校に比べて低くなっているのは、総合選抜制、小学区制を採り入れており鴨沂、洛北などの伝統校にはさまざまな学力の生徒が在籍していたことによる。

◆入学定員１４２７人／志願者７１７６人／入学者１４５６人（女子48人）

【１９５５年】

洛北がトップとなった。だが、地元では鴨沂の評判はまだまだ高い。同校の2年生男子がふり返る。「高校は学区制の選択で選択の余地はなかったが、鴨沂高校は優秀な先輩のおかげで実力№１の評価を得ていた。当時、入学するためにわざわざ越境している仲間が何人も居たはずである」（『鴨沂の歩み』京都府立鴨沂高等学校旧教職員の会、２０１０年）。

1955年入試

順位	高校	人
1	洛北	51
2	鴨沂	43
3	膳所	32
	山城	32
5	朱雀	29
6	北野	25
7	◎灘	24
8	堀川	22
9	大手前	21
10	桃山	20
11	◎同志社	19
12	天王寺	18
13	彦根東	14
14	紫野（京都）	13
	豊中	13
16	西京	12
	住吉	12
18	福知山	11
	三島野	11
	◎修道（広島）	11
21	松本深志	10
	日吉ヶ丘	10
	市岡	10
	□奈良女子大学附属	10
	奈良	10
	岡山操山	10
27	藤島	9
	高津	9
	◎甲陽学院	9
	松江	9
	岡山朝日	9
32	◎六甲	8
	兵庫	8
	高松	8
35	城東（徳島）	7
	津	7
	宮津	7
	西舞鶴	7
	洛陽	7
	長田	7
	高松第一	7
	◎ラ・サール（鹿児島）	7
43	高槻	6
	姫路西	6
	洲本	6
	鳥取東	6
	米子東	6
	出雲	6
	倉敷青陵	6
	観音寺第一	6
51	嵯峨野（京都）	5
	寝屋川	5
	神戸	5
	八鹿（兵庫）	5
	尼崎	5
	◎甲南（兵庫）	5
	畝傍	5
	鳥取西	5
	浜田（島根）	5
	□広島大学附属福山（広島）	5
	防府	5
	徳島城南	5
	松山南	5
	小倉	5
	熊本	5
	大分上野丘	5
67	日比谷（東京）	4
	高志（福井）	4
	伊那北（長野）	4
	大垣北（岐阜）	4
	静岡城内	4
	浜松北（静岡）	4
	四日市（三重）	4
	神戸（三重）	4
	綾部	4
	四條畷	4
	西宮（兵庫）	4
	芦屋	4
	星林	4
	呉三津田	4
	下関西	4
	丸亀	4
	◎土佐	4
	修猷館（福岡）	4
	八代（熊本）	4
	鶴丸	4

大津東→膳所

医学部合格の男子（東京・小石川）がこう話す。「三カ月に一ぺんくらいは、どうしても胸を診てもらったほうがいいですね。あれをやってもらうと、あとは安心して思いきりできますから」（「螢雪時代」55年8月号）。医療、保健衛生面が十分に整備されていなかった時代だ。肺の診察とは、この頃、まだ結核の患者が多かったからだろう。１９３５年から１９５０年まで、日本人の死亡原因の首位は結核であり、国民から恐れられていた。帝国大学、旧制高校、旧制中学の学生や生徒のなかには結核で休学を余儀なくされている者がいた。51年、結核予防法が制定され、抗生物質（ストレプトマイシン）使用による化学療法が普及したことで１９５０年代後半から結核病患者は著しく減少した。

◆入学定員１５６５人／志願者８２４２人／入学者１４４６人（女子41人）

②北野、大手前、天王寺の進出（1956〜1962年）

【1956年】

浪人が増えたことが社会問題になりつつあった。浪人率が高かったのは農学部86・2%、教育学部78・6%である。農学部の浪人は131人であり、浪人年数は1浪72人、2浪42、3浪10人、4浪5人、5浪2人だった。前年、農学部の合格最低点は600点だった。ほかの理系学部は理学部640点、医学部医学科706点、同薬学科648点だったことから、大学新聞はこう分析した。「このように前年度競争が厳しかったところを敬遠し低かったところに浪人生が進出…（略）とにかく入学しやすい学部をねらうという受験生心理を示している」（学園新聞1956年3月26日）。合格最低点が低いところは合格しやすいという心理から、農、教育が人気学部になったわけだ。

合格者21人の大津東（滋賀）が膳所に改称した。同校は新校舎建設で募金活動をしていたところ、卒業生から校名を元の膳所に戻してほしいという声がたくさんあがる。「校名には永い伝統を誇る、また由緒あるところの『膳所』の名に戻して貰いたい。そうすればわれわれも母校という気持ちがはっきりして積極的に応援するとの声が盛り上がってきた」（『百年

1956年入試

順位	高校	人
1	洛北	43
2	鴨沂	31
	北野	31
	◎灘	31
5	高津	28
6	紫野	25
	朱雀	25
8	膳所	21
	堀川	21
	大手前	21
	□奈良女子大学附属	21
12	天王寺	20
13	豊中	19
14	山城	18
15	桃山	16
	◎同志社	16
17	岡山朝日	15
18	彦根東	14
	茨木	14
	住吉	14
	小倉	14
22	姫路西	13
23	福知山	12
24	嵯峨野	11
	綾部	11
	西京	11
	高松第一	11
28	日吉ヶ丘	10
	◎甲陽学院	10
30	長田	9
	奈良	9
	鳥取西	9
33	城東（徳島）	8
	津	8
	西舞鶴	8
	城南（京都）	8
	神戸	8
	兵庫	8
	高松	8
	◎土佐	8
41	長野	7
	洛陽	7
	徳島城南	7
	熊本	7
45	◎六甲	6
	藤島	6
	園部	6
	三国丘	6
	寝屋川	6
	岡山操山	6
	広島国泰寺（広島）	6
	◎修道	6
53	岐阜	5
	大垣北	5
	東海	5
	宮津	5
	桂	5
	清水谷	5
	今宮	5
	八尾（大阪）	5
	倉敷青陵	5
	津山	5
	山口	5
	丸亀	5
	松山東	5
66	秋田（秋田）	4
	熊谷（埼玉）	4
	掛川西	4
	宇治山田（三重）	4
	松阪（三重）	4
	水口	4
	東舞鶴	4
	春日丘	4
	豊岡	4
	芦屋	4
	八鹿	4
	◎甲南（兵庫）	4
	□広島大学附属（広島）	4
	宇部（山口）	4
	松山南	4
	佐賀（佐賀）	4
	大分上野丘	4
	都城泉ヶ丘（宮崎）	4
	◎ラ・サール	4

三島野→茨木

史』1998年）。膳所のほうが応援募金が集まりやすい、というわけだ。

◆入学定員1585人／志願者7895人／合格者＝現役537人、浪人820人（60・4％）／入学者1449人（女子45人）〈ここから合格者およびその現浪別を掲載〉

【1957年】

浪人率は前年より高く65・8％となった。志願者は減少しており、大学新聞はこう分析した。「①受験生が自分の実力に適した大学を選ぶようになり、高校側の進学指導が軌道に乗ってきたこと、②地方大学がようやく充実しつつあること、③受験料の値上げによって、他大学とのかけもち受験や、腕試し組が減ったこと」（学園新聞1957年3月4日）。

教育学部合格者48人（女子2人）。現役は3人で浪人比率93・7％。農学部は130人（女子は1人）で現役は21人。浪人比率86・0％。経済、工学部は女子合格者0人だった。

1位洛北53人は同校歴代（1951～2023年）でもっとも多い。同校教員は、洛北からの京都大合格者の目安をこう語っている。「学習成績なら大体五科目の平均四以上、模試（五回）の平均点五五〇点（一〇〇〇点満点）以上（京大については模試の平均五五〇点ぐらいの生徒は、六五〇～七〇〇点以上をとっている）——が合格圏内にあることが明確にな

1957年入試

順位	高校	人
1	洛北	53
2	鴨沂	37
3	膳所	34
4	北野	32
5	◎灘	30
6	朱雀	29
7	大手前	24
	天王寺	24
9	住吉	23
10	紫野	22
11	山城	21
12	彦根東	19
	高津	19
14	日吉ヶ丘	16
	神戸	16
	□奈良女子大学附属	16
17	堀川	14
	福知山	14
	姫路西	14
20	桃山	13
	茨木	13
	豊中	13
23	岡山操山	11
	□広島大学附属	11
25	藤島	9
	城南（京都）	9
	◎同志社	9
	奈良	9
	鳥取東	9
	熊本	9
31	津	8
	西京	8
	桂	8
	市岡	8
	兵庫	8
	柏原	8
	岡山朝日	8
	防府	8
39	六甲	7
	松本深志	7
	嵯峨野	7
	綾部	7
	洛陽	7
	芦屋	7
	松江	7
	呉三津田	7
	下関西	7
	山口	7
	城南（徳島）	7
	高松	7
	◎土佐	7
52	新潟	6
	長野北	6
	伊那北	6
	浜松北	6
	旭丘（愛知）	6
	峰山	6
	龍野	6
	鳥取西	6
	米子東	6
	佐賀	6
	鶴丸	6
63	□金沢大学附属	5
	武生	5
	西舞鶴	5
	木津	5
	三国丘	5
	◎甲陽学院	5
	津山	5
	□広島大学附属福山	5
	広島国泰寺	5
	徳山	5
	岩国	5
	松山東	5
	修猷館	5
	小倉	5
77	高崎（群馬）	4
	小石川	4
	高田（新潟）	4
	高志	4
	上田松尾（長野）	4
	静岡	4
	沼津東	4
	四日市	4
	八日市	4
	河守（京都）	4
	今宮	4
	高槻	4
	加古川東	4
	長田	4
	倉吉東	4
	倉敷青陵	4
	高梁	4
	福山葦陽（広島）	4
	◎修道	4

徳島城南→城南

った」（「螢雪時代」57年6月号）。１９５０年代、総合選抜制、小学区制でも優秀な生徒が洛北に集まっていた時代だ。保護者に京都大教員が多かったといわれている。

◆入学定員１６７０人／志願者７４２３人／合格者＝現役485人、浪人937人（65・8％）／入学者１５１５人（女子36人）

【１９５８年】

浪人率61・8％で前年よりやや減った。１９５９年には新しい高校教育課程を受けた高校新卒生が受験するので、浪人は「今年じゅうに受からなければならない」という心理状態になり、京都大よりも合格可能性が高い大学を選んだから、と高校、大学関係者は見ている。高校教育課程や入試制度が変わるとき、新しい課程と制度への対応がむずかしい（一からやり直さねばならない）浪人が、変化する前年に弱気な受験行動に走ることがあり、それはのちの共通一次、センター試験、大学共通テスト導入時にも見られた。

洛星から初めて合格者を出した。

◆入学定員１７０５人／志願者７０１１人／合格者＝現役568人、浪人917人（61・8％）／入学者１５７７人（女子37人）

1958年入試

順位	高校	人
1	北野	51
2	洛北	45
3	紫野	34
4	膳所	33
	鴨沂	33
6	朱雀	26
7	大手前	25
8	天王寺	24
	高津	24
10	山城	21
	◎灘	21
12	嵯峨野	19
	桃山	19
	神戸	19
15	彦根東	18
16	茨木	17
	高松	17
18	三国丘	16
19	豊中	15
20	藤島	14
	堀川	14
	岡山朝日	14
23	西京	13
	住吉	13
	姫路西	13
26	◎同志社	12
	□広島大学附属福山	12
28	静岡	11
	鳥取西	11
30	市岡	10
	◎甲陽学院	10
	佐賀	10
33	松本深志	8
	津	8
	洛陽	8
	□奈良女子大学附属	8
	宇部	8
	丸亀	8
39	小田原	7
	◎東海	7
	◎洛星（京都）	7
	米子東	7
	岡山操山	7
	◎修道	7
45	新潟	6
	若狭（福井）	6
	長野	6
	四日市	6
	綾部	6
	日吉ヶ丘	6
	城南（京都）	6
	◎高槻	6
	加古川東	6
	星林	6
	倉敷青陵	6
	城南（徳島）	6
	西条（愛媛）	6
	熊本	6
59	前橋（群馬）	5
	高田（新潟）	5
	浜松北	5
	旭丘	5
	東舞鶴	5
	桂	5
	今宮	5
	◎六甲	5
	倉吉東	5
	松江	5
	岩国	5
	今治西	5
	小倉	5
72	秋田	4
	太田（群馬）	4
	立川	4
	高志	4
	武生	4
	伊那北	4
	上田松尾	4
	岐阜	4
	虎姫（滋賀）	4
	長浜北	4
	高島	4
	西舞鶴	4
	峰山	4
	園部	4
	四條畷	4
	寝屋川	4
	兵庫	4
	龍野	4
	奈良	4
	桐蔭	4
	□広島大学附属	4
	三原（広島）	4
	防府	4
	観音寺第一	4
	松山東	4
	松山北（愛媛）	4
	◎土佐	4
	三池	4
	八幡（福岡）	4
	宮崎大宮	4

長野北→長野

【１９５９年】

愛光（愛媛）から初めて合格者を出した。同校は57年夏休みに２年生105人を東京の予備校へ「集団入学」させ35日間の講習を受けさせた。学校史によればマスコミが取り上げたことで「識者や評論家からは『地方教育の劣等感』『新教育の精神からいえば、入試地獄を助長するもの』『自分だけがよい子になろうとするようで、人間形成に欠陥が生じる』『ある意味でのエリート教育はぜひ必要』との否定・肯定論が繰り広げられた」（『愛光学園50年史』２００２年）。２０００年代以降、当たり前になった高校と予備校の連携の嚆矢《こうし》と言えようか。今ならばどこからも文句は出ない。最先端と評価されることさえある。

合格発表日は１９６０年代まで学部ごとに分かれていた。59年は経済学部３月17日11時、理学部12時、教育学部12時30分、法学部13時30分。医、文学部は18日昼過ぎ、農学部19日夜、工学部21日昼だった。１９７０年代以降、合格発表は全学部１日で終了した。

◆入学定員１７８５人／志願者６８６９人／合格者＝現役701人、浪人913人（56・6％）／入学者１６６３人（女子51人）

1959年入試

順位	高校	人
1	◎灘	47
2	北野	41
3	鴨沂	40
4	洛北	38
5	大手前	37
6	紫野	36
7	膳所	31
	山城	31
9	高津	28
10	茨木	27
11	姫路西	25
12	藤島	22
	豊中	22
	神戸	22
15	岡山朝日	21
16	堀川	20
17	朱雀	18
18	桃山	17
	◎甲陽学院	17
20	西京	16
	◎洛星	16
	天王寺	16
23	住吉	15
	□奈良女子大学附属	15
25	□金沢大学附属	14
	静岡	14
	小倉	14
28	洛東（京都）	13
	◎同志社	13
	三国丘	13
	熊本	13
32	岡山操山	12
33	彦根東	11
34	八日市	10
	嵯峨野	10
	城南（徳島）	10
37	鳥取西	9
	□広島大学附属福山	9
	◎修道	9
40	長野	8
	◎東海	8
	虎姫	8
	福知山	8
	洛陽	8
	高松	8
	◎ラ・サール	8
47	浜松北	7
	城南（京都）	7
	伏見	7
	四條畷	7
	池田	7
	桐蔭	7
	松江	7
	倉敷青陵	7
	□広島大学附属	7
	山口	7
	◎土佐	7
	大分舞鶴	7
59	武生	6
	津	6
	日吉ヶ丘	6
	峰山	6
	◎六甲	6
	奈良	6
	津山	6
	呉三津田	6
	防府	6
	新居浜西	6
	松山南	6
70	前橋	5
	日比谷	5
	松本深志	5
	諏訪清陵（長野）	5
	西尾（愛知）	5
	八尾	5
	長田	5
	豊岡	5
	広島国泰寺	5
	観音寺第一	5
	坂出	5
	松山北	5
	◎愛光	5
	大分上野丘	5
84	新潟	4
	若狭	4
	上田	4
	岐阜	4
	時習館（愛知）	4
	四日市	4
	宮津	4
	兵庫	4
	鳥取東	4
	米子東	4
	浜田	4
	大社（島根）	4
	広島観音（広島）	4
	福山誠之館	4
	丸亀	4
	甲南（鹿児島）	4

上田松尾→上田

【1960年】

北野が初めてトップとなった。この年の入学者には安保闘争が待ち構えていた。工学部に合格した男子（石川・金沢大学附属）がふり返る。「僕等が長い受験準備期間から解放されてホッとしている矢先、『安保、安保』とさわがれたのではまったく『あほう、あほう』と聞こえようと言うものだ。（略）安保改定は悪いにしても暴力的革命的全学連のやり方には賛成できない。京大も東大と同じく学生運動でも全国の雄であると思う」（「増進会旬報」60年7月11日号）。

京都大は関西で学生運動の中心となり、「暴力的革命的」な活動家が多く輩出した。56年経済学部入学の北小路《きたこうじ》敏《さとし》氏（京都・紫《むらさき》野《の》）は60年安保で全学連を指揮し、その後中核派幹部となった。

◆入学定員１８５５人／志願者６８７６人／合格者＝現役が725人、浪人１０１７人（58・４%）／入学者１８４１人（女子57人）

【1961年】

入学定員が前年比170人で増えた。工、文の２学部で100人以上も枠が広がり、医学部薬学科

1960年入試

順位	高校	人
1	洛北	49
	北野	49
3	鴨沂	46
4	紫野	44
5	膳所	39
6	大手前	30
	◎灘	30
8	彦根東	28
	朱雀	28
10	天王寺	25
	高津	25
12	堀川	24
	茨木	24
14	神戸	23
15	桃山	22
	岡山朝日	22
17	高松	20
18	姫路西	19
	◎甲陽学院	19
20	山城	18
	住吉	18
22	豊中	17
23	洛陽	16
	□奈良女子大学附属	16
	城南（徳島）	16
26	西京	15
27	嵯峨野	14
	桂	14
29	藤島	13
	福知山	13
	◎洛星	13
	◎修道	13
	熊本	13
34	城南（京都）	12
	洛東	12
	岡山操山	12
37	松本深志	11
	静岡	11
	津	11
	日吉ヶ丘	11
	□広島大学附属福山	11
	小倉	11
43	丸亀	10
44	◎東海	9
	綾部	9
	兵庫	9
	鳥取西	9
	倉敷青陵	9
	□広島大学附属	9
	宇部	9
	◎土佐	9
52	前橋	8
	□金沢大学附属	8
	旭丘	8
	時習館	8
	虎姫	8
	三国丘	8
	出雲	8
	◎愛光	8
60	新宿（東京）	7
	沼津東（静岡）	7
	伏見	7
	◎同志社	7
	芦屋	7
	八鹿	7
	佐賀	7
	宮崎大宮	7
	◎ラ・サール	7
69	長野	6
	岐阜	6
	浜松北	6
	亀岡	6
	◎高槻	6
	長田	6
	福岡（福岡）	6
	山口	6
77	高岡（富山）	5
	上田	5
	明和（愛知）	5
	伊勢（三重）	5
	須知（京都）	5
	岸和田	5
	加古川東	5
	柏原	5
	奈良	5
	鳥取東	5
	呉宮原	5
	下関西	5
	坂出	5
	鶴丸	5

が薬学部として独立し40人の増員となった。ラ・サールが前々年から8人↓7人↓5人と減らした。一方で東京大は同・7人↓13人↓17人と増やしている。また、61年は一橋大7人、早稲田大17人、九州大14人など難関大学で合格者数増となった。東京大志向が強まったと言える。ラ・サールの教員がその原因についてこう見る。「志望別の組分けを2月早々行い、受験体制をととのえたこと、平常の授業を厳格に行い七月に補習し酷暑の八月を休み九月以降は毎週英数国社理五教科の実力テストを試行したことが大きい」（「螢雪時代」61年6月号）。

教育学部に合格した竹内洋《よう》さん（新潟・両津）は浪人生活を送っていた。こうふり返る。

「一浪の初期は、田舎から東京の予備校に行って、ただただ朋輩《ほうばい》のできるのに唖然とするだけでした。予備校での授業は、基礎はできているものとして応用段階を講義するので、英・数・国はどうやらついていけたのですが、理・社は問題中心で基礎から何もできていない僕は焦るばかりでした」（「螢雪時代」１９６１年8月号）。竹内さんはのちに京都大教育学部教授となり教育社会学の研究者となる。

◆入学定員２０２５人／志願者６８２４人／合格者＝現役868人、浪人１０１９人（55・８%）／入学者２０５７人（女子87人）

1961年入試

順位	高校	人
1	鴨沂	59
2	北野	58
3	洛北	50
4	天王寺	44
5	大手前	43
6	紫野	41
7	◎灘	40
8	◎洛星	39
9	神戸	38
10	膳所	35
11	朱雀	32
	◎甲陽学院	32
13	茨木	31
14	藤島	30
15	高津	29
16	姫路西	28
17	山城	24
18	西京	23
19	岡山朝日	22
20	桃山	21
	□奈良女子大学附属	21
22	彦根東	20
23	城南（徳島）	19
24	堀川	18
	岡山操山	18
	高松	18
27	□広島大学附属福山	17
28	旭丘	16
	日吉ヶ丘	16
	洛陽	16
	豊中	16
	住吉	16
33	嵯峨野	15
	兵庫	15
	松江	15
36	東海	14
	城南（京都）	14
38	洛東	12
	広島大学附属	12
40	桂	11
	◎同志社	11
	奈良	11
	修道	11
	小倉	11
45	三国丘	10
	桐蔭	10
47	□金沢大学附属	9
	松本深志	9
	岐阜	9
	市岡	9
	呉三津田	9
52	長野	8
	浜松北	8
	虎姫	8
	◎六甲	8
	山口	8
	観音寺第一	8
	熊本	8
59	前橋	7
	伊勢	7
	西舞鶴	7
	福知山	7
	伏見	7
	豊岡	7
	呉宮原	7
	丸亀	7
67	秋田	6
	栃木	6
	甲府第一（山梨）	6
	静岡	6
	津	6
	綾部	6
	四條畷	6
	◎高槻	6
	柏原	6
	米子東	6
	倉敷青陵	6
	新居浜西	6
	修猷館	6
80	新宿	5
	高岡	5
	飯田（長野）	5
	上田	5
	大垣北	5
	清水東（静岡）	5
	明和	5
	清水谷	5
	加古川東	5
	芦屋	5
	八鹿	5
	鳥取西	5
	宇部	5
	今治西	5
	福岡（福岡）	5
	◎ラ・サール	5

飯田高松→飯田

【1962年】

洛星が56人で初めてトップになる。同校教員の話が受験誌に掲載されている。「校内模試は全然やっておらず、受験準備はまったく個人の自由意志にまかせている。ただ、本校としては志望校受験に必要な科目を優先的にとらせるようにしたこと、志望校の決定には個人別にガイダンスを行ったことがよかったと思っている」（「螢雪時代」62年6月号）。

京都の公立が大きく減らしている。大学新聞も気になったようだ。「鴨沂が二七人減、洛北が一二人減と大きく後退しているのは、いずれも公立校だ。今年進出した灘、洛星などの私立高校に比べると何か考えさせるものがある」（京都大学新聞62年3月26日号〈学園新聞から改称〉）。公立信仰の強さがうかがえる。

広島大学附属は17人合格者を出した。同校は１９５０年代後半、受験指導にかなり力を入れていた。学校史の記述にこうある。「生徒・教官ともに従来以上に馬力をかけることにしています。たとえば、補習の強化とともに、各個人の進路指導カードを作成して、受験校決定を科学的に行うよう努力してまいりたいと思います」（『創立百年史』２００５年）。

◆入学定員２０２５人／志願者８１０６人、合格者＝現役１０４６人、浪人１０７３人（50・6％）／入学者２２１４人（女子96人）

1962年入試

順位	高校	人
1	◎洛星	56
2	◎灘	55
3	紫野	54
4	北野	53
5	天王寺	50
6	膳所	49
7	大手前	40
8	洛北	38
9	◎甲陽学院	34
10	鴨沂	32
	高津	32
	神戸	32
13	旭丘	31
	茨木	31
15	姫路西	30
16	山城	28
17	豊中	27
18	藤島	26
19	岡山朝日	25
20	◎修道	23
	高松	23
22	桃山	22
23	城南（徳島）	21
24	彦根東	20
	奈良	20
	□広島大学附属福山	20
	小倉	20
28	堀川	19
	□奈良女子大学附属	19
	岡山操山	19
31	西京	18
32	朱雀	17
	桂	17
	住吉	17
	□広島大学附属	17
36	□金沢大学附属	16
	熊本	16
38	三国丘	14
39	長野	13
	洛陽	13
	◎同志社	13
42	岐阜	12
	静岡	12
	日吉ヶ丘	12
45	大垣北	11
	時習館	11
	嵯峨野	11
48	浦和（埼玉）	10
	明和	10
	◎東海	10
	津	10
	洛東	10
	伏見	10
	防府	10
	佐賀	10
	◎ラ・サール	10
57	松本深志	9
	清水谷	9
	◎土佐	9
	修猷館	9
61	◎高槻	8
	鳥取西	8
	松江北	8
	呉三津田	8
	山口	8
	丸亀	8
67	立川	7
	新潟	7
	上田	7
	浜松北	7
	沼津東	7
	福知山	7
	長田	7
	尼崎	7
	桐蔭	7
	新居浜西	7
	長崎東（長崎）	7
	宮崎大宮	7
79	伊那北	6
	伊勢	6
	市岡	6
	兵庫	6
	宇部	6
	下関西	6
85	秋田	5
	宇都宮（栃木）	5
	両国（東京）	5
	勝山（福井）	5
	甲府第一	5
	諏訪清陵	5
	岡崎（愛知）	5
	綾部	5
	東舞鶴	5
	加古川東	5
	芦屋	5
	◎六甲	5

③東京大入試中止で混沌（１９６３〜１９７０年）

【１９６３年】

女子入学者が初めて100人を超えた。女子校では神戸女学院から２人合格している。

京都市立洛陽が洛陽工業、同市立伏見《ふしみ》が伏見工業、また、同市立西京が西京商業へ改称される。いずれも普通、商業、工業の３科あったが、洛陽と伏見は工業科、西京は商業科の専門高校になった。１９５９年から63年までの合格者累計は洛陽65人、伏見39人、西京は86人を数え、京都の高校では鴨沂、洛北には及ばないものの上位20校に入っていた。

63年、洛陽工業、伏見工業は工業科だけの学校になったので、前年まで洛陽、伏見両校の普通科に在籍していた生徒（両校合わせて820人）は、同年新設の市立塔南《とうなん》へ転校した。塔南の京都大合格者は64年６人、65年９人、66年11人、67年18人、68年19人となっている。洛陽、伏見の秀才たちが学びの場を変えて京都大に進んだことになる。また、西京の普通科が堀川に移り、堀川の商業科が西京に移って、西京商業となった。伏見工業はラグビー強豪校となり、全国高校ラグビーフットボール大会では80年、92年、２０００年、05年に優勝している。

◆入学定員２０２５人／志願者７７７１人、合格者＝現役993人、浪人１１７８人（54・3

1963年入試

順位	高校	人
1	北野	69
2	天王寺	67
3	◎洛星	54
4	大手前	53
5	洛北	46
6	紫野	42
7	膳所	41
	神戸	41
9	◎灘	38
10	旭丘	37
	高津	37
12	茨木	36
	豊中	36
	姫路西	36
	高松	36
16	鴨沂	35
17	◎甲陽学院	33
18	城南（徳島）	27
19	山城	24
	岡山朝日	24
21	岡山操山	23
22	藤島	22
	□奈良女子大学附属	22
24	岐阜	21
	桃山	21
	朱雀	21
	住吉	21
	小倉	21
29	堀川	18
	◎同志社	18
31	彦根東	16
	□広島大学附属	16
33	◎東海	15
	嵯峨野	15
	三国丘	15
	奈良	15
	◎修道	15
	熊本	15
39	福知山	14
	西京	14
41	□金沢大学附属	13
	芦屋	13
43	津	12
	日吉ヶ丘	12
	洛陽	12
	□広島大学附属福山	12
	松山東	12
48	鳥取西	11
49	静岡	10
	桂	10
	長田	10
	兵庫	10
	桐蔭	10
	松江北	10
	愛光	10
	◎ラ・サール	10
57	松本深志	9
	豊岡	9
	□大阪学芸大学附属（大阪）	9
	宇部	9
	丸亀	9
	◎土佐	9
63	岡崎	8
	明和	8
	西舞鶴	8
	伏見	8
	清水谷	8
	八尾	8
	◎高槻	8
	六甲	8
71	甲府第一	7
	岸和田	7
	加古川東	7
	出雲	7
	呉三津田	7
	下関西	7
77	福島（福島）	6
	上田	6
	沼津東	6
	伊勢	6
	松阪（三重）	6
	宮津	6
	洛東	6
	四條畷	6
	市岡	6
	◎広島学院（広島）	6
	大分舞鶴	6
88	前橋	5
	小田原	5
	高岡	5
	浜松北	5
	一宮（愛知）	5
	時習館	5
	西宮	5
	八鹿	5
	尼崎	5
	米子東	5
	倉敷青陵	5
	今治西	5
	明善（福岡）	5
	八幡（福岡）	5
	長崎東	5

大阪学芸大学附属は池田校舎、天王寺校舎の合計

%）／入学者２１６６人（女子102人）

【１９６４年】

大手前が前年比16人増の69人で初めてトップに立った。同校の教員がこう誇る。「概してことしの生徒はいままでのものより落ち着いていたからだろう。入試だといってバタバタする生徒はあまり見受けられなかった」（「螢雪時代」64年6月号）。

合格者が東海、中四国で増えつつあった。大学新聞にこう記されている。「愛知県のここ数年来の飛躍的な進出を筆頭に四国勢、中国山陽地方など中部地方以西が順調に伸びていてしかもそれが数校の地方名門校に偏る傾向にある」（京都大学新聞64年3月23日）。旭丘《あさひがおか》48人（前年比11人増）は大学区制で優秀な生徒が集まったため、高松39人（前年比3人増）は同校運営の予備校「補習科」の存在が大きい。学校新聞で進学実績をこう誇った。「合格率・驚異的な伸びを示す　東大26・京大40《ママ》」（高松高校新聞64年4月30日）。

◆入学定員２１６６人／志願者７１６６人、合格者＝現役993人、浪人１１７８人（54・3%）／入学者２２３５人（女子80人）

1964年入試

順位	高校	人
1	大手前	69
2	◎洛星	64
3	北野	61
4	天王寺	59
5	旭丘	48
6	膳所	45
7	神戸	44
8	高松	39
9	◎灘	36
	城南（徳島）	36
11	豊中	33
	姫路西	33
13	茨木	32
	住吉	32
	◎甲陽学院	32
16	鴨沂	31
	紫野	31
	岡山朝日	31
19	洛北	27
	桃山	27
	高津	27
22	岡山操山	26
23	□金沢大学附属	25
	藤島	25
	山城	25
26	◎修道	24
27	□広島大学附属福山	20
	小倉	20
29	岐阜	18
	朱雀	18
	桂	18
	□奈良女子大学附属	18
	奈良	18
	◎愛光	18
35	◎土佐	17
36	彦根東	16
	洛東	16
	三国丘	16
39	熊本	15
40	堀川	13
	福知山	13
	兵庫	13
	□広島大学附属	13
	宇部	13
	◎ラ・サール	13
46	◎東海	12
	城南（京都）	12
	桐蔭	12
49	静岡	11
	日吉ヶ丘	11
	鳥取西	11
	丸亀	11
53	松江北	10
	出雲	10
55	松本深志	9
	上田	9
	浜松北	9
	嵯峨野	9
	□大阪学芸大学附属	9
	市岡	9
	加古川東	9
62	戸山（東京）	8
	大垣北	8
	岡崎	8
	時習館	8
	明和	8
	綾部	8
	西京商業	8
	伏見工業	8
	◎同志社	8
	◎六甲	8
	◎広島学院	8
	観音寺第一	8
74	札幌南（北海道）	7
	高岡	7
	津	7
	岸和田	7
	高槻	7
	長田	7
	広（広島）	7
	呉三津田	7
	下関西	7
	徳山	7
	別府鶴見丘（大分）	7
	宮崎大宮	7
86	前橋	6
	沼津東	6
	虎姫	6
	亀岡	6
	塔南（京都）	6
	四條畷	6
	龍野	6
	倉敷青陵	6
	津山	6
	佐賀西（佐賀）	6
	佐世保北（長崎）	6
97	小田原（神奈川）	5
	富山中部	5
	若狭	5
	伊勢	5
	清水谷	5
	八尾	5
	鳴尾（兵庫）	5
	三原（兵庫）	5
	今治西	5
	西条	5
	修猷館	5
	福岡（福岡）	5

西京→西京商業、伏見→伏見工業、洛陽→洛陽工業、佐賀→佐賀西

【1965年】

天王寺は前年比39人増で初めてトップとなった。98人中59人が現役である。学校新聞は「現役の進出が目覚ましい」（天高新聞65年４月８日）と伝えた。同校教員が話す。「実力があっても東大はいやだというのが多くて弱ってますよ。親が官吏で東大を出ているといった人は東大を志望しますが、たとえば親が医者の場合、関西では東大の理Ⅲに行くより京大か阪大を出たほうがべんりなんですな。（略）ことしも東大をゆうゆうパスできる力があるのに親が承知せずに京大に行ったものがおりました」（「螢雪時代」65年６月号）。

現役合格者数が初めて浪人を上回った。その背景として、①例年に比べて合格最低点が上がったことから入試問題が易しくなり現役に有利に動いた、②次年度の入試内容変更で優秀な現役生がかけ込み的に殺到することを浪人が恐れて志望校を変えた、③募集定員が前年比144人増加した、などが高校教員らの分析で挙げられている。

◆入学定員２２４０人／志願者７６１２人、合格者＝現役１５３６人（65・９％）、浪人792人／入学者２３１１人（女子110人）

1965年入試

順位	高校	人
1	天王寺	98
2	大手前	76
3	◎洛星	65
4	北野	55
	神戸	55
6	旭丘	53
	◎灘	53
8	◎甲陽学院	52
9	膳所	48
10	高津	45
11	姫路西	40
12	豊中	37
	住吉	37
14	鴨沂	34
15	紫野	33
	高松	33
17	茨木	31
18	岡山朝日	28
19	岐阜	25
20	堀川	22
	洛北	22
	□奈良女子大学附属	22
23	藤島	21
	彦根東	21
	嵯峨野	21
	桃山	21
	三国丘	21
	岡山操山	21
	小倉	21
30	朱雀	20
31	◎東海	19
32	静岡	18
	修猷館	18
34	□金沢大学附属	17
	◎修道	17
36	◎六甲	16
37	山城	15
	桂	15
	市岡	15
	長田	15
	城南（徳島）	15
	熊本	15
43	□広島大学附属福山	14
	◎広島学院	14
	丸亀	14
	◎土佐	14
47	津	13
	□広島大学附属	13
49	松本深志	12
	◎淳心学院（兵庫）	12
	桐蔭	12
52	高岡	11
	明和	11
	奈良	11
	◎愛光	11
56	□大阪学芸大学附属	10
	洛東	10
58	日吉ヶ丘	9
	城南（京都）	9
	塔南	9
61	金沢泉丘（石川）	8
	沼津東	8
	鳥取西	8
	米子東	8
	宇部	8
	新居浜西	8
	◎ラ・サール	8
68	甲府第一	7
	長野	7
	浜松北	7
	時習館	7
	伊勢	7
	虎姫	7
	洛陽工業	7
	◎同志社	7
	◎高槻	7
	山口	7
	松山東	7
	今治西	7
	大分舞鶴	7
81	小山台（東京）	6
	諏訪清陵	6
	岡崎	6
	綾部	6
	出雲	6
	倉敷青陵	6
	玉野（岡山）	6
	津山	6
	呉宮原	6
	◎久留米大学附設（福岡）	6
	佐世保北	6
92	千葉（千葉）	5
	七尾（石川）	5
	四日市（三重）	5
	寝屋川（大阪）	5
	兵庫	5
	明石	5
	三原（兵庫）	5
	海南（和歌山）	5
	下関西	5
	観音寺第一	5
	◎高知学芸（高知）	5
	佐賀西	5
	鶴丸	5

【１９６６年】

団塊世代（１９４７～１９４９年生まれ）が受験にのぞんだ。高校卒人口が前年より30万人多くなり、志願者は前年比で１６０６人増えた。団塊世代の現役は母数が多くなった分、優秀層も厚くなった。それが浪人にとって不利に働き、浪人率は低くなっている。

北野が100人合格。１校から３ケタの合格者を出したのは初めてとなる。同校教員が国語の入試問題についてこう話す。「この出題をみて、高校の教師も生徒も教室での授業を大事にする以外、国語の力を伸ばすこともできないし、それこそがもっとも近道だということを十分認識されてよかろう」（京都大学新聞66年３月26日）。

法学部に現役合格した男子（岐阜・岐阜）がこんな手記を残している。「３年の初め僕は恋情を整理するため思い切って手紙を出した。しかし現実の彼女は遠くにありすぎた。僕は彼女を偶像化し自己の内に像を結ばせるようになった。そしてその像を自身の監視人とすることにより僕は受験勉強を楽しいものにしようとした。これは実際、効果があった。彼女の偶像は僕にとって『マリア』であった」（「増進会旬報」66年７月11日号）。

◆入学定員２３４５人／志願者９２１８人／合格者＝現役１５６４人（67・０％）、浪人878人／入学者２３１１人（女子110人）

1966年入試

順位	高校	人
1	北野	100
2	天王寺	83
3	大手前	80
4	◎洛星	78
5	神戸	59
6	旭丘	47
7	膳所	43
8	◎甲陽学院	39
	洛北	39
10	高松	35
11	姫路西	33
	◎灘	33
13	紫野	32
14	住吉	31
15	藤島	29
16	岐阜	28
17	彦根東	26
	城南（徳島）	26
19	□大阪学芸大学附属	25
	◎東海	25
21	高津	24
	豊中	24
23	茨木	23
	□奈良女子大学附属	23
25	嵯峨野	22
	三国丘	22
27	鴨沂	21
	堀川	21
29	桂	20
	岡山操山	20
	□広島大学附属福山	20
32	津	19
	朱雀	19
	岡山朝日	19
	◎愛光	19
	小倉	19
37	□金沢大学附属	18
	明和	18
	◎六甲	18
	◎修道	18
41	山城	17
	◎土佐	17
43	◎広島学院	16
44	日吉ヶ丘	15
	桃山	15
46	富山中部	14
	静岡	14
	◎淳心学院	14
49	奈良	13
50	金沢泉丘	12
	清水東	12
	桐蔭	12
53	高岡	11
	塔南	11
55	時習館	10
	四日市	10
	長田	10
	兵庫	10
	丸亀	10
	修猷館	10
	熊本	10
	◎ラ・サール	10
63	浜松北	9
	市岡	9
	高槻	9
	明石	9
	松江北	9
	□広島大学附属	9
	山口	9
70	宇都宮	8
	小松	8
	大垣北	8
	沼津東	8
	鳥取西	8
75	松本深志	7
	洛東	7
	四條畷	7
	◎東大寺学園（奈良）	7
	宇部	7
	下関西	7
81	新宿	6
	新潟	6
	長野	6
	伊勢	6
	福知山	6
	岸和田	6
	加古川東	6
	西宮	6
	芦屋	6
	津山	6
	呉三津田	6
	◎香川県大手前（香川）	6
	松山東	6
	新居浜西	6
	◎高知学芸	6
	鶴丸	6
97	岡崎	5
	刈谷（愛知）	5
	上野（三重）	5
	城南（京都）	5
	◎同志社	5
	◎立命館（京都）	5
	◎金光学園（岡山）	5
	今治西	5
	別府鶴見丘	5
	宮崎大宮	5

【1967年】

多くの大学で志願者数が増加した。文部省（当時）の見立てによれば、団塊世代2期生（1948年生まれ）の現役55万5000人と、同1期生（47年生まれ）の浪人19万7000人を合わせて75万2000人が大学を志願したのである。メディアや受験雑誌は「史上空前の激しさ」（「サンデー毎日」67年3月12日号）、「ベビーブーム第三波で史上最高」（「週刊朝日」67年2月13日号）、「史上最大の入試」（「螢雪時代」67年5月号）、「史上空前の大群によって展開された」（「高3コース」67年5月号）とかき立てた。

京都大の志願者も大幅に増えた。増加の要因はもう1つある。これまで文系、理系学部ともに理科、社会2科目が必須だったが、文系は理科1科目、理系（農学部を除く）は社会1科目で受験できるようになった。「一課目減ったことが受験生に歓迎され、これまで阪大、神大への層が大幅に京大にまわったものと見られる。従来の京大の伝統であった偏らない学問を目指した各課目均等の比重の入試は廃止されつつある」（京都大学新聞66年2月27日）。

1位天王寺は大阪大もトップだった。同校は年4回の模擬試験、夏休みには希望者を募って補習などを行う。同校教員が話す。「昨年に比べて私大を受ける者が全体の三〇％弱となり、国立大を受けようとする気力が十分にみなぎっていた点である。特に大阪大、京都大に

1967年入試

順位	高校	人
1	天王寺	93
2	大手前	88
3	◎洛星	69
4	北野	68
5	神戸	57
6	◎甲陽学院	49
7	膳所	46
8	高津	44
9	高松	41
10	紫野	37
11	姫路西	36
12	旭丘	35
13	岐阜	31
	住吉	31
15	小倉	30
16	城南（徳島）	29
17	三国丘	28
	◎修道	28
19	豊中	27
	◎灘	27
21	洛北	26
22	□大阪学芸大学附属	25
23	◎愛光	24
24	彦根東	23
	茨木	23
26	鴨沂	22
27	藤島	21
	◎東海	21
	奈良	21
30	高槻	20
31	明和	19
	嵯峨野	19
33	塔南	18
	◎東大寺学園	18
	丸亀	18
36	長田	17
37	朱雀	16
38	富山中部	15
	堀川	15
	桂	15
	岡山操山	15
	修猷館	15
43	静岡	14
	桃山	14
	山城	14
46	□金沢大学附属	13
	時習館	13
	◎同志社	13
	岡山朝日	13
50	金沢泉丘	12
	◎淳心学院	12
	◎六甲	12
	□奈良女子大学附属	12
	□広島大学附属	12
	□広島大学附属福山	12
	熊本	12
	◎ラ・サール	12
58	四日市（三重）	11
	洛東	11
	兵庫	11
	畝傍	11
	◎広島学院	11
	下関西	11
	松山東	11
	宮崎大宮	11
66	浜松北	10
	日吉ヶ丘	10
	桐蔭	10
	呉三津田	10
	山口	10
71	今治西	9
	◎土佐	9
	東筑（福岡）	9
74	高岡	8
	大垣北	8
	津	8
	城南（京都）	8
	豊岡	8
	鳥取西	8
	岡山大安寺	8
	観音寺第一	8
	新居浜西	8
83	橋本（和歌山）	7
	長野	7
	松本深志	7
	上田	7
	四條畷	7
	加古川東	7
	尼崎北	7
	明石	7
	松江北	7
	福山誠之館	7
	宇部	7
94	高田（新潟）	6
	小松	6
	沼津東	6
	龍野	6
	西条	6
	佐賀西	6

集中攻撃をしたことが、功を奏したものといえよう」（「高3コース」67年6月号）。

大手前から京都大文学部への入学者に山﨑博昭氏がいた。同年10月8日、佐藤栄作首相のベトナム訪問に反対するデモで機動隊と衝突し亡くなっている。10・8羽田闘争である。

この時期、入試で健康診断が行われている。願書に次のような文面がある。「結核、トラコーマの重症患者ならびにその他の疾病の重症者は不合格とする」「色盲、高度な色弱者、視力障害のはなはだしい者は、医・薬学部では不合格とする」（1967年度入試の願書）。現在、こうした制限は入試選考上、差別とされており、すべて廃止された。

清風南海から初めての合格者を出している。

◆入学定員2240人／志願者1万1581人、合格＝現役1368人（50・8％）、浪人1107人／入学者2482人（女子125人）

【1968年】

京都教育大学附属（1965年、京都学芸大学附属として開校。66年に改称）が初めて卒業生を出し、京都大合格者は42人を数えた。全員現役である。同校教員が受験雑誌に「予想以上の好成績」と話す。「データがないためいちばん必要となったのは他校との比較だった。

1968年入試

順位	高校	人
1	北野	105
2	天王寺	102
3	大手前	81
4	神戸	69
5	◎洛星	68
6	◎甲陽学院	46
7	紫野	43
8	旭丘	42
	□京都教育大学附属（京都）	42
10	高津	36
	高松	36
12	小倉	35
13	膳所	32
14	住吉	31
15	洛北	29
16	城南（徳島）	28
17	豊中	27
	姫路西	27
19	岐阜	25
20	静岡	24
21	茨木	23
	◎灘	23
	□広島大学附属	23
24	◎東海	22
	□大阪教育大学附属	22
26	藤島	21
	鴨沂	21
	三国丘	21
	◎修道	21
	◎広島学院	21
31	嵯峨野	20
32	塔南	19
33	堀川	18
	桐蔭	18
	岡山朝日	18
36	山城	17
	◎同志社	17
	□奈良女子大学附属	17
	◎愛光	17
40	□金沢大学附属	16
41	富山中部	15
	明和	15
	桂	15
	◎六甲	15
	丸亀	15
46	朱雀	14
	◎淳心学院	14
	◎東大寺学園	14
	岡山操山	14
	◎土佐	14
	熊本	14
52	高岡	13
	津	13
	修猷館	13
55	四日市	12
	洛東	12
	岡山大安寺	12
	□広島大学附属福山	12
	下関西	12
60	彦根東	11
	城南（京都）	11
	高槻	11
63	時習館	10
	桃山	10
	加古川東	10
66	日比谷	9
	乙訓（京都）	9
	日吉ヶ丘	9
	八尾	9
	長田	9
	西宮	9
	明石	9
73	□東京教育大学附属（東京）	8
	小石川	8
	金沢泉丘	8
	瑞陵（愛知）	8
	伊勢	8
	兵庫	8
	宇部	8
	防府	8
81	新潟	7
	松本深志	7
	綾部	7
	市岡	7
	◎大阪星光学院（大阪）	7
	米子東	7
	大分上野丘	7
	◎ラ・サール	7
89	◎函館ラ・サール（北海道）	6
	戸山	6
	高田（新潟）	6
	浜松北	6
	沼津東	6
	虎姫	6
	今宮	6
	奈良	6
	鳥取西	6
	津山	6
	呉三津田	6
	福山誠之館	6
	下松（山口）	6
	松山東	6
	今治西	6
	新居浜西	6

大阪学芸大学附属→大阪教育大学附属

（略）摂丹地区と模試に参加して他流試合をしてみた。この成績結果からいちおうのめやすをつけて進路指導に役立てた。生徒の質も相当良かったのだが、第1回の卒業者を出すということで先生と生徒が奮闘、努力したからである」（「螢雪時代」68年6月号）。

同校が開学したのは１９６５年であり、附属京都中、附属桃山中からの進学者を受け入れている。国立大学附属の学校に通う子供の保護者は教育熱心である。東京教育大、大阪教育大、金沢大、広島大などの附属高校には、小中学校から持ち上がってきた天才、秀才が集まる。京都教育大附属の高校も、附属中そして地元の公立中から優秀な生徒が集まってきたことで、同校１期生から京都大合格者数を多く出したと言えよう。

◆入学定員２４６６人／志願者１万642人／合格者＝現役１２７１人（63・３％）、浪人１２３３人／入学者２５１２人（女子155人）

【1969年】

異常な年だった。

69年、東大闘争の影響で東京大の入試が中止になったことを受け、他大学でも一部の学生活動家が「入試粉砕」を叫んでいた。なかでも京都大では、構内に火炎瓶が投げ込まれたこともあって、極度の厳戒態勢を敷いており、試験会場は入試前日に発表されるという緊迫した状況だった。神戸女学院大名誉教授の内田樹《たつる》氏がこうふり返っている。

「京大全共闘が『入試粉砕』闘争をしていたので、学内での入試が不可能になっていて、京大当局が、どういうかたちで入試を実施するか、場合によっては入試中止になるかを前日構内で発表するということになっていました。だから、受験生はみんな前日に、京大までそれを調べに行ったんです」（『街場の親子論』中央公論新社、２０２０年）

たとえば、京都大薬学部は当日、集合場所を設けて、そこから受験生をバスで会場に移動させている。受験誌がこんなリポートを記している。

「バスの行先がわからないために、報道関係の車が、このバスを追おうと待機する。やがてバスが出発。付き添いの父兄の同乗は禁止されており、また行く先もわからないとあって、父兄はバスの外から激励のことばを、自分の子どもや兄弟にかけていた。行先も知らない受験生を乗せたバスは走りつづけて、たどりついたのは私立京都商業高校。車でここまで追ってきた父兄も、この門前でシャット・アウト」（「螢雪時代」69年4月号）

京都大の入試は京都市内の大学施設では行われなかった。多くの学部は予備校や高校で試験を実施した。工学部は宇治市内のキャンパスに急造したプレハブ校舎で試験を行っている。

それでも警戒を緩めなかった。このとき、京都大総長だった奥田東《あずま》氏は入試妨害に備えていた。次のようにふり返っている。

「京大は幸い学部別に合格を決めておりますのでね、つぶされたら、つぶされた学部は、試験をやりなおすんだというんで、試験問題を全部二重につくっておきましてやったんです。（略）試験場にあらかじめ入って阻止する、反対学生が教室に入って阻害するってこともありうるわけです。だから、各試験場でね、全部宿直したわけです。教授が分散して宿直をやりました」（『「大学紛争」を語る』大崎仁編、有信堂高文社、１９９１年）

東京大入試中止によって、同大学の志望者が多い関東の８校（日比谷、西、戸山、東京教育大学附属駒場、新宿、麻布、開成、湘南＝１９６８年の東京大合格者数上位校）から、69年に京都大合格者を213人も出した。68年はこれら８校合わせて35人である。178人も増えている。もう少し細かく見ると、68年の東京大合格者数１位は灘132人、２位日比谷131人である。68、69年京都大合格者をみると灘は23人から75人、日比谷は９人から42人に増えた。これで割を食ってしまったのが、関西の京都大合格者上位常連校である。北野は105人（68年）から86人（69年）に減少した。天王寺は102人から67人、大手前にいたっては81人から42人とおよそ半減した。

1969年入試

順位	高校	人
1	北野	86
2	◎灘	75
3	天王寺	67
4	旭丘	51
5	◎洛星	47
6	◎甲陽学院	46
7	日比谷	42
	大手前	42
9	膳所	37
10	□東京教育大学附属（東京）	34
	神戸	34
	高松	34
13	□広島大学附属	33
14	□京都教育大学附属	32
15	戸山	31
	紫野	31
	修猷館	31
18	岐阜	30
19	姫路西	29
	□奈良女子大学附属	29
21	湘南	28
22	高津	26
23	◎広島学院	25
	◎ラ・サール	25
25	◎開成（東京）	24
26	西（東京）	23
	藤島	23
	城南（徳島）	23
	丸亀	23
30	岡山朝日	22
31	□大阪教育大学附属	21
	小倉	21
33	□金沢大学附属	20
	◎愛光	20
	彦根東	20
36	豊中	19
37	三国丘	17
	岡山操山	17
	◎修道	17
40	◎麻布（東京）	16
	◎栄光学園（神奈川）	16
	◎東大寺学園	16
43	静岡	15
	津	15
	嵯峨野	15
	加古川東	15
	大分上野丘	15
48	明和	14
	堀川	14
	洛北	14
51	□広島大学附属福山	13
52	浦和	12
	両国（東京）	12
	高岡	12
	◎東海	12
	桃山	12
	洛東	12
	長田	12
	下関西	12
60	千葉	11
	大泉（東京）	11
	◎淳心学院	11
63	浜松北	10
	四日市	10
	住吉	10
	◎土佐	10
67	立川（東京）	9
	小石川	9
	上野（東京）	9
	長野	9
	時習館	9
	伊勢	9
	茨木	9
	岡山大安寺	9
	山口	9
	新居浜西	9
	鶴丸	9
78	□東京教育大学附属駒場（東京）	8
	水戸第一（茨城）	8
	小田原	8
	新潟	8
	富山中部	8
	諏訪清陵	8
	乙訓	8
	朱雀	8
	宇部	8
	宮崎大宮	8
88	札幌南	7
	前橋	7
	□東京学芸大学附属（東京）	7
	新宿	7
	◎桐朋（東京）	7
	◎聖光学院（神奈川）	7
	甲府第一	7
	大垣北	7
	沼津東	7
	鴨沂	7
	日吉ヶ丘	7
	城南（京都）	7
	塔南	7
	桂	7
	松江北	7
	熊本	7

本来ならば東京大を受けただろう受験生が押しよせたことで、京都大の合格最低点がとんでもないことになる。文系学部で合格最低点が68年よりも126〜146点（900点満点中）も跳ね上がったのである。文学部＝588点→714点、法学部＝583点→721点、経済学部＝558点→697点、教育学部＝556点→702点。68年の合格最高点をとっても、69年では不合格になる学部まであった。もちろん、年によって問題の難易度、受験生のレベルは違うが、合格最低点が100点以上も上がるというのは尋常ではない。

当時、北野の教頭はこう話している。「ことしは例年のデータがまったく使いものにならずお手上げの状態でしたが、まさか合格最低点があんなにはね上がるとは予想もしていませんでした。これだけの激戦では二十人ほど減ったのも当然といえば当然ですが、驚きました」（「週刊朝日」69年４月４日号）。

法学部に合格した男子（埼玉・浦和）はこう話す。「ぼくは東大志望だったんです。ですから、東大の入試が中止と決まったときは、ショックだったんですね。やけ酒を飲みましたよ。それでしかたなく京大に変えたんです」（「螢雪時代」69年5月号）。

◆入学定員２４５６人／志願者１万509人／合格者＝現役１２１４人、浪人１３５４人（52・６％）／入学者２５０９人（女子123人）

【1970年】

大手前から前年比47人増の89人が合格した。68年81人、69年42人と東京大入試中止で関東の進学校が進出して合格者を39人も減らしており、その分、取り戻した形だ。大手前の教員は入試の易化を指摘する。「年4回ある校内模試（500点満点）の成績で平均200前後の生徒が入っているところからみると、（略）例年でも280とらないと合格していない。ことしはやさしかったのだろう。校内模試は京大を標準にやっており、模試で出した会話体が和文英訳にでたりするなど運がよかった」（「螢雪時代」70年5月号）。

69年秋になると、70年東大入試に備えて、出身高校に成績書を請求する京都大生が見られた。また、予備校の後期編入試験での入学者が増えている。駿台高等予備校では、関東出身の京都大生150人が通いはじめたといわれている。1月に行われた模擬試験の成績上位10人のうち、3人は京都大の1年生だった。京都大に在学したまま他大学を再受験する場合、大学に受験許可願を申請する必要がある。届け出た者はおよそ60人。法学部は定員の1割にあたる31人、工学部は14人。経済、教育、文、薬にも数人いたという（京都大調べ）。

キャンパスは学生運動で大揺れだった。大学新聞には威勢がよい、左翼独特の表現が並んだ。「合格発表にみられる受験生の明暗の姿はそのまま『入試制度』の具有するブルジョア的意義すなわち試験という抽象的な機能が個人の内面にまでおよぶ分配支配を完遂させてゆくことの表現であり、入試が現在、『中教審構想』などに進行が見られる教育体系のブルジョア的強化＝帝国主義的改編を社会的な意識において支える役割を担うものである」（京都大学新聞70年３月23日）。

　医学部に現役合格の男子（東京・東京教育大学附属駒場）が合格座談会で複雑な胸の内をさらけ出している。「あまりはっきり考えていないのですが、医学部を出ると医者にしかなれないし…。あまり組織の中に入りたくなかったし、それも１つの理由ですね。（略）いまだにそうなんですけど、なんで大学へ行くのか。はっきりしないんです。うけるからにははっきりしたものを持っていたほうがいいです。その点、後悔しています」（「螢雪時代」70年５月号）。大学闘争が受験生に「大学のあり方」についてずっしり突きつけたようだ。

◆入学定員２４８６人／志願者８０２１人／合格者＝現役１３０４人（51・８％）、浪人１２１４人／入学者２６３５人（女子150人）

1970年入試

順位	高校	人
1	天王寺	103
2	北野	99
3	大手前	89
4	◎甲陽学院	78
5	◎洛星	70
6	□京都教育大学附属	54
7	膳所	49
8	神戸	46
9	□大阪教育大学附属	44
10	旭丘	39
11	岐阜	37
	城南（徳島）	37
13	高津	36
14	三国丘	32
15	紫野	31
	姫路西	31
	高松	31
18	◎灘	29
19	◎ラ・サール	28
20	鴨沂	26
21	丸亀	24
22	□奈良女子大学附属	23
	◎愛光	23
24	藤島	22
25	洛北	21
26	□金沢大学附属	19
	◎東大寺学園	19
28	茨木	18
29	静岡	16
	津	16
	嵯峨野	16
	堀川	16
	小倉	16
34	彦根東	15
	◎六甲	15
36	桂	14
	豊中	14
	岡山朝日	14
39	高岡	13
	◎東海	13
	住吉	13
	□広島大学附属	13
	□広島大学附属福山	13
	◎土佐	13
45	塔南	12
	洛東	12
	桐蔭	12
48	長野	11
	大垣北	11
	沼津東	11
	明和	11
	四日市	11
	朱雀	11
	◎淳心学院	11
	岡山操山	11
	◎広島学院	11
	修猷館	11
58	日吉ヶ丘	10
	山城	10
	長田	10
	松江北	10
	下関西	10
63	札幌南	9
	戸山	9
	湘南	9
	桃山	9
	宇部	9
	山口	9
	熊本	9
70	西	8
	富山中部	8
	今宮	8
	加古川東	8
	奈良	8
	◎修道	8
	今治西	8
77	前橋	7
	浦和	7
	小石川	7
	小山台	7
	新潟	7
	甲府第一	7
	松本深志	7
	岡崎	7
	岡山大安寺	7
	福岡（福岡）	7
	佐世保北	7
	大分上野丘	7
89	熊谷（埼玉）	6
	千葉	6
	浜松北	6
	清水東	6
	福知山	6
	◎同志社	6
	八尾	6
	兵庫	6
	龍野	6
	西宮	6
	豊岡	6
	鳴尾	6
	鳥取西	6
	総社（岡山）	6
	津山	6
	松山東	6
	新居浜西	6
	東筑	6
	長崎北（長崎）	6

2章

京都大合格校の歴史Ⅱ
―― 1971~1990年

①京都教育大学附属、旭丘の存在感（１９７１〜１９７６年）

【１９７１年】

合格者の高校所在地について関西地方が大幅に減少した。なかでも京都は41人減らしている。京都大合格実績で京都を引っ張ってきた公立進学校の紫野、洛北、堀川、桂《かつら》、鴨沂、山城、朱雀、塔南、洛東、日吉ヶ丘の10校合計は、１９７０年は163人だった。これが71年には87人まで落ち込んでしまう。76人減った分をカバーする形になったのが京都教育大学附属だ。前年比20人増の74人を数えた。総合選抜制、小学区制を敬遠し、公立中学、公立高校というコースで洛北や鴨沂に進まず、中学受験で洛星、同志社、奈良の東大寺学園、そして京都教育大学附属の中学に入学する層が増えた結果だ。京都教育大学附属の教員はこうして集まった優秀な生徒を熱心に指導する。「全員大学進学を目指す意気込みと新たな校風を築こうとする情熱で、文部省の標準単位数を超える科目単位数をカリキュラムに組み込んでいるいずれの教科の授業も、教科書の内容をこなすだけではなく、更に大学の一般教養の内容にまで及ぶものであった」（『京都教育大学百二十年史』２００１年）。

愛知、広島が初めて100人を超え、富山、福井、三重が増やした。各県の増加を象徴する学

1971年入試

順位	高校	人
1	北野	102
2	天王寺	86
3	大手前	83
4	□京都教育大学附属	74
5	◎甲陽学院	70
6	◎洛星	66
7	神戸	54
8	旭丘	44
9	高津	38
10	岐阜	36
	膳所	36
12	□大阪教育大学附属	34
13	藤島	33
	高松	33
15	三国丘	30
	城南（徳島）	30
17	◎修道	27
18	彦根東	24
19	姫路西	23
	□奈良女子大学附属	23
21	津	22
	豊中	22
	◎愛光	22
24	修猷館	20
	◎ラ・サール	20
26	嵯峨野	19
	◎広島学院	19
28	高岡	18
	□金沢大学附属	18
	紫野	18
	茨木	18
	◎六甲	18
33	静岡	17
	小倉	17
35	◎東大寺学園	16
	□広島大学附属	16
37	明和	14
	四日市	14
	洛北	14
	岡山操山	14
41	乙訓	13
	加古川東	13
	◎灘	13
	新居浜西	13
45	富山中部	12
	住吉	12
	丸亀	12
	◎土佐	12
	大分上野丘	12
50	◎同志社	11
	桐蔭	11
	□広島大学附属福山	11
	呉三津田	11
	佐賀西	11
55	熊谷	10
	金沢泉丘	10
	浜松北	10
	清水東	10
	西宮	10
	岡山朝日	10
61	札幌南	9
	◎函館ラ・サール	9
	千葉	9
	富士（東京）	9
	富山	9
	長野	9
	◎東海	9
	堀川	9
	桂	9
	◎淳心学院	9
	奈良	9
	米子東	9
	松山東	9
74	水戸第一	8
	新潟	8
	伊勢	8
	鴨沂	8
	◎大阪星光学院	8
	龍野	8
	尼崎北	8
	下関西	8
	◎高知学芸	8
	熊本	8
84	上田	7
	沼津東	7
	時習館	7
	福知山	7
	鳥取西	7
	松江北	7
	総社	7
	防府	7
	◎久留米大学附設	7
93	立川	6
	若狭	6
	松本深志	6
	岡崎	6
	桃山	6
	山城	6
	朱雀	6
	塔南	6
	洛東	6
	長田	6
	津山	6
	今治西	6

校として旭丘44人（５人増）、修道《しゅうどう》27人（19人増）、高岡18人（５人増）、藤島33人（11人増）、津22人（６人増）などがある。

第26代京都大総長（２００４〜２０２０年）の山極壽一《やまぎわじゅいち》（東京・国立《くにたち》）が理学部に合格した。

◆入学定員２４８３人／志願者９２０１人／合格者＝現役１４４０人（57・７％）、浪人１０５６人／入学者２６００人（女子170人）

【1972年】

女子の入学者が前年比22人増の192人（合格者194人）となった。薬学部では合格者80人のうち女子45人となり、女子が半分を超える学部は初めてとなる。女子校からの合格者は神戸女学院４人、お茶の水女子大学附属２人、親和女子１人、光塩女子学院１人だった。１９６５年開校の金蘭千里《きんらんせんり》から４人が合格した。

試験会場で一部の学生が「入試粉砕」を訴え、警察と衝突したが退散させられる。大学新聞は相変わらず左翼用語でことの経緯をこう伝えている。「本年度京大入試は、学費値上げを追認するもので、闘う学生と受験生の分断の上に立った闘争圧殺攻撃であることは明白で

1972年入試

順位	高校	人
1	天王寺	113
2	北野	104
3	大手前	79
4	◎洛星	68
5	◎甲陽学院	67
6	□京都教育大学附属	58
7	旭丘	46
8	神戸	45
9	膳所	42
10	岐阜	40
11	城南（徳島）	36
12	姫路西	34
13	高津	33
14	津	28
15	三国丘	26
16	□大阪教育大学附属	25
17	藤島	24
	明和	24
	高松	24
20	◎修道	23
21	静岡	22
22	豊中	21
	茨木	21
24	住吉	20
25	彦根東	19
	□奈良女子大学附属	19
	□広島大学附属	19
28	□金沢大学附属	17
	紫野	17
	◎灘	17
	修猷館	17
32	◎東海	16
	◎六甲	16
	◎東大寺学園	16
	小倉	16
36	奈良	15
	桐蔭	15
	丸亀	15
	◎ラ・サール	15
40	高岡	14
	富山中部	14
	清水東	14
	嵯峨野	14
	西宮	14
	岡山朝日	14
46	四日市	13
	加古川東	13
	長田	13
	下関西	13
	大分上野丘	13
51	岡山操山	12
	岡山大安寺	12
53	札幌南	11
	洛北	11
	宇部	11
	松山東	11
	◎愛光	11
	熊本	11
59	富山	10
	時習館	10
	伊勢	10
	市岡	10
	徳山	10
64	戸山	9
	新潟	9
	浜松北	9
	堀川	9
	鳥取西	9
	□広島大学附属福山	9
	山口	9
	新居浜西	9
72	湘南	8
	長野	8
	沼津東	8
	瑞陵	8
	鴨沂	8
	朱雀	8
	龍野	8
	◎淳心学院	8
	呉三津田	8
	◎広島学院	8
	◎土佐	8
83	熊谷	7
	小松	7
	桃山	7
	洛東	7
	城南（京都）	7
	総社	7
	今治西	7
	佐賀西	7
91	水戸第一	6
	浦和	6
	武生（福井）	6
	岡崎	6
	兵庫	6
	豊岡	6
	倉吉東	6
	津山	6
	◎久留米大学附設	6
	鶴丸	6

あった。（略）。京大全闘連と全関西反帝学評の部隊は、この入試強行―ロックアウト攻撃粉砕闘争を二月二十八日、三月一日、三日と闘いぬいたが、府警機動隊の厳戒態勢を突破し得ずに敗北を強いられた」（京都大学新聞72年3月27日）。

　学生運動の季節が終わりを告げるようなできごとが起こる。2月の、連合赤軍によるあさま山荘事件だ。赤軍派、連合赤軍、日本赤軍の幹部には「元京都大学生」が並んでいた。彼らの出身校は膳所、岡山朝日、広島大学附属福山、下関《しものせき》西などとなっている。

◆入学定員２４８６人／志願者９７０３人／合格者＝現役１４７１人（58・９％）、浪人１０２６人／入学者２４９４人（女子192人）

【1973年】

　天王寺が前年比7人増で120人の合格者を出した。同校では歴代最多となる。工学部合格の女子（大阪・天王寺）は夏休みから本格的に受験勉強をスタートしたという。「集中してやるべきものは午前中と夜にし、昼は、自由にやりたいことをやるようにしました、そして実行表をつくり、一時間単位で科目ごとに色分けして、つけていき、夜寝る前にその日の実行表を見て、次の日にやるべきことを決めました。（略）『英文標準問題精講』（旺文社）、『英

1973年入試

順位	高校	人
1	天王寺	120
2	北野	114
3	大手前	94
4	◎甲陽学院	76
5	□京都教育大学附属	59
6	◎洛星	54
7	岐阜	48
8	膳所	41
9	神戸	36
10	高津	34
11	藤島	33
	三国丘	33
13	高松	31
14	□大阪教育大学附属	30
	城南（徳島）	30
16	旭丘	29
17	姫路西	27
18	高岡	25
	◎修道	25
20	津	24
21	明和	23
22	静岡	20
	彦根東	20
	◎六甲	20
25	紫野	18
	□奈良女子大学附属	18
	□広島大学附属福山	18
	◎広島学院	18
29	茨木	17
	加古川東	17
31	住吉	16
32	豊中	15
	桐蔭	15
	岡山朝日	15
35	◎灘	14
	□広島大学附属	14
	修猷館	14
	小倉	14
	大分上野丘	14
40	富山中部	13
	浜松北	13
	洛北	13
	日吉ヶ丘	13
	兵庫	13
	奈良	13
46	四日市	12
	虎姫	12
	嵯峨野	12
	長田	12
	◎淳心学院	12
	松山東	12
52	大垣北	11
	時習館	11
	伊勢	11
	四條畷	11
	◎東大寺学園	11
	松江北	11
	◎愛光	11
59	□金沢大学附属	10
	岡崎	10
	堀川	10
	龍野	10
	鳥取西	10
	◎土佐	10
65	新潟	9
	金沢泉丘	9
	長野	9
	清水東	9
	乙訓	9
	西宮	9
	市立伊丹	9
	津山	9
	宇部	9
	下関西	9
	新居浜西	9
76	松本深志	8
	朱雀	8
	◎神戸女学院（兵庫）	8
	防府	8
80	水戸第一	7
	□東京学芸大学附属	7
	◎東海	7
	西宮東	7
	畝傍	7
	岡山大安寺	7
86	浦和	6
	武生	6
	岐阜北（岐阜）	6
	瑞陵	6
	鴨沂	6
	塔南	6
	今宮	6
	八尾	6
	岡山操山	6
	観音寺第一	6
	西条	6
	◎久留米大学附設	6
	鶴丸	6

文法標準問題精講』（同）、『試験にでる英単語』（青春出版社）を使い、長文に慣れることを重点に毎日確実にマスターするようにしていました」（「螢雪時代」73年８月号）。受験生が英単語を覚えるのに長らく愛用された旺文社の「豆単」（『基本英語単語集』旺文社）が「でる単」にとって代わられつつあった。

医学部に53歳の合格者がいる。旧制今宮中学（今宮）を経て旧制大阪高校へ進み、学制改革で転換した大阪大を卒業し市岡の教師となる。その後、受験勉強に励む。「学問には年齢や思想や国籍の差別はありませんもの。税金でまかなわれている国立大学に学ぶ以上きっと医師として社会に奉仕します」（「螢雪時代」73年６月号）。医者になるのは還暦近くになってからだから、私立ならば年齢制限で合格がむずかしかったかもしれない。

◆入学定員２５０６人／志願者９８１８人／合格者＝現役１３６７人（54・４％）、浪人１１４７人／入学者２５１４人（女子188人）

【１９７４年】

試験会場は６年ぶりにロックアウトが解かれ、入試は平穏に行われた。

理学部合格の男子（兵庫・長田《ながた》）が合格体験について関西弁で漫才のような口調で話す。

1974年入試

順位	高校	人
1	北野	101
2	大手前	99
3	◎甲陽学院	84
4	天王寺	80
5	□京都教育大学附属	60
6	◎洛星	58
7	旭丘	57
8	岐阜	54
9	□大阪教育大学附属	52
10	神戸	40
11	三国丘	36
12	膳所	35
13	藤島	33
14	高津	32
15	豊中	31
16	高松	27
17	姫路西	26
	城南（徳島）	26
19	明和	22
20	長田	21
	岡山朝日	21
22	◎灘	20
23	高岡	19
	四條畷	19
25	津	18
	□広島大学附属福山	18
27	◎淳心学院	17
28	茨木	16
29	四日市	15
	洛北	15
	住吉	15
	下関西	15
	◎土佐	15

順位	高校	人
	小倉	15
35	◎東海	14
	加古川東	14
	□奈良女子大学附属	14
	桐蔭	14
	◎修道	14
	◎広島学院	14
	修猷館	14
42	紫野	13
	◎東大寺学園	13
44	□金沢大学附属	12
	静岡	12
	日吉ヶ丘	12
	◎六甲	12
	松山東	12
49	浜松北	11
	清水東	11
	沼津東	11
	時習館	11
	朱雀	11
	◎大阪星光学院	11
	兵庫	11
	□広島大学附属	11
	◎愛光	11
58	千葉	10
	乙訓	10
	西宮	10
	岡山大安寺	10
	岡山操山	10
	徳山	10
	丸亀	10
	大分上野丘	10
66	富山中部	9
	金沢泉丘	9
	嵯峨野	9

順位	高校	人
	塔南	9
	◎同志社	9
	市岡	9
	豊岡	9
	鳥取西	9
	新居浜西	9
75	小松	8
	大垣北	8
	岡崎	8
	瑞陵	8
	鴨沂	8
	明石	8
	小野（兵庫）	8
	山口	8
	八幡浜（愛媛）	8
84	高田（新潟）	7
	富山	7
	松本深志	7
	彦根東	7
	桂	7
	奈良	7
	畝傍	7
	呉三津田	7
	門司	7
93	水戸第一	6
	前橋	6
	長野	6
	岸和田	6
	◎清風南海（大阪）	6
	◎高槻	6
	龍野	6
	倉敷青陵	6
	津山	6
	熊本	6

「通知表で言ったら保健で一人いやな先生がおって、21点もとったのに１つけやがって。それで大学受験だからって僕非常に国語が嫌いやったもんですから、いやな勉強に手をまわしたら間に合わないって思ったもんで、国語は捨てたんです。それで東工大の国語は非常に低いから受けようと思ったんですけど、なんせ内申書がどうにもならなかったもんやから、やめて、京大の国語は高かったんですけども、あとでとったらいいと思うて、国語完全に捨てて、漢文だけで勝負したろと思うて…」（「増進会旬報」74年７月11日号）。

智辯《ちべん》学園から初めて合格者を出した。校長、理事長をつとめた藤田照清《てるきよ》氏（74年時点では専務理事）はのちにこう話している。「普通の学校よりも授業時間数を多く設定することでした。頭のいい子が一時間で出来る問題だったら、頭の悪い子は二時間、三時間かければいい、という発想です。夏休みや冬休み、春休みを普通の学校より短くしたのは、少しでも勉強する時間を長くしよう、と考えたからです」（『この男《ひと》をみよ　智辯学園を一流校にした藤田照清の生き様』二見喜章《きしょう》、ＥＲＣ出版、２００７年）。「年間授業日数が多い」「塾や予備校は不要」を売りにする私立中高一貫校の教育方針は、このあたりにルーツがあるようだ。

◆入学定員２５０６人／１万１１５３人／合格者＝現役１３８２人（55・１％）、浪人１１２５人／入学者２５０９人（女子181人）

【１９７５年】

　京都府の公立高校全体からの合格者は長期低落傾向が続いている。１９６０年386人↓65年276人↓70年217人↓75年122人。高校入試で総合選抜制、小学区制が徹底され、それを嫌った成績優秀な生徒は洛星、同志社、京都教育大学附属、他県の東大寺学園、灘に進んだ、という見方は依然として強い。洛北の副校長がこう話している。「いまの府立高校の制度でも、京大に入れるだけなら簡単なこと。合格者はすぐ倍にできる。ただ私たちはこれまで守ってきた三原則による本来の全人教育を、ゆがめてまで受験教育をできない。（略）うちからも京大医学部に現役で合格したし、これが呼び水になって府立高校への信頼が回復しつつあると思います」（「週刊朝日」１９７４年４月12日号）。これは楽観的すぎた。１９８０年、公立高校全体からの合格者は70人まで落ち込んでしまう。現実は、「簡単なこと」ではなく、「すぐ倍にでき」ず、「呼び水」にはならず、「信頼が回復」しなかった。

　作家の児玉隆也氏は公立について当時の様子を描いている。「一流校二流校がなくなったかわりに、教師には『原書を読もうとする生徒と、ｄとｂの区別のつかない生徒の両方』を教えなければならないしんどさをもたらした。（略）〝差別と選別を排する教育〟というたてまえに従えば、底あげに重点がかかる。底あげをしている間に、一方の伸びるべき能力を発

1975年入試

順位	高校	人
1	北野	112
2	天王寺	92
3	大手前	81
4	◎甲陽学院	62
5	□京都教育大学附属	55
6	◎洛星	54
7	岐阜	52
8	□大阪教育大学附属	51
9	旭丘	46
10	膳所	38
11	三国丘	35
12	神戸	33
13	高津	32
14	豊中	29
	姫路西	29
16	津	28
	高松	28
18	藤島	26
19	◎東大寺学園	25
20	明和	24
21	彦根東	23
	□奈良女子大学附属	23
23	時習館	21
24	◎六甲	20
	鳥取西	20
26	紫野	19
27	静岡	18
	長田	18
	□広島大学附属	18
30	□広島大学附属福山	17
31	◎灘	16
32	高岡	15
	□金沢大学附属	15
	◎愛光	15
	小倉	15
36	岡山操山	14
	◎修道	14
	◎広島学院	14
	山口	14
	丸亀	14
	◎ラ・サール	14
42	浜松北	13
	四條畷	13
	桐蔭	13
	◎土佐	13
46	清水東	12
	四日市	12
48	長野	11
	嵯峨野	11
	住吉	11
	◎大阪星光学院	11
	西宮	11
	◎淳心学院	11
	米子東	11
	岡山朝日	11
56	富山	10
	鴨沂	10
	◎白陵	10
	奈良	10
	畝傍	10
	城南（徳島）	10
62	水戸第一	9
	前橋	9
	千葉	9
	沼津東	9
	瑞陵	9
	兵庫	9
	豊岡	9
	松江北	9
	岡山大安寺	9
	松山東	9
	新居浜西	9
	修猷館	9
	熊本	9
75	高崎	8
	岡崎	8
	一宮	8
	伊勢	8
	朱雀	8
	茨木	8
	龍野	8
	倉敷天城（岡山）	8
	下関西	8
	筑紫丘	8
85	◎栄光学園	7
	乙訓	7
	堀川	7
	日吉ヶ丘	7
	城南（京都）	7
	◎同志社	7
	◎清風南海	7
	加古川東	7
	芦屋	7
	◎神戸女学院	7
	総社	7
	津山	7
	◎久留米大学附設	7

芽させぬままにくさらせてしまう。それは逆に、〝できる子〟にとっては〝差別〟を与えられているのではないか」（『現代を歩く』新潮社、76年）。

府、市の教育委員会が危機感を抱き対応策を練るのは１９９０年代になってからだった。

経済学部に合格した男子（愛知・旭丘）はZ会の合格者座談会で「入試ではあがらなかった」かと問われ、こう返事をしている。「まあ、一浪してるもんだから、かえってひねくれてるような感じでした。今年は京大一本でいったわけですけど。夜なんかもウイスキー飲んで、八時頃寝るとぐっすり。まあ酒飲みでした」（「増進会旬報」１９７５年６月１日号）。

１浪は19歳であり飲酒はもちろん法律違反だが、こういう話が公の場で出てくるのは、浪人がかなりの市民権を得て、20歳以上の大人として扱われていたからだろう。「浪人文化」が定着しつつあった。のちに芥川賞を受賞する中上健次《なかがみけんじ》が予備校生を描いた小説「十九歳の地図」を発表したのが、73年のことだ。

◆入学定員２５０６人／志願者１万１６３６人／合格者＝現役１３２４人（52・7％）、浪人１１８９人／入学者２５１５人（女子201人）

【1976年】

京都府立城陽から６人合格者を出した。同校は１９７２年の開校。府立高校不振のなか熱心な指導が実った。公立進学校は私立ほど手厚い指導を行っていないケースが少なからず見られ、生徒まかせの側面が強い。工学部合格の男子（京都・鴨沂）は次のようにふり返る。「ぼくの高校は高３になって初めて物理を習うので、学校の授業についていくだけでも大変なことであった。（略）一月ごろになってやっと学校の授業もまとめの段階に入り、演習が行えるようになった。ぼくはできるだけ多くの問題に当たろうと千題載っている問題集を買い、新傾向の問題やあえて難しい問題を片っ端から解いた」（「高３コース」77年２月号）。

経済学部合格の男子（愛知・明和）はこう話す。「僕の学校は国語軽視の形で英・数ばかりやらされたんです。浪人してみて国語がいかに難しいかがわかった」（「増進会旬報」76年７月１日号）。全国的に公立高校のあいだで、高校は予備校ではない、受験に特化したカリキュラムを組むべきではない、という考え方が広まっていた。これで浪人が増え、予備校繁盛の遠因になっていた。

◆入学定員２５０６人／志願者９９３９人／合格者＝現役１２７３人（50・７％）、浪人１２３８人／入学者２５１７人（女子196人）

1976年入試

順位	高校	人
1	北野	86
2	天王寺	76
3	大手前	63
4	◎洛星	59
5	□大阪教育大学附属	55
6	◎甲陽学院	52
7	岐阜	47
8	三国丘	42
	高津	42
10	□京都教育大学附属	39
11	茨木	38
12	藤島	36
	四條畷	36
14	神戸	34
15	膳所	33
16	姫路西	32
17	旭丘	31
18	豊中	26
19	◎六甲	25
20	彦根東	23
	長田	23
22	高松	22
23	小倉	20
24	□奈良女子大学附属	19
	松山東	19
26	津	18
27	静岡	17
	畝傍	17
	◎東大寺学園	17
30	□金沢大学附属	16
	明和	16
	◎淳心学院	16
	奈良	16
	熊本	16
	◎ラ・サール	16
36	時習館	15
	◎東海	15
	住吉	15
	加古川東	15
40	浜松北	14
	清水東	14
	岡崎	14
	四日市	14
	◎修道	14
45	長野	13
	乙訓	13
	桐蔭	13
	◎広島学院	13
	丸亀	13
	修猷館	13
51	高岡	12
	◎愛光	12
53	浦和	11
	金沢泉丘	11
	洛北	11
	◎大阪星光学院	11
	米子東	11
	岡山朝日	11
	岡山大安寺	11
	□広島大学附属福山	11
	◎土佐	11
	東筑	11
63	沼津東	10
	岸和田	10
	◎灘	10
	下関西	10
	徳山	10
	新居浜西	10
69	千葉	9
	松本深志	9
	嵯峨野	9
	塔南	9
	◎高槻	9
	宇部	9
75	札幌南	8
	水戸第一	8
	富山	8
	大垣北	8
	千種（愛知）	8
	紫野	8
	堀川	8
	◎立命館	8
	生野（大阪）	8
	岡山操山	8
	城東（徳島）	8
	大分上野丘	8
87	富山中部	7
	武生	7
	菊里（愛知）	7
	半田（愛知）	7
	伊勢	7
	鴨沂	7
	山城	7
	朱雀	7
	◎洛南（京都）	7
	◎同志社	7
	兵庫	7
	尼崎北	7
	明石	7
	鳥取西	7
	出雲	7
	鶴丸	7

②洛星、甲陽学院、東大寺学園の攻勢（1977〜1983年）

【1977年】

彦根東について直近4年間の合格者は1974年7人→75年23人→76年23人→77年14人と揺れ動いている。学校史の記述が興味深い。「一九七五（昭和五〇）年一月、本校では『高校は大学予備校ではない』、あるいは『大学で教育を受け研究に耐えうるような基礎学力を身につけさせるべき』といった、『授業第一主義』の教育理念が提唱されていた。しかし、この年度以降大学合格者数は減少し出した」（『彦根東高百二十年史』96年）。1970年代、公立高校は予備校化してはいけないという空気が漂っていた。受験戦争、入試地獄ということばがよく使われており、公立はそれに加担してはいけない、という考え方だ。これが、突出した進学校を作らず、大学合格実績の横並びを目指す政策につながっていく。70年代後半、東京、山梨、愛知、岐阜、三重、京都、岡山、広島、徳島、大分など、結果平等をもたらした学校群制度、総合選抜制度、グループ選抜制度の全盛期だった。

京都大志望者は反東京大意識を持っているケースが見られる。理学部に合格した男子（石川・金沢泉丘《いずみがおか》）はこう話す。「理学部へ行くなら、『伝統があり、自由な学風』だといわれ

1977年入試

順位	高校	人
1	北野	98
2	天王寺	72
3	◎洛星	64
4	大手前	63
5	三国丘	58
6	◎甲陽学院	49
7	四條畷	44
8	□大阪教育大学附属池田	42
9	茨木	40
10	岐阜	39
11	□京都教育大学附属	33
12	神戸	32
	姫路西	32
14	藤島	28
15	膳所	27
	◎東大寺学園	27
17	高津	26
18	高松	24
19	長田	21
20	◎六甲	20
21	旭丘	19
	生野（大阪）	19
	◎淳心学院	19
	◎修道	19
25	千種	18
	小倉	18
27	静岡	17
	豊中	17
	◎広島学院	17
30	◎洛南	16
	松山東	16
	◎土佐	16
33	大垣北	15
	◎東海	15
	◎灘	15
36	浜松北	14
	津	14
	彦根東	14
	住吉	14
	桐蔭	14
	岡山操山	14
42	□奈良女子大学附属	13
	奈良	13
44	清水東	12
	□大阪教育大学附属天王寺	12
	鳥取西	12
	岡山大安寺	12
	□広島大学附属	12
	鶴丸	12
50	水戸第一	11
	四日市	11
	紫野	11
	山口	11
	丸亀	11
	新居浜西	11
56	立川	10
	□金沢大学附属	10
	金沢泉丘	10
	乙訓	10
	◎同志社	10
	◎大阪星光学院	10
	熊本	10
	◎ラ・サール	10
64	松本深志	9
	加納（岐阜）	9
	桂	9
	◎立命館	9
	岸和田	9
	兵庫	9
	加古川東	9
	岡山朝日	9
	□広島大学附属福山	9
	下関西	9
	修猷館	9
	◎久留米大学附設	9
76	富山中部	8
	高岡	8
	富山	8
	飯田（長野）	8
	藤枝東（静岡）	8
	明和	8
	洛北	8
	東筑	8
84	浦和	7
	千葉	7
	小松	7
	長野	7
	時習館	7
	豊橋南（愛知）	7
	嵯峨野	7
	寝屋川	7
	◎清風南海	7
	龍野	7
	◎白陵	7
	宇部	7
	城南（徳島）	7
	徳島市立（徳島）	7
	観音寺第一	7
	西条	7
	◎愛光	7

大阪教育大学附属は大阪教育大学附属池田、大阪教育大学附属天王寺、大阪教育大学附属平野に分けて掲載

ている京大が良いだろうと思うようになりました。さらに『東大は日本一の学校』などと馬鹿げたことを言っている者達にも反感を抱いていたこともあって高二の頃にはっきり京大進学を決めました」（『私の京大合格作戦１９７８年版』）。

◆入学定員２５０６人／志願者９１７５人／合格者＝現役１３０４人（51・９％）、浪人１２０７人／入学者２４９８人（女子183人）

【１９７８年】

浪人生が過半数を占めた。１９６９年以来９年ぶりとなる。なかでも医学部において浪人が３分の２以上を占めた。国公立大学共通第一次試験の実施を翌年に控えて、国立大学を２回受けられる１期校２期校制度の最後の年となったからだ。入試制度が大幅に変わる前、浪人のかけ込み受験で現役が追いやられたと見ることができる。

この年の９月末、京都市電が全面廃止となった。京都大キャンパスへの市電を利用する場合のルートは京都駅前→東山七条→近衛通→東一条→百万遍、あるいは京都駅前→四条河原町→百万遍→農学部前だったが、79年以降、市バスに代わられることになる。

志望動機に京都大の校風が示されることがよくある。理学部に合格した男子（東京・桐

1978年入試

順位	高校	人
1	◎洛星	78
2	北野	71
3	天王寺	68
	◎甲陽学院	68
5	大手前	60
6	三国丘	48
7	高津	45
8	□大阪教育大学附属池田	39
9	茨木	38
10	四條畷	37
11	膳所	36
12	◎東大寺学園	34
13	姫路西	32
14	高松	29
15	神戸	27
16	藤島	26
17	□京都教育大学附属	25
18	千種	23
19	□大阪教育大学附属天王寺	21
	加古川東	21
	長田	21
22	静岡	20
	豊中	20
	奈良	20
25	旭丘	18
	生野（大阪）	18
	□広島大学附属	18
28	小倉	17
29	岐阜	16
	◎修道	16
	丸亀	16
32	津	15
	紫野	15
34	菊里	14
	◎六甲	14
	松山東	14
37	□奈良女子大学附属	13
	鳥取西	13
39	□金沢大学附属	12
	清水東	12
	□大阪教育大学附属平野	12
	◎白陵	12
	桐蔭	12
	岡山操山	12
	◎広島学院	12
	◎土佐	12
47	湘南	11
	◎大阪星光学院	11
	宇部	11
	城南（徳島）	11
	新居浜西	11
	熊本	11
53	浦和	10
	熊谷	10
	加納	10
	市岡	10
	◎清風南海	10
	◎灘	10
	岡山朝日	10
	◎愛光	10
	筑紫丘	10
62	立川	9
	武生	9
	時習館	9
	◎東海	9
	彦根東	9
	虎姫	9
	鴨沂	9
	嵯峨野	9
	堀川	9
	岸和田	9
	八尾	9
	龍野	9
	◎淳心学院	9
	◎神戸女学院	9
	松江北	9
	今治西	9
	鶴丸	9
79	新潟	8
	高岡	8
	富山中部	8
	長野	8
	松本深志	8
	◎同志社	8
	岡山大安寺	8
	□広島大学附属福山	8
	下関西	8
	山口	8
	◎ラ・サール	8
90	◎開成	7
	沼津東	7
	松阪	7
	乙訓	7
	塔南	7
	◎洛南	7
	兵庫	7
	小野	7
	米子東	7
	岡山芳泉（岡山）	7
	修猷館	7
	東筑	7

朋）はこう話す。「京大にはぼくのやりたい方面の先生がいることがわかったものですから、京大の理学部にしようと高二のときから決めていました」（「螢雪時代」78年5月号）。法学部に進んだ男子（長崎・佐世保《させぼ》西）が話す。駿台予備校京都校に通っていた。「京大の反東大、反権力の伝統（現在はかなり形骸化していますが）にひかれたこと。僕自身が反中央志向、すなわち東京が嫌いだったことが、その反動として京大志望となった」（『私の京大合格作戦１９７９年版』）。

◆入学定員２５０６人／志願者８８１３人／合格者＝現役１２３３人、浪人１２８０人（50・９％）／入学者２４９３人（女子183人）

【１９７９年】

国公立大学共通第一次学力試験（共通一次）が導入された。志願者の減少は浪人の受験生が減ったことによる。共通一次はそれぐらい大きな改革だった。１期校２期校制度の廃止も大きい。浪人は１ランク落として入りやすい国立大学を選んだ。二段階選抜いわゆる「足きり」を実施したことにより、京都大は法、経済、農、理、医、薬の６学部で選抜ラインを400点と定めた。北海道大、東北大、一橋大などは700点以上と設定しており、京都大はかなり低

1979年入試

順位	高校	人
1	北野	96
2	◎洛星	65
3	◎甲陽学院	60
4	天王寺	51
5	大手前	50
	三国丘	50
7	四條畷	47
8	◎東大寺学園	31
9	膳所	29
	高松	29
11	豊中	28
12	□大阪教育大学附属池田	27
	高津	27
14	◎洛南	26
	茨木	26
	◎大阪星光学院	26
17	□京都教育大学附属	25
18	旭丘	24
	□大阪教育大学附属天王寺	24
	神戸	24
21	藤島	23
22	奈良	22
23	生野（大阪）	21
	姫路西	21
25	岐阜	19
	加納	19
27	◎灘	18
	◎修道	18
29	加古川東	17
	◎広島学院	17
31	◎東海	16
	◎清風南海	16
33	熊本	15
34	高岡	14
	洛北	14
	宇部	14
	小倉	14
38	□奈良女子大学附属	13
	修猷館	13
40	静岡	12
	長田	12
	畝傍	12
	岡山大安寺	12
	松山東	12
	◎土佐	12
46	富山中部	11
	富山	11
	菊里	11
	彦根東	11
	◎淳心学院	11
	松江北	11
	下関西	11
	丸亀	11
	東筑	11
55	前橋	10
	長野	10
	浜松北	10
	千種	10
	□広島大学附属福山	10
60	□金沢大学附属	9
	金沢泉丘	9
	小松	9
	紫野	9
	朱雀	9
	◎同志社	9
	桐蔭	9
	岡山操山	9
	徳島市立	9
69	仙台第一	8
	松本深志	8
	津西（三重）	8
	桂	8
	□大阪教育大学附属平野	8
	◎高槻	8
	山口	8
	城南（徳島）	8
	今治西	8
	◎久留米大学附設	8
	鶴丸	8
	◎ラ・サール	8
81	清水東	7
	沼津東	7
	一宮	7
	◎滝（愛知）	7
	◎金蘭千里（大阪）	7
	兵庫	7
	◎六甲	7
	鳥取西	7
	松江南（島根）	7
	岡山朝日	7
	岡山芳泉	7
	岩国	7
	◎愛光	7
	福岡	7

く、一次試験不合格者は４人だけだった。共通一次（一次）と大学個別の試験（二次）のウエートは700対550となっている。一次の最低ラインは医900点以上、法、文、理、薬の４学部は850点前後、経済、農、教育の３学部が800点強だった。

受験雑誌がこんな分析をしている。医学部で「908点の人が不合格になっているところをみると、二次の結果もかなり影響があったようである。（略）今まで一番入りやすい学部であった農学部で、818点の人が不合格になっているところをみると、やはり西日本の最難関であることに恥じない。旧帝大の中では、もっともゆるい二段階選抜でありながら、競争率がおさえられたのも難関ゆえであり…」（「高３コース」79年5月号）。一次と二次を合わせた合格最低ライン上位は①医81・４％、②工（情報工）75・９％、③法75・１％、工（原子核）75・１％、⑤文74・９％、⑥経済74・１％、⑦教育73・３％、工（電気工）73・３％、⑨理73・０％、⑩工（機械）70・５％となっている。下位は工（工業化学）58・５％、工（石油化）59・７％、工（金属系）61・４％、工（高分子）63・２％、工（資源工）64・３％、薬65・４％、農65・５％だった。１９６０年代、教育と農は合格最低点が低く人気がないとされていたが、70年代では様相が変わっている。

合格発表ではこれまで氏名、出身校が公表されていたが、この年から氏名だけになった。

その理由について、京都大はこう話している。「高校名の公表は学校格差を助長したり、受験戦争をあおる要因になりかねない」。東京大は１９７６年に出身校の公表をやめていた。

共通一次の1月実施は高校の行事に大きな影響を与えた。大手前の学校新聞はこう伝える。

「これによって文化祭が六月になるなど行事が前期にかたよったことが全校生徒、周知の事実である。さらに、いままではノンビリと夏休みが終わってもクラブを続けていた三年生が多かったが、今年から受験生たちは、早くから共通一次に備えて、勉強に励んでいた様子だ」（大手前新聞号外「いかづち」79年3月１日）。

１９７９年度の京大ラグビー部の新入部員には有力なメンバーが集まった。北野からは高校日本代表メンバーのキャプテンで海外遠征経験者、そして１９７６、77、78年度のキャプテンが同時に入学した。また、神戸出身の高校日本代表候補メンバー、浦和出身の埼玉県代表チーム候補もいる。北野、浦和、神戸は花園常連ではないが地元では強豪校として知られていた。

大分は高校入試の総合選抜制度によって成績優秀者がバランスよく各校に振り分けられ、京都大合格者数は横並びとなった。大分市内の３校＝大分舞鶴４人、大分上野丘《うえのがおか》４人、大分雄城台《おぎのだい》５人。

共通一次1日目の1月13日、兵庫県の地元紙夕刊にこんな見出しの記事が掲載された。

「その朝、女生徒飛び降り自殺　体調不良　京大志望の神戸高生」。警察によれば体調が思わしくなく発作的に自ら命を絶った、とされている。地元紙はこう報じた。

「両親はじめ同校関係者のショックは大きかった。『信じられない』と言葉も重く試験会場に付き添った先生たちは、他の受験生への配慮から平静を装いながらも動揺を隠しきれなかった」（神戸新聞79年1月13日）と報じている。

◆入学定員2506人／志願者6518人／合格者＝現役1532人（61・1％）、浪人1079人／入学者2504人（女子179人）

【1980年】

京都大学新聞一面の合格発表記事には女子合格者が胴上げされるシーンが掲載されている。女子入学者が5年ぶりに200人を超えた。これ以降、女子学生は200人を下回ることなくゆっくり増え、1980年代半ばの男女雇用機会均等法施行を迎える。

志願者が前年比で約800人減ったことについて大学新聞はこう分析している。「…受験以前の選別が進んでいる。倍率、受験者数の激減から判断してみると、各大学、学部のランク付

1980年入試

順位	高校	人
1	北野	82
2	◎甲陽学院	69
3	◎洛星	55
4	天王寺	54
5	三国丘	52
6	◎東大寺学園	50
7	□京都教育大学附属	41
	四條畷	41
9	□大阪教育大学附属池田	37
	大手前	37
11	膳所	36
12	千種	33
13	◎洛南	32
14	長田	29
15	茨木	28
	豊中	28
17	神戸	25
18	◎大阪星光学院	24
19	高津	23
	◎灘	23
	奈良	23
22	藤島	21
	旭丘	21
24	□大阪教育大学附属天王寺	20
	高松	20
26	生野（大阪）	19
27	◎清風南海	18
	姫路西	18
	◎六甲	18
	丸亀	18
31	□大阪教育大学附属平野	16
	桐蔭	16
33	富山中部	14
	岐阜	14
	菊里	14
	□広島大学附属福山	14
	松山東	14
	小倉	14
39	彦根東	13
	□奈良女子大学附属	13
	下関西	13
42	札幌南	12
	浦和	12
	岡崎	12
	◎高槻	12
	加古川東	12
	◎広島学院	12
	熊本	12
49	宇部	11
	鶴丸	11
51	浜松北	10
	清水東	10
	乙訓	10
	◎金蘭千里	10
	◎淳心学院	10
	◎修道	10
	徳島市立	10
	修猷館	10
59	国立	9
	湘南	9
	岡崎北	9
	一宮	9
	◎東海	9
	虎姫	9
	倉敷青陵	9
	新居浜西	9
67	千葉	8
	加納	8
	静岡	8
	沼津東	8
	桑名（三重）	8
	嵯峨野	8
	兵庫	8
	岡山大安寺	8
	岩国	8
76	新潟	7
	高岡	7
	津	7
	◎白陵	7
	畝傍	7
	鳥取西	7
	松江北	7
	出雲	7
	□広島大学附属	7
85	水戸第一	6
	宇都宮	6
	熊谷	6
	西	6
	富山	6
	□金沢大学附属	6
	松本深志	6
	時習館	6
	津西	6
	四日市	6
	松阪	6
	鴨沂	6
	日吉ヶ丘	6
	朱雀	6
	小野	6
	山口	6
	城南（徳島）	6
	◎愛光	6
	◎土佐	6
	◎高知学芸	6
	◎久留米大学附設	6
	◎ラ・サール	6

けが更に明確化され、受験生の『自主規制』の傾向が定着しつつある（略）『何点（共通一次）であれば、どこどこの大学の何学部』との『進路指導』が徹底的に行われているといえよう」（京都大学新聞80年3月16日）。実際、このような指導が多くの高校で行われていた。

共通一次の得点をどう見極めるか。受験生は二次試験とのウエートから考えなければならない。法学部に合格した男子（大阪・四條畷《しじょうなわて》）は共通一次で901点をとった。かなり高いレベルだ。「京大と東大では一次の比重がまったく違う（東大は典型的な二次重視型である）ため、せっかくの高得点が生かしきれない。第二は試験科目の違い。具体的に言うと、東大の二次には社会が含まれるということだ。社会は不得意ではなかったが、主に共通一次を対象として勉強してきたため、一年間、それに向けて学習した人との間のハンデを一カ月余では埋めきれないと判断した」（「螢雪時代」81年2月号）。情報収集だけではだめで、戦略を練らなければならない。そんな入試制度になった。

法学部に合格の山井和則《かずのり》氏（京都・洛南）は自らの経験をもとに京都大志望者に檄《げき》を飛ばした。「敢えて諸君に言おう。『ガリ勉になれ!!』『せこさを追求せよ!!』『ガリ勉をバカにするような奴は絶対京大には受からない!!』（略）洛南に入って京大を目ざすようになってからは変身を決意し、自らガリ勉になろうと努力した。そして『一秒でも多く勉強した者が勝つんだ』と自分に言いきかせ、寸暇を惜しんでがんばった」（『私の京大合格作戦１９８１年版』）。現在、山井氏は松下政経塾などを経て国会議員（立憲民主党所属）となった。

◆入学定員２５０６人／志願者５７６６人／合格者＝現役１３７８人（55・０％）、浪人１１２９人／入学者２５１０人（女子206人）

【１９８１年】

東海地方では旧制一中など伝統校を起源とする進学校の京都大合格者数について、１９７０年代に導入した学校群制度が大きな影響を与えていた。学校群を組んだ学校間で逆転現象が起こっている。愛知の名古屋２群で千種《ちぐさ》32人と旭丘24人、三重の中勢学区２群（津市、松坂市など）で津西10人と津９人となっている。岐阜の西濃学区１群（大垣市など）では１９７４年開校の大垣東５人と１８９４年設立で旧制中学が起源の大垣北４人となっていた。理学部合格の男子（長崎・佐世保南）は京都大志望の理由をこう話す。「一番目は直接的な理由で苦手な国語がないということ。二番目は間接的な理由で京大理系から数多くの有名な研究者が出ていて、同じ研究者を目指している僕にとってこれが大きな魅力だったからである」（『私の京大合格作戦１９８２年版』）。

1981年入試

順位	高校	人
1	北野	82
2	◎甲陽学院	61
3	◎洛星	59
4	大手前	50
	三国丘	50
6	四條畷	49
7	□大阪教育大学附属池田	47
8	茨木	44
9	天王寺	41
10	◎洛南	40
11	◎東大寺学園	39
12	豊中	37
13	高津	36
14	□京都教育大学附属	34
15	千種	32
	膳所	32
17	◎大阪星光学院	30
18	◎六甲	26
19	旭丘	24
20	姫路西	23
21	神戸	22
	◎修道	22
	高松	22
24	生野（大阪）	21
	長田	21
	奈良	21
27	◎淳心学院	20
28	□大阪教育大学附属天王寺	19
29	◎清風南海	18
30	藤島	17
	畝傍	17
32	□大阪教育大学附属平野	16
33	◎高槻	15
	◎白陵	15
	□奈良女子大学附属	15
36	桐蔭	14
	松山東	14
38	岡崎	13
	◎東海	13
	◎愛光	13
	小倉	13
42	宇都宮（栃木）	12
	富山中部	12
	岐阜	12
	◎灘	12
	□広島大学附属	12
	□広島大学附属福山	12
48	◎同志社	11
	岸和田	11
	丸亀	11
51	□金沢大学附属	10
	静岡	10
	菊里	10
	津西	10
	千里（大阪）	10
	◎金蘭千里	10
	◎明星（大阪）	10
	加古川東	10
	兵庫	10
	◎広島学院	10
	東筑	10
62	札幌北（北海道）	9
	長野	9
	藤枝東	9
	津	9
	乙訓	9
	池田	9
	出雲	9
	岡山大安寺	9
	下関西	9
	西条	9
72	札幌南	8
	高崎（群馬）	8
	立川	8
	小田原	8
	高岡	8
	松本深志	8
	岡崎北	8
	彦根東	8
	向陽（京都）	8
	松江北	8
	岡山朝日	8
	岡山芳泉	8
	津山	8
	修猷館	8
86	水戸第一	7
	前橋	7
	富山	7
	四日市	7
	鴨沂	7
	洛北	7
	◎京都女子（京都）	7
	宇部	7
	◎土佐	7
	筑紫丘	7
	◎ラ・サール	7

前年11月、神奈川県川崎市で２浪の予備校生が両親を金属バットで殴り殺した事件が起こった。浪人をかかえる親は大きな衝撃を受けている。

◆入学定員２５０６人／志願者６２５１人／合格者＝現役１３６５人（54・３％）、浪人１１４７人／入学者２５１５人（230人）

【１９８２年】

現役率がすこし下がった。大学新聞の見立ては、「予備校が着々と共通一次用カリキュラムを整え体制を固めた〝成果〟が表れていると言える」（京都大学新聞82年3月16日）。

工学部合格の男子（京都・福《ふく》知《ち》山《やま》）は京都大を受験した理由に女性の存在が大きい、という。塾の先生とガールフレンドだ。「Ｋさんは京大を受験したことがある。実力的には十分らしかったが、病気か何かの不備で落ちたと聞いている。必然的にぼくには京大への憧れのようなものが出来上がったのである。このような経緯が、ことしも京大へ願書を出させたのかもしれない。とは言うものの、もっと強力で単純な理由もあった。実際こちらの方が本当だという気もするのだが、大阪に彼女がいたのだ。東京まで行ってしまう気になれなかったのは当然かもしれない」（『私の京大合格作戦１９８３年版』）。大学受験にとって恋愛は邪道。

1982年入試

順位	高校	人
1	◎甲陽学院	72
2	北野	66
3	天王寺	54
4	◎洛星	45
5	三国丘	43
	四條畷	43
7	大手前	42
8	□大阪教育大学附属池田	37
9	高津	36
10	膳所	34
	◎大阪星光学院	34
	姫路西	34
	◎東大寺学園	34
14	藤島	33
15	◎洛南	32
	茨木	32
17	□京都教育大学附属	31
	生野（大阪）	31
19	千種	30
20	高松	24
21	□大阪教育大学附属天王寺	23
	豊中	23
	◎修道	23
24	長田	22
	◎六甲	22
26	◎高槻	21
	◎白陵	21
28	畝傍	20
29	旭丘	19
	奈良	19
31	□大阪教育大学附属平野	17
	□広島大学附属福山	17
	下関西	17
	◎愛光	17
35	◎東海	16
	◎灘	16
	◎淳心学院	16
	小倉	16
	◎ラ・サール	16
40	岐阜	15
	◎同志社	15
	□広島大学附属	15
	◎広島学院	15
44	加古川東	14
	岡山朝日	14
46	◎明星（大阪）	13
	松江北	13
	松山東	13
49	加納	12
	静岡	12
	◎清風南海	12
	◎金蘭千里	12
	神戸	12
	桐蔭	12
	岡山芳泉	12
	徳山	12
57	千葉	11
	小松	11
	菊里	11
	熊本	11
61	高岡	10
	富山中部	10
	□金沢大学附属	10
	岡崎北	10
	鳥取西	10
	◎久留米大学附設	10
67	札幌北	9
	金沢泉丘	9
	彦根東	9
	千里	9
	山口	9
	修猷館	9
73	湘南	8
	寝屋川	8
	龍野	8
	□奈良女子大学附属	8
	岡山操山	8
78	札幌南	7
	国立	7
	清水東	7
	中村（愛知）	7
	岡崎	7
	豊橋南	7
	津西	7
	鴨沂	7
	北嵯峨	7
	◎立命館	7
	岸和田	7
	小野	7
	宇部	7
	防府	7
	城東（徳島）	7
	◎土佐	7

１９７０年代までそんなことが言われていた。１９８０年代、予備校では楽しい雰囲気で勉強ができ、浪人に対する暗いイメージもなくなった。それを象徴する合格記である。

法学部に前原《まえはら》誠司氏（京都・京都教育大学附属）が合格した。前原氏は母子家庭で高校１年から大学卒業まで奨学金を受けた。国会議員で元民主党代表である。一時、総理に近い存在だった。京都大では国際政治学者の高坂正堯《こうさかまさたか》氏（京都・洛北）から指導を受けた。

◆入学定員２５２６人／志願者６４０２人／合格者＝現役１２９７人（51・7%）、浪人１２１４人／入学者２５３３人（女子235人）

【１９８３年】

大阪教育大学附属池田から前年比20人増の57人合格者を出した。同校の学校史はこう分析している。「共通一次試験の本校生の成績は、その年の問題の難易度にもよるが、概ね１０００点満点で平均830～850点であり、900点を越える者が十数名から二十数名おり、この高水準の背景には、本校生の学力が向上していたこと、また本校の入試科目が5教科で、理科、社会も含めたオールラウンド型の者が多いことから5教科受験の共通一次試験に強いこと、また、阪神間にはいわゆる女子の進学校がないことが、本校での女子生徒の健闘につながって

1983年入試

順位	高校	人
1	◎甲陽学院	77
2	北野	68
3	◎洛星	66
4	□大阪教育大学附属池田	57
5	◎洛南	52
	大手前	52
7	◎東大寺学園	47
8	天王寺	45
9	茨木	44
10	三国丘	42
11	膳所	39
12	四條畷	38
13	千種	35
14	高津	32
	奈良	32
16	豊中	27
17	◎大阪星光学院	26
18	神戸	25
	◎灘	25
20	□大阪教育大学附属天王寺	22
	生野（大阪）	22
22	旭丘	21
	□京都教育大学附属	21
	◎六甲	21
	◎白陵	21
	◎修道	21
27	畝傍	20
	高松	20
29	□奈良女子大学附属	19
30	◎清風南海	18
	姫路西	18
32	湘南	16
	□広島大学附属	16
34	◎滝	15
	加古川東	15
	長田	15
37	札幌北	14
	修猷館	14
39	藤島	13
	静岡	13
	◎金蘭千里	13
	兵庫	13
	◎淳心学院	13
	◎愛光	13
45	千葉	12
	金沢泉丘	12
	岡崎北	12
	彦根東	12
	◎高槻	12
	◎広島学院	12
	熊本	12
52	岐阜	11
	岡崎	11
	◎東海	11
	桐蔭	11
	◎土佐	11
	◎ラ・サール	11
58	水戸第一	10
	浦和	10
	菊里	10
	□広島大学附属福山	10
	小倉	10
63	鴨沂	9
	□大阪教育大学附属平野	9
	千里	9
	寝屋川	9
	◎神戸女学院	9
	松江北	9
	岡山朝日	9
70	前橋	8
	立川	8
	◎麻布	8
	加納	8
	浜松北	8
	鳥取西	8
	岡山大安寺	8
	倉敷青陵	8
	松山東	8
79	新潟	7
	高岡	7
	富山中部	7
	□金沢大学附属	7
	紫野	7
	◎同志社	7
	龍野	7
	岡山操山	7
	宇部	7
	下関西	7
	徳島市立	7
	今治西	7
	東筑	7

いること、などが挙げられよう」（『50年のあゆみ』２００６年）。１９７０～１９８０年代、関西は中学受験で優秀な女子の進学先が神戸女学院ぐらいであり、京都教育大学附属、大阪教育大学附属3校、奈良女子大学附属に多くの女子が進んだ。大阪教育大学附属池田からの京都大女子合格者数は84年15人（41人）、85年14人（39人）、86年16人（44人）、87年18人（47人）、88年21人（63人）となっている（カッコ内は男女計）。国立大学附属はブランド力があった。その象徴的な存在が、ノーベル生理学・医学賞を受賞した京都大教授の山中伸弥氏だ。81年大阪教育大学附属天王寺から神戸大医学部に進んでいる。

法学部合格の男子（大阪・四條畷）は大学受験、京都大入試を次のように喝破する。「楽しいものでも将来必要なものでもなく、ただ数カ月後先に、数日間用いるための、単調な作業（略）京大といっても、毎日十時間ずつ勉強した者しか入れないことはないのです。パチンコで一日一万円出したり、女の子と祇園祭へ行ったり、雨の日に鴨川へ入ったり、ソフトボールやサッカーをするといった程度のことをしていても合格できるのです」（『私の京大合格作戦１９８４年版』）。

◆入学定員２５２６人／志願者６６３７人／合格者＝現役１１６９人、浪人１３６１人（53・8％）／入学者２５３７人（女子225人）

③東京大、京都大ダブル受験の衝撃（1984～1990年）

【1984年】

京都大を受けるためには共通一次試験で何点ぐらい取ればいいか。受験生の自己採点とにらめっこしたところで、京都大合否のボーダーラインは見当がつかない。共通一次全受験生のデータが必要になってくるが、文部省（当時）、大学入試センターは平均点を出すぐらいで大学ごとのボーダーラインを示さない。そこでたよりになるのが予備校の調査だ。１９８0年代、全国展開していた河合塾、駿台予備学校、代々木ゼミナールの三大予備校は共通一次情報に強かった。

この年、河合塾は受験生約34万人の自己採点データを集め、これらを分析して各大学に合格するためのボーダーラインを示した。同塾の塾史にこの作業の流れが記されている。「キーステーションは、名古屋をはじめ東京、大阪、福岡、仙台に置かれている。このデータが最終的に名古屋の本部に集められ、コンピュータ集計される、各大学別、学科別の得点分布が出力され、それをもとにそれぞれの地区でボーダー会議が開かれたのは、試験実施からわずか1週間後。全国から職員が集まり、30～40人の担当者が、延々12時間にわたって議論を

1984年入試

順位	高校	人
1	北野	82
2	◎洛星	69
3	◎甲陽学院	63
4	◎洛南	60
5	四條畷	52
6	茨木	51
7	天王寺	46
8	大手前	45
	三国丘	45
10	□大阪教育大学附属池田	41
11	◎東大寺学園	39
12	膳所	38
13	千種	36
	高津	36
15	◎灘	32
16	□大阪教育大学附属天王寺	29
	◎大阪星光学院	29
18	奈良	26
19	◎清風南海	23
	◎白陵	23
21	□大阪教育大学附属平野	21
22	□京都教育大学附属	20
	生野（大阪）	20
	□広島大学附属	20
25	豊中	18
	◎六甲	18
	高松	18
28	彦根東	17
	長田	17
	◎修道	17
31	千葉	16
	◎東海	16
	神戸	16
	◎広島学院	16
35	金沢泉丘	15
	岡崎	15
	姫路西	15
38	◎高槻	14
	◎淳心学院	14
	畝傍	14
	□広島大学附属福山	14
42	小倉	14
43	札幌南	13
	船橋	13
	岡崎北	13
46	旭丘	12
	菊里	12
	一宮	12
	宇部	12
	松山東	12
	◎ラ・サール	12
52	桐蔭	11
	下関西	11
	◎愛光	11
	東筑	11
	熊本	11
57	岸和田	10
	加古川東	10
	兵庫	10
60	□金沢大学附属	9
	藤島	9
	静岡	9
	◎金蘭千里	9
	小野	9
	松江北	9
	今治西	9
	修猷館	9
	福岡	9
	◎久留米大学附設	9
70	浦和	8
	新潟	8
	高岡	8
	松本深志	8
	虎姫	8
	◎明星（大阪）	8
	◎神戸女学院	8
	山口	8
	丸亀	8
79	札幌北	7
	水戸第一	7
	熊谷	7
	国立	7
	厚木（神奈川）	7
	長野	7
	岐阜	7
	加納	7
	磐田南（静岡）	7
	時習館	7
	寝屋川	7
	□奈良女子大学附属	7
	岡山大安寺	7
	岡山一宮（岡山）	7
	岡山芳泉	7
	新居浜西	7
	◎土佐	7

続け、各大学学部の合否ボーダーラインが決定していく（『ルポ・河合塾の75年』河合塾、２００９年）。

大学新聞はこうした様子を冷ややかに見ていた。「予備校側の新制度入試対策がいよいよ軌道にのってきたともいえるだろう」（京都大学新聞83年３月16日）、「大学の偏差値による序列化、受験産業の肥大化――教育への介入といった新たな問題が生じつつある」（京都大学新聞84年３月16日）。

◆入学定員２５２６人／志願者６６８８人／合格者＝現役１０１５人、浪人１４０３人（53・８％）／入学者２５３６人（女子234人）

【１９８５年】

浪人は全９学部で過半数を超えており、医学部では7割以上を占めている。女子は法学部で29人増の49人となった。

智辯学園和歌山が前年比５人増で６人合格した。「和歌山県当局の強い要請と藤田照清大僧正の私学教育に懸ける熱意とが醸成し、昭和53年４月に開校しました」（同校ウェブサイト）。和歌山在住者が奈良の智辯学園中学校・高校に少なからず通っていたため、和歌山県

1985年入試

順位	高校	人
1	◎甲陽学院	91
2	◎洛星	75
3	北野	65
4	◎東大寺学園	53
5	◎洛南	50
6	天王寺	45
	四條畷	45
8	千種	44
9	茨木	40
10	□大阪教育大学附属池田	39
	三国丘	39
12	◎大阪星光学院	38
13	高津	35
14	大手前	33
15	膳所	31
16	◎灘	28
17	豊中	27
	奈良	27
19	□大阪教育大学附属天王寺	25
20	旭丘	24
	生野（大阪）	24
22	◎白陵	23
23	□京都教育大学附属	22
24	□大阪教育大学附属平野	21
	姫路西	21
26	◎清風南海	19
	◎六甲	19
	◎淳心学院	19
	松江北	19
30	◎金蘭千里	18
	◎高槻	18
	□広島大学附属福山	18
	◎修道	18
34	畝傍	17
35	高志	16
	長田	16
	◎ラ・サール	16
38	千葉	15
	◎広島学院	15
40	札幌北	14
	□広島大学附属	14
42	菊里	13
	小倉	13
44	神戸	12
	◎岡山白陵（岡山）	12
46	高岡	11
	岐阜	11
	岡崎北	11
	◎東海	11
	彦根東	11
	◎清風（大阪）	11
	岡山朝日	11
	徳島市立	11
	◎愛光	11
55	札幌南	10
	浦和	10
	鳥取西	10
	高松	10
	修猷館	10
	◎久留米大学附設	10
61	◎麻布	9
	◎桐朋	9
	□金沢大学附属	9
	金沢泉丘	9
	藤島	9
	浜松北	9
	岡崎	9
	津	9
	岸和田	9
	桐蔭	9
	鶴丸	9
72	国立	8
	湘南	8
	一宮	8
	津西	8
	□奈良女子大学附属	8
	下関西	8
	山口	8
79	盛岡第一（岩手）	7
	東葛飾	7
	□東京学芸大学附属	7
	青山	7
	富山中部	7
	小松	7
	加納	7
	静岡	7
	一宮西（愛知）	7
	桑名	7
	◎同志社	7
	◎立命館	7
	加古川東	7
	松山東	7
	◎土佐	7
	東筑	7
	熊本	7

知事が県内開校に向けて「強い要請」をしたことから、智辯学園和歌山はスタートした。同校の指導は熱心で、年間の授業日数は約250日（文部科学省調査によれば全日制高校の約９割が190〜209日）、コースによっては公立学校の1.5倍の授業時間がある。「夏休みは、中学は８月中の約３週間、高校は８月中の約２週間です。冬休みは、中学高校とも年末年始の約10日間です」（同校ウェブサイト）となっており、夏冬の休業期間はかなり短く、その分、進路指導にあてている。

◆入学定員２５２６人／志願者６６４６人／合格者＝現役１０５１人、浪人１４９１人（58・７％）／入学者２５５６人（女子271人）

【１９８６年】

京都大アメリカンフットボール部「京大ギャングスターズ」が日本大に、そして社会人のレナウンにも勝って2回目のアメフト日本一となる。このときチームの主将をつとめた農学部4年の泉信爾《しんじ》氏はこう話す。「よく『なんでこんなに強いのですか』と聞かれるんですが、アメリカンフットボールという競技自体が体力のほかに頭脳が要求されるからです。体力が他より劣っている分、頭脳で勝負しようと」（「螢雪時代」85年8月号）。泉氏は都立西高校

1986年入試

順位	高校	人
1	◎洛星	104
2	北野	74
3	◎甲陽学院	71
4	◎洛南	67
5	◎東大寺学園	64
6	天王寺	49
7	茨木	48
8	□大阪教育大学附属池田	44
	◎大阪星光学院	44
10	奈良	40
11	三国丘	39
12	四條畷	37
13	大手前	35
14	千種	34
15	膳所	33
16	高津	32
17	◎灘	29
18	旭丘	26
	□大阪教育大学附属天王寺	26
	神戸	26
21	◎白陵	22
	◎修道	22
	高松	22
24	◎広島学院	21
25	岡崎	20
	姫路西	20
27	□京都教育大学附属	19
	長田	19
	◎六甲	19
30	□大阪教育大学附属平野	18
	畝傍	18
32	生野（大阪）	17
	◎清風南海	17
	◎淳心学院	17
35	豊中	16
	◎高槻	16
37	□金沢大学附属	15
	菊里	15
39	◎東海	14
40	金沢泉丘	13
	彦根東	13
	□広島大学附属	13
43	◎神戸女学院	12
	◎奈良学園（奈良）	12
	桐蔭	12
46	熊谷	11
	一宮	11
	千里	11
	兵庫	11
	福岡	11
51	前橋	10
	浜松北	10
	岡崎北	10
	一宮西	10
	◎滝	10
	寝屋川	10
	◎金蘭千里	10
	□広島大学附属福山	10
	徳島市立	10
	修猷館	10
	◎ラ・サール	10
62	札幌南	9
	厚木	9
	高志	9
	岐阜	9
	静岡	9
	半田	9
	岸和田	9
	加古川東	9
	◎愛光	9
71	水戸第一	8
	東葛飾	8
	◎桐朋	8
	◎駒場東邦（東京）	8
	◎武蔵	8
	湘南	8
	高岡	8
	富山中部	8
	富山	8
	藤島	8
	加納	8
	津	8
	◎立命館	8
	◎明星（大阪）	8
	◎清風	8
	◎土佐	8
	小倉	8
	東筑	8
	◎久留米大学附設	8
90	札幌北	7
	西	7
	国立	7
	堀川	7
	西宮	7
	◎智辯学園和歌山（和歌山）	7
	松山東	7
	筑紫丘	7
	熊本	7

出身で大学卒業後、三和銀行に進んだ。１９８０年代半ばは京大ギャングスターズの黄金時代で東海辰也氏、屋敷利紀氏（いずれも富山・高岡）などのスターが生まれた。

四天王寺から初めて合格者を出した。

◆入学定員２６８６人／志願者６３９６人／合格者＝現役１２９８人、浪人１３９３人（58・７％）／入学者２７０５人（女子281人）

【１９８７年】

京都大と東京大のダブル受験を可能にする制度が導入される。この年から国立大学受験の機会を複数化するため、二次試験をＡ日程（３月１日～）とＢ日程（３月５日～）に分けて行う「連続方式」を実施した。京都大はＡ日程をとる（法学部のみＡＢ両日程）。ところが東京大がＢ日程だったため、京都大、東京大の併願が可能となり、両校を受験する者が進学校中心に相次いだ。京都大、東京大は合格者をどれほど確保できるか、つまり定員に対する歩留まりが読めないため、定員よりも多めの合格者を出した。京都大は募集定員２７１６人のところ、合格者４１４０人とした。52・６％の水増しである。このうち50％を超えた学部は次のとおり（合格者、カッコ内は定員）。文350人（220人）、経済444人（240人）、理291人（465

1987年入試

順位	高校	人
1	◎灘	102
2	◎洛南	95
3	◎甲陽学院	93
4	◎洛星	84
5	◎ラ・サール	82
6	天王寺	57
7	北野	56
8	◎東大寺学園	54
9	□大阪教育大学附属池田	47
	◎愛光	47
11	千種	46
	◎大阪星光学院	46
13	三国丘	45
	四條畷	45
15	茨木	43
16	□東京学芸大学附属	42
	◎武蔵	42
	◎桐蔭学園	42
19	◎開成	40
20	◎桐朋	36
	◎広島学院	36
22	千葉	35
	◎麻布	35
	奈良	35
25	膳所	34
26	生野（大阪）	33
27	◎久留米大学附設	32
28	◎栄光学園	30
	□大阪教育大学附属天王寺	30
	高松	30
31	旭丘	29
32	浦和	28
	高岡	28
	岡崎	28
	大手前	28
	◎白陵	28
37	姫路西	27
	◎六甲	27
39	高津	26
	◎淳心学院	26
41	□筑波大学附属駒場	25
	神戸	25
43	□京都教育大学附属	24
	□広島大学附属	24
45	◎清風南海	23
	熊本	23
47	東葛飾	22
	大垣北	22
	◎金蘭千里	22
50	◎駒場東邦	21
	新潟	21
	◎東海	21
	彦根東	21
54	札幌南	20
	戸山	20
	◎修道	20
57	西	19
	湘南	19
	菊里	19
	一宮	19
	修猷館	19
62	□大阪教育大学附属平野	18
	◎高槻	18
	◎奈良学園	18
	松江北	18
	□広島大学附属福山	18
67	宇都宮	17
	□筑波大学附属	17
	畝傍	17
70	◎聖光学院（神奈川）	16
	富山中部	16
	金沢泉丘	16
	岡崎北	16
	長田	16
	鶴丸	16
76	船橋	15
	厚木	15
	浜松北	15
	宇部	15
	丸亀	15
81	◎巣鴨	14
	□金沢大学附属	14
	小倉	14
	東筑	14
	◎青雲	14
86	◎海城	13
	徳山	13
	山口	13
89	秋田	12
	水戸第一	12
	青山	12
	富山	12
	◎滝	12
	豊中	12
	鳥取西	12
	筑紫丘	12
97	川越	11
	◎早稲田	11
	一宮西	11
	◎高田（三重）	11
	◎明星（大阪）	11
	◎神戸女学院	11
	松山東	11
	今治西	11

人）、工1501人（995人）、薬120人（80人）だった。工学部電気系学科の合格者数は定員の2倍となった。

京都大入学者は欠員8人と帳尻を合わせた。神がかり、奇跡的と言われたが、京都大は半年以上前から、東京大とダブル合格した場合の入学先について関西の予備校や進学校から情報を集めていた。これらを分析して水増し率30〜40％を予定していた。しかし、共通一次後東京大と情報交換したところ、想定以上に東京大に流れることがわかり50％に修正している。京都大は合格者1432人を失った。

「サンデー毎日」調査によれば、京都大合格者のうち東京大に合格した者が1512人にのぼった。理学部では合格者465人のうち東京大合格者が318人で68・4％と群を抜いて高かった。京都大理学部入学者は230人だったので、それよりも多い235人が辞退したことになる。彼らが東京大や国立大学医学部に進んだことは容易に想像できる。この結果に京都大理学部長はこう話した。「ジャイアンツが強かった、タイガースの負けです」（「週刊朝日」87年4月10日号）。

なぜ、京都大は負けたのか。予備校の関西文理学院進学教育センター部長が、「心変わりが起きたのではないか」と受験生心理からこう考察する。

「ダブル合格してしまうと、親とか親戚がいろいろ言うでしょ。『せっかく東大受かったんだから』とか。そういう雑音を聞いていると、本人だってちょっと考えますからね。そうなれば初心と違った判断を下す生徒がいたっておかしくないわけで。（略）東大中心の学歴主義はまだまだ根強いですから」（「サンデー毎日」87年4月12日号）。

　京都大が第1志望だった者が東京大に進んだ。こうした要因によって東京大は定員より228人多く受け入れることになった。京都大の教員は危機感を抱いたようだ。数学者で教養部教授の森毅《つよし》氏が解説する。「トップクラスが東大にとられたと頭をかかえている人もおるし、将来後継者のとき養成で困るでと心配する先生もおるけど、なあに学部のうちは東大さんに預かってもろうて大学院になったらこっちに来てもらおやんて悠長に期待しとる人もおるよ」（「朝日ジャーナル」87年4月17日号）。

　京都大の合格者は水増しのため例年より約１４００人も多い。京都大合格高校ランキングが大きく変わった。灘102人（前年比73人増）、ラ・サール82人（同72人増）、愛光47人（同38人増）、東京学芸大学附属42人（同36人増）となっており、甲陽学院、洛南、千種、天王寺、四條畷、三国丘なども合格者数を増やした。

　洛南95人のうち現役は64人となっており、このうち東京大合格者が30人いる。工学部と理科一類に受かった男子（京都・洛南）が話す。「京大に行くことに決めました。自分としては東大へ行きたかった。東京に行って足が棒になるほど下宿を探して歩いたんですが、いい部屋がない。かといってマンションになれば、両親に負担をかけさせてしまう。一日中、東京をかけめぐった結果、京大に決めました」（「週刊文春」87年4月2日号）。
農学部と理科二類に合格した男子（宮城・仙台第二）はこう言い切った。「自由な学風がいい。偏差値で東大かもしれないが、実績、就職では大した違いがあるわけではないし、好きなほうを選んだ」（「サンデー毎日」87年4月12日号）。
◆入学定員２７１６人／志願者１万５１５６人／合格者４１４０人／入学者２８０２人（女子304人）〈ここから合格者の現浪別は未掲載〉

【１９８８年】

文、経済、教育の3学部は定員のほとんどをB日程に移した。東京大文系学部との併願を避けたかったからだろう。そのため東京大とのダブル合格者は前年比約260人減の１２５０人となった。ダブル合格者の学校別上位校は①灘59人、②開成37人、③東大寺学園36人、④洛星34人、⑤東京学芸大学附属28人、甲陽学院28人、⑦麻布26人、洛南26人だった（「サンデ

1988年入試

順位	高校	人
1	◎洛南	108
2	◎洛星	105
3	◎灘	93
4	◎甲陽学院	78
5	◎東大寺学園	76
6	北野	67
7	□大阪教育大学附属池田	63
8	三国丘	62
9	◎開成	61
10	□東京学芸大学附属	50
11	千葉	47
12	◎桐蔭学園	46
13	膳所	45
14	茨木	40
	◎大阪星光学院	40
16	◎麻布	37
	千種	37
	高津	37
19	四條畷	36
	奈良	36
21	◎ラ・サール	35
22	天王寺	34
	◎広島学院	34
24	浦和	32
	□筑波大学附属駒場	32
26	岐阜	31
	旭丘	31
	生野（大阪）	31
	姫路西	31
30	◎武蔵	30
	◎清風南海	30
	□広島大学附属	30
33	◎桐朋	29
34	大手前	28
35	◎栄光学園	27
	神戸	27
37	□京都教育大学附属	26
	高松	26
	◎久留米大学附設	26
40	◎駒場東邦	25
	□大阪教育大学附属天王寺	25
	◎六甲	25
43	□筑波大学附属	24
	湘南	24
	□大阪教育大学附属平野	24
	◎高槻	24
	畝傍	24
48	◎東海	23
	◎奈良学園	23
	◎愛光	23
51	◎白陵	22
52	西	20
	厚木	20
	◎聖光学院	20
	◎淳心学院	20
56	川越	19
	高岡	19
	一宮西	19
	彦根東	19
	◎金蘭千里	19
61	富山中部	17
	金沢泉丘	17
	菊里	17
	豊中	17
	□広島大学附属福山	17
66	東葛飾	16
	船橋	16
	戸山	16
	◎海城	16
	岡崎	16
	◎滝	16
	丸亀	16
	熊本	16
74	◎巣鴨	15
	岡崎北	15
	◎修道	15
	鶴丸	15
78	新潟	14
	◎神戸女学院	14
	◎智辯学園和歌山	14
81	土浦第一	13
	国立	13
	富山	13
	藤島	13
	兵庫	13
86	札幌南	12
	札幌北	12
	□金沢大学附属	12
	豊橋南	12
	◎清風	12
	長田	12
	桐蔭	12
	修猷館	12
94	日比谷	11
	横須賀（神奈川）	11
	松山東	11
97	◎函館ラ・サール	10
	仙台第一	10
	横浜翠嵐	10
	高志	10
	清水東	10
	◎同志社	10
	岸和田	10
	加古川東	10
	新居浜西	10

ー毎日」調べ)。

87年に京都大、東京大とダブル受験できるようになったとき、大阪星光学院、甲陽学院、広島学院、愛光、久留米《くるめ》大学附設、ラ・サールなど関西以外の中高一貫校が京都大合格者を増やすなか、東大寺学園は減少した(64人→54人)。しかし、同校は88年に76人と前年比22人増となる。東大寺学園はもともと京大志向が強かったが、87年に東京大、京都大ダブル合格した生徒が多く、その影響で88年に両方を受験する後輩が増えたのでは、という見方があった。

駿台予備学校からはダブル合格者629人を出している。同予備校広報情報部次長はこう話す。

「東大の辞退者は、一部の例外を除いてほとんどが京大に流れたと推定できます。第一志望が京大で、東大は複数受験のチャンスが与えられたので、いわばついでに受けたという受験生」(「週刊読売」88年7月9日号)。

京都大入学辞退者の進学先は東京大81・1%、早稲田大3.5%、慶應義塾大2.3%、東京工業大1.8%、上智大0.7%となっている。一方、東京大入学辞退者の進学先では京都大63・6%である(代々木ゼミナール調べ)。京都大から私立大学に流れたケースでは、関東の受験生が早稲田の政経、慶應の医、上智の外国語などそれぞれの看板学部へ進んでいる。大阪星光学院の男子はダブル合格して東京大を選んだ。「親に説得されたんですよ。ボクは京大の方が良かったんだけど、就職のことを考えたら、やっぱり東大だといわれちゃって」（「週刊現代」87年4月9日号）。これが心変わりというものなのだろう。

　農学部と理科二類に合格した女子（滋賀・膳所）は東京大に目もくれなかった。「ずっと京大にあこがれていた。未練は全然!!　親はすこし東大を考えてみたらと言っていたけど。食料品関係の企業の研究室に入りたい」（「サンデー毎日」88年4月17日号）。

　上位5校を初めて私立が独占する。また、上位30校のうち関東の開成、東京学芸大学附属、千葉、桐蔭《とういん》学園、麻布、浦和、筑波大学附属駒場はいずれも合格者が増えた。前年、ダブル合格を果たした先輩を見ならったと学校は見ている。定員179人オーバーになった。

◆入学定員2781人／志願者1万1822人／合格者4044人／入学者2960人（女子361人）

【1989年】

　東京大とのダブル受験は多くの学部でできなくなった。1987、88年の「A・B日程の連続方式」は京都大の学校史にこう記されている。「この方式での合格者決定にもなお多くの問題が含まれていたため、平成元（1989）年にはB日程で第2次試験を実施した法学部を除いて、他の学部は分離・分割方式に踏みきった」（『京都大学百年史』98年）。「多くの問題」＝入学辞退者への対応に懲りたのだろう。東京大と併願されれば混乱するだけだと。

そこで、また新しい入試方式を採用することになった。分離・分割方式は入試を前期・後期に分け、前期で入学手続きをすれば後期の受験資格を失うことになった。「A・B日程の連続方式」と併存しており、前期とB日程の併願はできるが、前期合格で入学手続きをとればB日程は受験できない。わかりやすくいえば、ダブル受験しても京都大前期の合格者はそこで京都大を選ぶか、入学資格を放棄して東京大にチャレンジするかの選択が迫られる。入試の多様化というよりも複雑化である。短期間でコロコロ変わる受験方式は「ネコの目」と高校、受験生から評判が悪かった。農学部合格の男子（大阪・高津）はこう話す。「僕らにとってみれば入試制度をいじくりまわされるのは迷惑だし。大学側も何の為に入試制度を変えるのか、わかっていないんじゃないか」（京大学生新聞89年3月20日〈京都大学新聞とは別組織で、当時の統一教会系〉）。

駿台予備学校の広報情報部次長はダブル受験が可能だったらと仮定してこう話す。「京大の圧勝だった。（略）制度が同じなら、ダブル合格者は七百四十人程度いたはずです。ところが実際に東大合格と発表されたのは百九十二人。つまり五百五十人ほどは、東大の合格ラ

1989年入試

順位	高校	人
1	◎洛星	106
2	◎灘	72
3	◎洛南	71
	◎甲陽学院	71
5	◎東大寺学園	64
6	北野	55
7	三国丘	52
8	◎大阪星光学院	45
9	□大阪教育大学附属池田	43
10	天王寺	39
11	茨木	36
12	◎清風南海	35
13	四條畷	34
14	生野（大阪）	31
15	◎奈良学園	29
16	◎愛光	28
17	膳所	27
	神戸	27
19	◎開成	26
	◎桐蔭学園	26
	◎白陵	26
	奈良	26
23	□大阪教育大学附属天王寺	25
	◎淳心学院	25
	修猷館	25
26	姫路西	24
27	◎麻布	23
28	高津	22
	畝傍	22
	◎ラ・サール	22
31	札幌南	21
	千種	21
	◎広島学院	21
34	千葉	20
	□京都教育大学附属	20
36	札幌北	19
	◎金蘭千里	19
	◎清風	19
	長田	19
	高松	19
41	東葛飾	18
	豊中	18
43	◎東海	17
	鶴丸	17
45	浦和	16
	岐阜	16
	大手前	16
	◎明星（大阪）	16
	◎智辯学園和歌山	16
	丸亀	16
51	武生	15
	岡崎	15
	岡崎北	15
	□大阪教育大学附属平野	15
	◎神戸女学院	15
56	◎駒場東邦	14
	高岡	14
	□広島大学附属	14
	◎久留米大学附設	14
60	菊里	13
	◎六甲	13
	小倉	13
	東筑	13
64	一宮	12
	◎高田（三重）	12
	◎高槻	12
	兵庫	12
	加古川東	12
	熊本	12
70	船橋	11
	□東京学芸大学附属	11
	戸山	11
	湘南	11
	富山中部	11
	金沢泉丘	11
	旭丘	11
	鳥取西	11
	◎修道	11
79	□筑波大学附属駒場	10
	◎武蔵	10
	◎桐朋	10
	藤島	10
	高志	10
	浜松北	10
	津	10
	松江北	10
	筑紫丘	10
	福岡	10
89	横須賀	9
	津西	9
	彦根東	9
	◎同志社	9
	小野	9
	◎智辯学園（奈良）	9

インを上回っていたのに、京大の手続きをとった…」（「週刊朝日」89年４月28日号）。京都大にすれば、ダブル受験で東京大に合格できる優秀な人材に東京大を受けさせず、京都大につなぎ止めたという見方だ。定員は82人オーバーだった。

◆入学定員２７８１人／志願者１万５０３１人／合格者３５８１人／入学者２８６３人（女子374人）

【１９９０年】

前期試験を約７２００人が、後期試験を約700人が受けた。欠席率は大幅に下がっている。前年Ｂ日程だった東京大が分離・分割方式となり、京都大との併願が減ったことで、第一志望を京都大とする受験生が増えたからだ。大学からすれば入学辞退者を読みやすくなり、ありがたい話だった。

入試制度の度重なる変更に高校教員はあきれているが、それを楽しんでいる受験生もいた。理学部合格の男子（大阪・生野）が話す。「定員を増やしてくれるならともかく、選抜方法をいじくったところで一体何になるのだろう。でも、面白いから個人的に反対ではない」（京大学生新聞89年３月20日）。

1990年入試

順位	高校	人
1	◎洛星	116
2	◎洛南	105
3	◎甲陽学院	79
4	◎東大寺学園	73
5	三国丘	59
6	◎灘	57
7	膳所	52
8	北野	51
	四條畷	51
10	□大阪教育大学附属池田	48
11	天王寺	37
12	茨木	35
13	◎清風南海	34
14	□大阪教育大学附属天王寺	32
15	千種	29
16	大手前	28
	生野（大阪）	28
	◎大阪星光学院	28
	奈良	28
	◎広島学院	28
21	□大阪教育大学附属平野	27
	◎高槻	27
23	長田	26
	◎奈良学園	26
25	旭丘	25
	□京都教育大学附属	25
27	◎淳心学院	24
28	高津	23
29	千葉	22
	◎金蘭千里	22
	◎修道	22
32	神戸	21
	◎六甲	21
34	◎東海	20
	姫路西	20
36	□広島大学附属	18
37	金沢泉丘	17
	岡崎	17
39	岐阜	16
	菊里	16
41	◎開成	15
	加古川東	15
	◎愛光	15
44	◎桐蔭学園	14
	高岡	14
	◎白陵	14
	◎神戸女学院	14
	高松	14
	熊本	14
	鶴丸	14
	◎ラ・サール	14
52	◎麻布	13
	彦根東	13
	◎同志社	13
	豊中	13
	畝傍	13
	□広島大学附属福山	13
	丸亀	13
59	東葛飾	12
	湘南	12
	◎明星（大阪）	12
	◎清風	12
	兵庫	12
	修猷館	12
65	浦和	11
	武生	11
	◎智辯学園和歌山	11
68	札幌北	10
	高志	10
	東筑	10
71	札幌南	9
	一宮	9
	岡山朝日	9
	小倉	9
	福岡	9
76	川越	8
	◎武蔵	8
	◎浅野（神奈川）	8
	松本深志	8
	大垣北	8
	岡崎北	8
	◎滝	8
	徳島市立	8
	◎久留米大学附設	8
85	水戸第一	7
	土浦第一	7
	太田（島根）	7
	熊谷	7
	船橋	7
	厚木	7
	◎栄光学園	7
	小松	7
	浜松北	7
	沼津東	7
	一宮西	7
	□奈良女子大学附属	7
	松江北	7
	岡山操山	7
	岡山一宮	7
	松山東	7

前年に経済学部で論文入試がスタートした。共通一次と合わせた配点が1050点のうち800点を占める。共通一次がふるわなかった受験生には一発逆転のチャンスとなる。「構造主義の文化人類学者レヴィ＝ストロースと現代文明の関連を論ぜよ」といったテーマについて、英文の記述を読みながら論述するものだ。

大阪府立三国丘が大阪の公立高校で初めてトップとなった。工学部に合格した男子（大阪・三国丘）は在学中、成績がふるわなかった。「『次の実力テストで二〇〇番以内に入りなさい。二〇〇番以内に入っていたら近畿の名のある国公立（大阪市大、府大）に行けるから』。京大に行きたいと思っていた私にとって、これはショックでした。当の教師は励ましのつもりだったのでしょうが、私にとっては励ましでも何でもありません」（『私の京大合格作戦1991年版』）。

国会議員の細野豪志《ごうし》氏（滋賀・彦根東）が法学部に合格。大学時代は憲法学者の佐藤幸治（新潟・新潟→京都大法学部）のゼミに所属していた。佐藤の教え子には国会議員の泉田《いずみだ》裕彦（新潟・三条→京都大法学部）がいる。

◆入学定員2781人／志願者1万4799人／合格者2875人／入学者2823人（女子377人）

3章

京都大合格校の歴史Ⅲ
——1991~2010年

①京都伝統校の凋落（1991～1996年）

【1991年】

1990年代前半は大学受験もバブル期を迎えた。大学、短大志望者は119万9000人、入学者は77万1000人、どの大学にも合格できなかった受験生は42万8000人となる（旺文社調べ）。団塊ジュニアが大学を受験。バブル経済絶頂期で、1人で何校も受験という状況が生まれている。優秀な受験生は競争の激化を見越してさまざまな大学を受ける。それによって難易度が低かった大学も高くなって、入りにくくなる現象がおこった。週刊誌はこう伝えた。「日東駒専《にっとうこません》は偏差値で旧帝大、北大・東北大・九大に並んだ」（「週刊現代」90年3月10日号）。日東駒専は日本大、東洋大、駒澤大、専修大を指す。

京都大がこれら「旧帝大」と同列に見られることはなかったが、私立の難関校とは分が悪い。代々木ゼミナールの調査として、早稲田大政経学部と京都大法学部の併願で京都大不合格、早稲田大合格が34人、その逆は22人だった。早稲田大には東京大のすべり止め受験組が多いため、京都大はそこからはじかれた形だ。京都大と関関同立《かんかんどうりつ》で京都大不合格、「関関同立」（関西大、関西《かんせい》学院大、同志社大、立命館大）合格というケースもある。ごくまれに

1991年入試

順位	高校	人
1	◎洛南	128
2	◎洛星	90
3	◎東大寺学園	77
4	北野	76
5	◎甲陽学院	73
6	◎灘	51
7	◎大阪星光学院	47
8	三国丘	46
	四條畷	46
10	茨木	39
11	奈良	38
12	□大阪教育大学附属池田	36
13	◎奈良学園	34
14	生野（大阪）	33
15	□京都教育大学附属	31
16	膳所	30
	天王寺	30
18	千種	28
	◎清風南海	28
20	□大阪教育大学附属天王寺	24
	姫路西	24
22	□大阪教育大学附属平野	23
23	◎桐蔭学園	22
	◎高槻	22
	神戸	22
	◎六甲	22
	◎白陵	22
28	大手前	21
29	◎金蘭千里	20
	畝傍	20
31	◎東海	19
	高津	19
	長田	19
	高松	19
35	◎麻布	18
	◎広島学院	18
	◎ラ・サール	18
38	千葉	17
	旭丘	17
	岡崎	17
41	◎滝	16
42	浜松北	15
	兵庫	15
	□広島大学附属	15
	◎愛光	15
	福岡	15
	鶴丸	15
48	◎開成	14
	小松	14
	武生	14
	彦根東	14
	◎同志社	14
	□広島大学附属福山	14
	◎修道	14
55	札幌北	13
	藤島	13
	岐阜	13
	岡崎北	13
	◎神戸女学院	13
60	札幌南	12
	富山中部	12
	加古川東	12
	◎智辯学園和歌山	12
	◎岡山白陵	12
	◎久留米大学附設	12
66	◎高田（三重）	11
	◎智辯学園	11
	修猷館	11
	東筑	11
	熊本	11
71	湘南	10
	菊里	10
	一宮	10
	◎淳心学院	10
75	戸山	9
	◎武蔵	9
	高岡	9
	金沢泉丘	9
	藤枝東	9
	小野	9
	米子東	9
	松江南	9
83	浦和	8
	東葛飾	8
	◎聖光学院	8
	□金沢大学附属	8
	時習館	8
	一宮西	8
	◎明星（大阪）	8
	郡山（奈良）	8
	松山東	8
92	仙台第二	7
	◎駒場東邦	7
	◎巣鴨	7
	◎浅野	7
	◎花園（京都）	7
	◎清風	7
	松江北	7
	出雲	7
	徳山	7
	岩国	7
	丸亀	7
	宮崎西（宮崎）	7

「産近甲龍《さんきんこうりゅう》」（京都産業大、近畿大、甲南大、龍谷大）不合格、京都大合格というケースもあった。難関国立大学の受験生が、本来すべり止めの対象としなかった私立を受けたからだ。志願者増→不安→受験校増加がもたらした現象である。これらは「金あまり」の語に象徴されるバブルの時代が生み出したと言えよう。

前年にＴＢＳ系ドラマ『予備校ブギ』が放映される。予備校生を緒形直人、的場浩司、織田裕二、講師を田中美佐子が演じた。同じころ、漫画家の原秀則が「少年ビッグコミック」などに予備校を舞台にした『冬物語』を連載していた。「金ピカ先生」と言われた英語の佐藤忠志氏など人気講師がメディアで脚光を浴びている。暗いイメージを抱かれていた予備校がはなやかな場として注目され市民権を得ていた。大手予備校にとっても、バブル絶頂期だった。

代々木ゼミナール、河合塾、駿台予備学校は１９８０年代から90年代にかけて積極的に全国へ進出した。代ゼミは１９９１年に町田校、大阪南校、浜松校、92年には高崎校、熊本校を開校している。それ以前は札幌校（81年）、仙台校（83年）、新潟校、福岡校（86年）、大阪校（現・大阪南校、87年）、広島校、京都校（88年）、小倉校（89年）、岡山校、神戸校（90年）などを作った。河合塾は大阪校（84年）、京都校（89年）、北九州校（90年）、大阪南校（91年）、福山校、浜松校（92年）などの校舎を建てた。駿台予備学校も負けていない。大阪校（81年）、名古屋校（88年）、京都南校、大阪南校（89年）、神戸校（92年）、札幌校（93年）、福岡校（94年）、仙台校（96年）などを設置し、全国展開をはかった。

◆入学定員2881人／志願者1万5677人／入学者2923人（女子364人）〈ここから合格者は未掲載〉

【1992年】

工学部が前期947人、後期113人と、前期偏重型入試に変更した。東京大など難関大では前後期の定員比率が9対1または8対2となっている。後期の門戸を広げていた京都大は、これらの大学のすべり止めになってしまう。大学としては本意ではない。京都大を第一志望とする受験生を受け入れたい、という思いがあった。また、こんな事情もあった。大学新聞が伝える。「入試後の追跡調査で学科によっては前期、後期で得点分布にかなりの差があったことも判明しこのことも『前期偏重』型にする理由となった」（京都大学新聞91年9月1日）。得点分布の内容は省かれているが、ネガティブに捉えているところからみると、後期入学者の成績が良くない、と理解できる。

1992年入試

順位	高校	人
1	◎洛南	151
2	◎洛星	93
3	北野	82
4	◎甲陽学院	77
5	◎東大寺学園	72
6	◎灘	65
7	◎大阪星光学院	59
8	茨木	50
9	□大阪教育大学附属池田	47
10	三国丘	43
11	膳所	39
12	◎清風南海	38
	奈良	38
14	天王寺	37
15	四條畷	36
16	◎ラ・サール	31
17	□京都教育大学附属	29
18	旭丘	27
	□大阪教育大学附属平野	27
20	千葉	24
	岡崎	24
22	□大阪教育大学附属天王寺	23
	生野（大阪）	23
	姫路西	23
25	◎淳心学院	22
	高松	22
27	◎東海	21
	◎六甲	21
29	高津	20
30	畝傍	19
31	◎高槻	18
	□広島大学附属	18
33	◎金蘭千里	17
	神戸	17
	長田	17
36	◎桐蔭学園	16
	◎奈良学園	16
	□広島大学附属福山	16
	丸亀	16
40	彦根東	15
	大手前	15
	◎智辯学園和歌山	15
43	千種	14
	◎修道	14
	小倉	14
46	時習館	13
	加古川東	13
	◎神戸女学院	13
	修猷館	13
	熊本	13
51	岐阜	12
	◎滝	12
	◎清風	12
	◎久留米大学附設	12
55	◎麻布	11
	◎開成	11
	湘南	11
	金沢泉丘	11
	菊里	11
	明和	11
	◎同志社	11
	◎岡山白陵	11
	東筑	11
	福岡	11
65	札幌北	10
	太田	10
	◎巣鴨	10
	□金沢大学附属	10
	浜松北	10
	岡山芳泉	10
71	浦和	9
	□東京学芸大学附属	9
	戸山	9
	高岡	9
	藤島	9
	一宮	9
	岸和田	9
	◎明星（大阪）	9
	兵庫	9
	◎広島学院	9
	徳山	9
	新居浜西	9
	◎愛光	9
84	札幌南	8
	◎海城	8
	◎栄光学園	8
	富山中部	8
	高志	8
	武生	8
	◎高田（三重）	8
	◎四天王寺（大阪）	8
	◎白陵	8
	岡山朝日	8
	鶴丸	8
95	◎函館ラ・サール	7
	高崎	7
	西	7
	◎桐朋	7
	◎武蔵	7
	小松	7
	大垣北	7
	藤枝東	7
	郡山（奈良）	7
	松江北	7
	山口	7
	松山東	7

上位校は私立が占めるようになった。なかでもトップ争いでは洛南、洛星、甲陽学院、灘、東大寺学園など京都、兵庫、奈良の伝統校がしのぎを削っている。ここに大阪の私立が入ろうとしていた。大阪星光学院、清風南海、高槻《たかつき》などだ。大阪星光学院は１９９０年28人→91年47人→92年59人と右肩上がりを示した。

女子入学者が初めて400人を超えた。女子校の上位は神戸女学院13人、四天王寺８人、ノートルダム清心６人、桜蔭《おういん》３人となっている。

◆入学定員２８８１人／志願者１万３８４１人／入学者２９０４人（女子407人）

【１９９３年】

総合人間学部が設置された。定員は130人（前期110人、後期20人）。センター試験で550点以上が合格した。同学部合格者の出身高校ランキングは、①奈良４人、智辯学園和歌山４人、③旭丘３人、洛星３人、洛南３人、天王寺３人となっている。

後期試験で理学部合格の男子（高知・土佐塾）は、前期試験で東京大理三に合格したが、東京大には入学手続きをとらなかった。こう話している。「申し訳ないんですが記念受験というやつです。（略）これからは存分に数学の研究をやっていくつもりです。理Ⅲに合格さ

1993年入試

順位	高校	人
1	◎洛南	147
2	◎洛星	119
3	北野	80
4	◎甲陽学院	73
5	◎東大寺学園	62
6	□大阪教育大学附属池田	51
7	奈良	48
8	膳所	47
	◎灘	47
10	旭丘	46
11	三国丘	41
12	天王寺	36
	◎大阪星光学院	36
14	明和	34
15	◎清風南海	33
16	茨木	30
	四條畷	30
	◎六甲	30
19	□京都教育大学附属	26
20	□大阪教育大学附属天王寺	25
21	長田	24
22	◎智辯学園和歌山	23
	高松	23
24	□大阪教育大学附属平野	22
	大手前	22
	◎奈良学園	22
27	岡崎	21
	◎修道	21
	◎広島学院	21
30	高津	20
	◎高槻	20
32	加古川東	19
	畝傍	19
34	千葉	18
35	藤島	17
	生野（大阪）	17
	丸亀	17
38	□東京学芸大学附属	16
	神戸	16
	◎淳心学院	16
	修猷館	16
	◎ラ・サール	16
43	岐阜	15
	◎滝	15
	◎金蘭千里	15
	姫路西	15
	◎久留米大学附設	15
	熊本	15
49	◎海城	14
	一宮	14
	津	14
	◎清風	14
	◎白陵	14
	◎神戸女学院	14
	◎岡山白陵	14
56	札幌北	13
	◎東海	13
	兵庫	13
59	◎桐蔭学園	12
	富士（静岡）	12
	彦根東	12
	◎明星（大阪）	12
	松山東	12
	筑紫丘	12
65	戸山	11
	高岡	11
	金沢泉丘	11
	半田	11
	□広島大学附属	11
70	札幌南	10
	浦和	10
	大垣北	10
	岸和田	10
	◎四天王寺	10
	福岡	10
76	太田	9
	□筑波大学附属駒場	9
	国立	9
	◎桐朋	9
	富山中部	9
	浜松北	9
	菊里	9
	時習館	9
	◎高田（三重）	9
	◎愛光	9
	鶴丸	9
87	□筑波大学附属	8
	◎開成	8
	◎武蔵	8
	長野	8
	静岡	8
	磐田南	8
	◎京都成章（京都）	8
	◎関西創価（大阪）	8
	◎智辯学園	8
	小倉	8
	東筑	8

れた人たちも頑張って医学の道を進んでください」（『東大理Ⅲ　天才たちのメッセージ』データハウス、93年）。彼は中学受験で灘、愛光に受かったが土佐塾へ進む。高校２年、３年の時、数学オリンピックに出場。３年で銀賞を獲得した。これが機になったようだ。「スウェーデンの大会で一番簡単な問題をミスした時は悔しかった。僕にとって、数学オリンピックでの体験は、将来を考える決め手のひとつになっていると思います」（「螢雪時代」93年７月号）。

　薬学部合格の男子（京都・北嵯峨《きたさが》）はこんな話をしている。「僕の出身高は公立にもかかわらず、京大や大学院出身の先生が多数いて、気軽に駿台や添削問題の質問に行けた」（『私の京大合格作戦１９９４年版』）。１９９０年代になっても京都で公立高校離れが進むなか、生徒思いで熱心な教員がいるのは救われる。

◆入学定員３０１１人／志願者１万４５２５人／入学者３０４９人（女子451人）

【１９９４年】

　弘学館《こうがくかん》（佐賀）から合格者11人を出した。同校は87年に開校し、90年卒業の１期生が東京大に８人合格して大きな話題となった。このとき京都大に１人合格している。その後、合格

1994年入試

順位	高校	人
1	◎洛南	135
2	◎洛星	88
3	◎東大寺学園	77
4	◎甲陽学院	70
5	北野	67
6	◎灘	60
7	□大阪教育大学附属池田	54
8	◎大阪星光学院	51
9	四條畷	44
10	旭丘	42
	茨木	42
	◎清風南海	42
13	膳所	40
	三国丘	40
	奈良	40
16	◎高槻	38
17	◎六甲	27
18	明和	26
	長田	26
	畝傍	26
	◎奈良学園	26
22	神戸	23
23	岡崎	22
	◎淳心学院	22
25	千葉	21
	□大阪教育大学附属天王寺	21
	天王寺	21
	加古川東	21
	◎智辯学園和歌山	21
	熊本	21
31	岐阜	20
	一宮	20
	彦根東	20
	□京都教育大学附属	20
	◎ラ・サール	20
36	□大阪教育大学附属平野	19
	◎修道	19
38	生野（大阪）	18
39	◎西大和学園（奈良）	17
	高松	17
	丸亀	17
42	札幌南	16
	◎滝	16
44	◎東海	15
	□広島大学附属	15
	◎愛光	15
47	□金沢大学附属	14
	金沢泉丘	14
	藤島	14
	大手前	14
	姫路西	14
	兵庫	14
	福岡	14
	◎久留米大学附設	14
55	◎四天王寺	13
	◎神戸女学院	13
	□広島大学附属福山	13
58	◎開成	12
	刈谷	12
	◎明星（大阪）	12
	◎清風	12
	修猷館	12
63	◎桐蔭学園	11
	浜松北	11
	◎同志社	11
	◎広島学院	11
	下関西	11
	東筑	11
	◎弘学館（佐賀）	11
70	◎海城	10
	武生	10
	高津	10
	◎白陵	10
	◎岡山白陵	10
75	◎麻布	9
	諏訪清陵	9
	大垣北	9
	静岡	9
	時習館	9
	岸和田	9
	小野	9
	郡山（奈良）	9
	小倉	9
84	◎武蔵	8
	◎桜蔭（東京）	8
	◎巣鴨	8
	高志	8
	韮山	8
	◎京都女子	8
	◎金蘭千里	8
	◎智辯学園	8
	鶴丸	8
93	札幌北	7
	新潟	7
	小松	7
	長野	7
	岐阜北（岐阜）	7
	清水東	7
	半田	7
	◎南山（愛知）	7
	豊中	7
	宮崎西	7

者は91年３人、92年２人、93年６人と増えていく。弘学館開校の背景には、県内の優秀な子供の多くが福岡の久留米大学附設に通っている現実があった。同校入学者の佐賀居住者は１９６９～77年で累計261人（総在籍者累計１９１３人）となっており、久留米大学附設の東大合格者のうち２、３人が佐賀県人ということになる。

　こうした福岡への「頭脳流出」に対して財界人が危機感を抱き、学校建設に乗り出した。地元の建設会社、松尾建設のオーナーである。87年、同社は創立百周年事業として弘学館を開校する。校名は藩校の弘道館からとっている。同校は「資質の高い生徒のみを集め、さらに、その能力を育て、伸ばそうとする英才教育の制度が熱望されているとき」（『創立20周年記念誌』、２００７年）という問題意識を持ち、「一流難関大学への進出を目指す資質、能力に優れた男子生徒」（当時の「学校案内」）を募集した。その成果として１期生から東京大、京都大に合格者を出した。

◆入学定員２９４１人／志願者１万３８５９人／入学者２９７７人（女子469人）

【１９９５年】

1月17日、阪神・淡路大震災が発生した。

神戸高校では体育館などが避難所となった。生徒が震災当時の様子をこう記している。
「ぐっすり眠っていた私は、突然『ドーン』という下から突き上げるような衝撃で布団の中の体が跳ね上がった。ゴォーッという地鳴りとともに家具の落ちる音、ガラス食器の割れる音、今までに経験したことのない上下左右の大きな揺れで私は立つことすら出来なかった」（『神戸高校百年史』、97年）、同校では生徒２人、教員１人が亡くなっている。２月１日から授業を再開したが、被災によって地元に住むことができず、高校を離れざるを得ない生徒がいた。転学先は青森（青森）、西（東京）、茨木《いばらき》、大手前、寝屋川《ねやがわ》（以上、大阪）、出雲《いずも》（島根）、そして一時転学先は札幌北（北海道）、茨木、大手前、寝屋川、三国丘（以上、大阪）、柏原《かしわばら》、姫路東、龍野《たつの》、小野、相生《あいおい》（以上、兵庫）、奈良（奈良）、今治《いまばり》西（愛媛）、玉名《たまな》（熊本）、武岡台《たけおかだい》（鹿児島）だった。

甲陽学院は震災直後から休校となり、地震発生まもなく学校は生徒の安否確認を行った。生徒や保護者が自主的に確認したが、電話の不通、避難先の不明などで時間がかかった。生徒の保証人、友人関係を頼りに確かめ、直接家庭に出向くこともあった。中学生１人が亡くなっている。授業は２月１日から再開し、学年末考査は中止となった。中学、高校入試いずれも延期している。３月下旬まで中学校の柔道場が避難所として使われた。大学入試に向け

1995年入試

順位	高校	人
1	◎洛南	140
2	◎東大寺学園	99
3	◎洛星	95
4	◎甲陽学院	93
5	北野	53
6	茨木	51
	四條畷	51
8	◎灘	47
9	◎清風南海	44
10	膳所	43
11	□大阪教育大学附属池田	42
12	旭丘	41
	三国丘	41
14	◎大阪星光学院	37
	奈良	37
16	明和	34
17	◎東海	31
18	◎六甲	30
19	畝傍	28
20	天王寺	26
	長田	26
22	◎高槻	25
23	◎白陵	24
24	□大阪教育大学附属天王寺	22
	□大阪教育大学附属平野	22
	◎四天王寺	22
	高松	22
28	◎淳心学院	21
	◎奈良学園	21
30	◎智辯学園和歌山	20
31	□京都教育大学附属	19
	◎修道	19
33	岡崎	17
	生野（大阪）	17
	◎西大和学園	17
36	札幌南	16
	岐阜	16
	浜松北	16
	姫路西	16
	◎神戸女学院	16
41	千葉	15
	◎清風	15
	□広島大学附属	15
	□広島大学附属福山	15
	熊本	15
46	◎明星（大阪）	14
	郡山（奈良）	14
	◎土佐	14
	◎久留米大学附設	14
50	藤島	13
	一宮	13
	時習館	13
	◎同志社	13
	◎岡山白陵	13
55	修猷館	12
56	◎麻布	11
	◎駒場東邦	11
	◎桐蔭学園	11
	金沢泉丘	11
	武生	11
	大手前	11
	松江北	11
	福岡	11
64	東葛飾	10
	◎開成	10
	◎滝	10
	◎金蘭千里	10
	◎滝川（兵庫）	10
	◎広島学院	10
	丸亀	10
71	静岡	9
	千種	9
	刈谷	9
	◎高田（三重）	9
	彦根東	9
	岸和田	9
	神戸	9
	加古川東	9
	松山東	9
	◎愛光	9
81	札幌北	8
	水戸第一	8
	太田	8
	◎栄光学園	8
	◎浅野	8
	高津	8
	豊中	8
	小野	8
	鳥取西	8
	東筑	8
	筑紫丘	8
	宮崎西	8
93	◎函館ラ・サール	7
	浦和	7
	□東京学芸大学附属	7
	高岡	7
	清水東	7
	磐田南	7
	半田	7
	津	7
	四日市	7
	◎京都女子	7
	◎京都成章	7
	小倉	7

た書類作成などに大きな支障はなかったが、被災した生徒のなかには進路を考え直す者もいた。学校史でこう綴られている。「あれこれ悩む余裕がないこの年の大学入試でしたが、その分『行きたい大学を受ける』と割り切れた生徒もいれば、被災による家庭的事情から志望大学を地元に変更せざるを得なかった生徒もいました」（『甲陽学院創立百周年記念誌』２０１６年）。

灘は体育館を開放し、近隣の避難者を受け入れていた。灘区役所から、体育館を遺体の安置所として使わせてほしいという要請があり、学校は受け入れた。第２グラウンドも避難者のために開放している。家が倒壊した教員、生徒は学校の中でその日一夜を過ごす。２月１日実施予定の中学入試は３月１日に延期した。この年度は３月末まで授業を行っている。

震災から15年後、ジャーナリストのおおたとしまさ氏はこう伝えている。「２日目の夜には体育館は遺体でいっぱいになってしまった。学校内にある井戸水は近隣のひとたちの給水所になった。卒業生の医者が、学校の中で臨時の診療所も開設した。ボランティアにやって来た生徒たちは、区役所から仮設トイレが届くまで、教員たちとともにトイレの汚物処理に明け暮れた。『何もかもがめちゃくちゃで、どこから手を付けていいのかすらわからない状態でしたが、不思議なことに、学校の中にいらっしゃる避難者の方たちの間で自然に組織ができてくるんです。もともと自治会のリーダーのようなひとがいるのかもしれませんが、そういうひとを中心に、それぞれができることを始めるんです。絶望と混沌のなかにも少しずつ秩序をつくり出そうとする力が、人間にはあるのですね。頼もしく感じました』(和田さん)」(「ＮＩＫＫＥＩリスキリング」２０２０年1月19日「和田さん」とは教員の和田孫博さん。のちに同校校長をつとめる)。

関西の受験生には深刻な影響を与えた。法学部合格の女子（兵庫・西宮《にしのみや》東）がこうふり返る。「私の住む地域では日常性が破壊され生活は一変しました。ガス、水道などのライフラインはストップ、毎日台車を押して水を買いに近くの小学校へ行き延々と並んだり、お風呂に入ろうにも水が出ている遠くの地域の風呂場まで通わなければならないように。その上、立て続けに起こる余震のために夜も十分に眠られず、ノイローゼ気味もなっていました」(『私の京大合格作戦１９９６年版』)。京都大総合人間学部図書館では被災した高校生向けに自習室を開放した。彼女は受験前、約1カ月この自習室を使っていた。

兵庫県内からの合格者数は甲陽学院、六甲、白陵《はくりょう》で増加、灘、淳心《じゅんしん》学院、神戸、姫路西が減少となった。

◆入学定員２９２１人／志願者１万４５９０人／入学者２９５５人（女子481人）

【１９９６年】

兵庫の公立進学校の長田、姫路西、神戸、小野、加古川《かこがわ》東、宝塚北などで前年比増になった。94年、95年、96年の３年間で神戸23人↓９人↓15人、兵庫14人↓５人↓７人、加古川東21人↓９人↓10人だった。前年は公立の合格者が減少していたことについて、地元高校教員から次のような見方があった。私立の中高一貫校は高校２年時点で全課程を修了し受験準備は十分できていた。公立は年明け最後の追い込みで難関校に合格できる天才がいるが、95年は震災で力を発揮できない受験生がいた。96年はこうした公立の天才たちが合格したのではないか――。

農学部に合格した男子（徳島・城ノ内）は京都大受験では名が知られていない学校出身だったことから、無名校出身者にこんな指南をしている。「無名校にとって学校の授業ほど役に立たないものはないだろう。受験勉強というものは全く独学は可能である。あと、大学受験は自分の人生に関わる問題であって、学校の先生の人生には関係ないということを覚えておいてほしい。（略）一般に無名校生は受験を意識するのが遅すぎる」（『私の京大合格作戦１９９７年版』）

◆一般入試・募集人員２８９１人／志願者１万４２９１人／入学者２９２６人〈ここから一般入試・募集人員を表記。募集人員とは入試種別の定員で、ここでは一般入試に限る。〉

1996年入試

順位	高校	人
1	◎洛南	132
2	◎洛星	106
3	◎甲陽学院	83
4	◎東大寺学園	75
5	◎大阪星光学院	67
6	北野	63
7	□大阪教育大学附属池田	49
	◎灘	49
9	三国丘	48
10	奈良	45
11	◎清風南海	41
12	膳所	39
	茨木	39
14	□京都教育大学附属	36
15	旭丘	34
	◎智辯学園和歌山	34
17	長田	32
18	明和	29
19	四條畷	27
20	◎六甲	25
21	□大阪教育大学附属天王寺	24
	◎淳心学院	24
23	◎高槻	23
	姫路西	23
	◎西大和学園	23
26	天王寺	22
27	金沢泉丘	19
	時習館	19
	◎東海	19
	大手前	19
	◎明星（大阪）	19
	畝傍	19
33	藤島	18
	岡崎	18
	生野（大阪）	18
	◎奈良学園	18
	◎広島学院	18
38	◎清風	17
	◎神戸女学院	17
40	◎白陵	16
	□広島大学附属	16
42	◎高田（三重）	15
	◎金蘭千里	15
	神戸	15
	□広島大学附属福山	15
46	札幌南	14
	◎海城	14
	浜松北	14
	高松	14
	◎愛光	14
	修猷館	14
52	千葉	13
	◎滝川（兵庫）	13
	丸亀	13
55	◎麻布	12
	湘南	12
	彦根東	12
	◎土佐	12
	◎久留米大学附設	12
	鶴丸	12
	◎ラ・サール	12
62	◎駒場東邦	11
	◎桐蔭学園	11
	岐阜	11
	◎四天王寺	11
	小野	11
	◎修道	11
	東筑	11
	熊本	11
70	◎開成	10
	◎栄光学園	10
	新潟	10
	刈谷	10
	◎同志社	10
	□大阪教育大学附属平野	10
	加古川東	10
	小倉	10
78	札幌北	9
	仙台第二	9
	一宮	9
	◎滝	9
	◎岡山白陵	9
	福岡	9
	筑紫丘	9
85	浦和	8
	□筑波大学附属駒場	8
	◎桐朋	8
	富士（静岡）	8
	半田	8
	桑名	8
	高津	8
	岸和田	8
	岡山芳泉	8
	徳島市立	8
95	水戸第一	7
	東葛飾	7
	国立	7
	◎巣鴨	7
	高岡	7
	藤枝東	7
	菊里	7
	◎京都成章	7
	兵庫	7

②洛南、驚異の連続トップ（１９９７〜２００３年）

【１９９７年】

天王寺からの合格者は20人だった。１９７３年の合格者120人の6分の１である。同校は88年から30人台に落ち込み、なかなか浮上してこない。１９７３年大阪の高校入試制度が５学区から９学区に移行したことが大きい。このころの状況について学校史に教員の回顧談が掲載されている。「第6学区は市内の人口流出区を基盤としているため、府下でも中学生徒数が少ない学区の一つとなってしまった。このため進学校の中ではいち早く学級数が減じられたし、調整区からの枠も逐次減らされていった。即ち分母が小さくなったのである。これは教科指導に微妙な影響を与えた」（「桃陰百年」96年）。

◆一般入試・募集人員２８２９人／志願者１万４１１４人／入学者２９２５人

【１９９８年】

大阪の明星が初めて20人を超えた。読み方は「めいせい」である。同校の起源は、１８９８（明治31）年設立のキリスト教系の明星学校までさかのぼる。戦後はスポーツ強豪校とし

1997年入試

順位	高校	人
1	◎洛南	114
2	◎洛星	95
3	◎甲陽学院	81
4	◎東大寺学園	77
5	北野	57
6	◎大阪星光学院	45
7	◎高槻	42
8	膳所	40
	□大阪教育大学附属池田	40
10	茨木	38
11	◎灘	37
12	長田	36
13	三国丘	35
	奈良	35
15	四條畷	34
	◎清風南海	34
17	明和	33
	◎智辯学園和歌山	33
19	◎西大和学園	31
20	□大阪教育大学附属天王寺	29
21	旭丘	28
22	高松	27
23	◎東海	26
	◎奈良学園	26
25	◎六甲	25
26	◎金蘭千里	24
27	姫路西	23
	加古川東	23
	◎淳心学院	23
	畝傍	23
31	□京都教育大学附属	22
32	◎愛光	21
33	天王寺	20
	◎白陵	20
35	□大阪教育大学附属平野	19
	大手前	19
	◎久留米大学附設	19
38	◎明星（大阪）	17
	◎清風	17
	□広島大学附属	17
41	◎麻布	16
	◎滝	16
	◎高田（三重）	16
44	◎開成	15
	◎桐蔭学園	15
	岐阜	15
	神戸	15
48	新潟	14
	岡崎	14
	◎神戸女学院	14
	◎ラ・サール	14
52	金沢泉丘	13
	◎四天王寺	13
	兵庫	13
	□広島大学附属福山	13
56	藤島	12
	◎京都成章	12
	◎修道	12
59	札幌南	11
	浦和	11
	浜松北	11
	◎滝川（兵庫）	11
63	札幌北	10
	◎海城	10
	沼津東	10
	一宮	10
	彦根東	10
	生野（大阪）	10
	小野	10
	◎智辯学園	10
	鳥取西	10
	◎広島学院	10
	丸亀	10
74	大垣北	9
	時習館	9
	◎帝塚山	9
	◎広島城北	9
	徳山	9
	松山東	9
	東筑	9
	長崎東	9
82	水戸第一	8
	土浦第一	8
	□東京学芸大学附属	8
	◎桜蔭	8
	□金沢大学附属	8
	静岡	8
	◎暁（三重）	8
	◎京都女子	8
	豊中	8
	◎岡山白陵	8
	下関西	8
	山口	8
	今治西	8
	修猷館	8
96	旭川東（北海道）	7
	◎巣鴨	7
	◎浅野	7
	高志	7
	富士（静岡）	7
	半田	7
	◎近畿大学附属和歌山（和歌山）	7
	筑紫丘	7
	◎弘学館	7
	熊本	7

て全国に知られ、サッカー、野球では全国制覇している。１９５４年に京都大合格者を初めて出しており、１９７０年代から進学指導に力を入れるようになった。ＯＢには京都大法学部から外務省に入りブラジル大使をつとめた梅田邦夫氏がいる。今日まで男子校を貫いている。東京の私立明星とはまったく関係ない。こちらも「めいせい」と読み、明星大学の系列である。京都大へは１９８０年前後に数人合格した。加えて東京には明星学園があり、こちらは「みょうじょう」と読む。東京、大阪の明星とは関係ない。

京都の公立が停滞したままだ。合格者数は洛北３人、朱雀２人、紫野２人、嵯峨野《さがの》１人、福知山１人、山城１人、日吉ヶ丘１人、そして鴨沂、桃山、桂、城南、堀川は合格者なしだった。この12校の合格者合計数の減少ぶりは激しい。１９６１年308人↓74年95人↓86年31人↓98年11人となっており、京都府内で長く行われている総合選抜制、小学区制のために京都大合格者数を一定数に保つことはできなかった。

工学部合格の男子（宮城・仙台第二）は、「一人でのんびり散歩をするのが好きなので、京都に住んでみたかった。何といっても京都は日本でも最大の観光地である。もう一つ、大好きな甘味があることである」（『私の京大合格作戦１９９９年版』）。インターネット普及によって京都というロケーションの魅力はさらに広がったのかもしれない。

1998年入試

順位	高校	人
1	◎洛星	101
2	◎洛南	100
3	◎東大寺学園	90
4	◎甲陽学院	76
5	北野	74
6	◎大阪星光学院	69
7	旭丘	50
8	□大阪教育大学附属池田	48
9	膳所	42
	◎西大和学園	42
11	奈良	40
12	◎清風南海	39
13	三国丘	38
14	◎灘	36
15	四條畷	32
	◎高槻	32
17	◎智辯学園和歌山	29
18	◎六甲	28
19	天王寺	27
	茨木	27
	◎白陵	27
22	□大阪教育大学附属天王寺	26
	◎清風	26
24	◎四天王寺	24
	◎淳心学院	24
	◎奈良学園	24
27	◎滝	23
28	明和	22
	□京都教育大学附属	22
	◎ラ・サール	22
31	□大阪教育大学附属平野	21
	◎明星（大阪）	21
	加古川東	21
34	高松	20
35	◎東海	19
	姫路西	19
	畝傍	19
38	彦根東	18
	□広島大学附属福山	18
40	時習館	17
41	岐阜	16
	神戸	16
43	長田	15
	◎神戸女学院	15
45	◎桐蔭学園	14
	金沢泉丘	14
	□奈良女子大学附属	14
48	水戸第一	13
	◎開成	13
	一宮	13
	◎金蘭千里	13
	◎広島学院	13
53	岡崎	12
	◎岡山白陵	12
	□広島大学附属	12
	◎久留米大学附設	12
	熊本	12
58	浜松北	11
	菊里	11
	生野（大阪）	11
	郡山（奈良）	11
	◎智辯学園	11
63	◎武蔵	10
	◎浅野	10
	小松	10
	高志	10
	大垣北	10
	津	10
	◎高田（三重）	10
	◎同志社	10
	◎京都女子	10
	◎京都成章	10
	大手前	10
	徳山	10
	◎愛光	10
	修猷館	10
	東筑	10
	筑紫丘	10
79	◎麻布	9
	◎駒場東邦	9
	藤島	9
	武生	9
	◎修道	9
	福岡	9
	鶴丸	9
86	札幌北	8
	札幌南	8
	太田	8
	□筑波大学附属	8
	◎海城	8
	□金沢大学附属	8
	刈谷	8
	◎南山	8
	小野	8
	◎滝川（兵庫）	8
	山口	8
	今治西	8
	小倉	8
	◎青雲	8

◆一般入試・募集人員２８５６人／志願者１万３８０５人／入学者２８９６人

【１９９９年】

大阪の公立御三家＝北野、天王寺、大手前の３校合わせた合格者が90人だった。これは歴代（～２０２３年）でももっとも少ない。１９７０年代以降の３校合格者は１９７３年328人↓79年197人↓86年158人↓93年138人だった。やはり73年に、大阪府の公立高校入試制度が５学区から９学区に移行したことが大きい。北野は進学実績を大きく落とさなかったが、天王寺、大手前は１９９０年代半ばから合格者30人以下になってしまった。一方、茨木、四條畷、三国丘の３校は５学区制時代とは大きく変わっておらず、天王寺、大手前よりも合格者数が多いときがあった。

文学部に合格した男子（大阪・三国丘）は恋愛と受験は両立する、うまく切り換えることが肝心だと喝破する。「彼女と会うことは最高の息抜きになり、息を抜いた分、勉強にも集中できると思います。（略）僕は、前半期は絶対に土曜か日曜のどちらか一日は一日中彼女と会って遊んでいましたし、僕の知り合いでは、予備校の授業のあき時間に彼女とホテルに行き、また授業に出るという荒技をしながらも一橋大に合格した人もいるので、受験生とは

1999年入試

順位	高校	人
1	◎洛南	116
2	◎東大寺学園	94
3	◎甲陽学院	86
4	◎洛星	82
5	◎大阪星光学院	69
6	◎清風南海	55
7	◎西大和学園	50
8	北野	49
9	奈良	46
10	旭丘	41
11	◎灘	39
12	□大阪教育大学附属池田	36
	□大阪教育大学附属天王寺	36
14	膳所	32
15	◎東海	31
16	天王寺	29
	茨木	29
	◎高槻	29
	◎六甲	29
20	長田	27
	◎神戸女学院	27
	◎智辯学園和歌山	27
23	岐阜	26
24	□京都教育大学附属	25
25	◎奈良学園	24
26	高松	23
27	◎白陵	22
28	明和	21
	□大阪教育大学附属平野	21
30	金沢泉丘	20
31	◎四天王寺	19
32	三国丘	18
	姫路西	18
34	四條畷	17
35	岡崎	16
	◎淳心学院	16
37	◎高田（三重）	15
	神戸	15
	□広島大学附属	15
	熊本	15
	◎ラ・サール	15
42	◎桐蔭学園	14
	浜松北	14
	◎滝	14
	畝傍	14
46	彦根東	13
	◎京都成章	13
	高津	13
	加古川東	13
	◎久留米大学附設	13
51	長野	12
	◎同志社	12
	大手前	12
	◎明星（大阪）	12
	◎清風	12
	◎修道	12
	修猷館	12
	福岡	12
59	大垣北	11
	◎南山	11
	◎金蘭千里	11
	□広島大学附属福山	11
	東筑	11
64	浦和	10
	◎開成	10
	静岡	10
	津	10
	生野（大阪）	10
	◎智辯学園	10
	丸亀	10
71	◎浅野	9
	藤島	9
	時習館	9
	兵庫	9
	◎愛光	9
76	札幌南	8
	仙台第二	8
	東葛飾	8
	◎桐朋	8
	◎武蔵	8
	◎桜蔭	8
	磐田南	8
	小野	8
	今治西	8
	筑紫丘	8
	鶴丸	8
87	土浦第一	7
	新潟	7
	□金沢大学附属	7
	刈谷	7
	岸和田	7
	◎開明（大阪）	7
	□奈良女子大学附属	7
	◎帝塚山	7
	岡山朝日	7
	下関西	7
	松山東	7
	新居浜西	7
	大分上野丘	7

いえ、自分の好きなやりたいことをおし殺す必要はまったくないと思う…」(『私の京大合格作戦2000年版』)。合格体験記の猛者列伝を読んで、甘い誘いにその身をゆだねて大丈夫と思いこむ者がでてくるかもしれない。受験生の励みになるか、惑いとなるか、微妙である。

◆一般入試・募集人員2776人／志願者1万2847人／入学者2836人

【2000年】

　京都大が合格者を名前ではなく受験番号で発表するようになり、メディアは合格者氏名から出身校を割り出すことができなくなった。このとき、東京大、京都大などへの進学実績を公表していない進学校がいくつかあった。戸山、横浜翠嵐《すいらん》、金沢泉丘、藤島、岐阜、奈良女子大附属、畝《うね》傍《び》、神戸女学院、鳥取西、山口、今治西、松山東、大分上野丘などである。これらのなかでも、2000年代前半は非公表を続けた学校があったが、2004年以降はほとんどが合格実績を掲げるようになった。進学校、公立といえども、少子化にあって学校をPRしなければならない、という考え方が浸透したことによる。

　現在でも唯一、公表していないのが神戸女学院である。これは学校の方針によるものだ。同校の中学、高等学校部長が自著でこう記している。「大学受験に特化した教育をし、合格

2000年入試

順位	高校	人
1	◎洛南	108
2	◎洛星	94
3	◎東大寺学園	89
4	◎甲陽学院	67
5	◎大阪星光学院	58
6	◎高槻	51
	◎灘	51
8	膳所	50
9	◎西大和学園	46
10	□大阪教育大学附属池田	42
11	◎智辯学園和歌山	39
12	奈良	38
13	北野	37
	茨木	37
15	◎清風南海	36
16	◎四天王寺	35
17	◎奈良学園	34
18	旭丘	31
19	□大阪教育大学附属天王寺	30
	四條畷	30
21	明和	29
	◎滝	29
	◎東海	29
	三国丘	29
25	◎六甲	24
	◎淳心学院	24
27	長田	23
28	◎白陵	22
29	天王寺	21
30	大手前	20
	□広島大学附属福山	20
32	◎明星（大阪）	19
	加古川東	19
	小野	19
	◎ラ・サール	19
36	姫路西	18
	高松	18
38	◎金蘭千里	15
	神戸	15
40	□京都教育大学附属	14
	◎清風	14
42	修猷館	13
43	長野	12
	時習館	12
	刈谷	12
	津	12
	◎智辯学園	12
	◎岡山白陵	12
	◎愛光	12
	熊本	12
51	浦和	11
	浜松北	11
	岡崎	11
	◎同志社	11
	□広島大学附属	11
	◎修道	11
	丸亀	11
58	◎海城	10
	◎高田（三重）	10
	彦根東	10
	◎帝塚山	10
	福岡	10
63	札幌南	9
	仙台第二	9
	◎開成	9
	◎巣鴨	9
	◎滝川（兵庫）	9
	◎ノートルダム清心（兵庫）	9
	◎久留米大学附設	9
70	◎麻布	8
	◎栄光学園	8
	◎南山	8
	宝塚北（兵庫）	8
	倉敷青陵	8
	◎青雲	8
76	◎駒場東邦	7
	◎桐蔭学園	7
	◎浅野	7
	高志	7
	大垣北	7
	半田	7
	◎近畿大学附属和歌山	7
	岡山芳泉	7
	岡山城東（岡山）	7
	東筑	7
	筑紫丘	7
	明善	7
88	川越	6
	千葉	6
	□東京学芸大学附属	6
	多治見北	6
	菊里	6
	桑名	6
	□大阪教育大学附属平野	6
	高津	6
	桐蔭	6
	出雲	6
	◎広島学院	6
	下関西	6
	小倉	6

すれば指導終了とは考えていませんし、ひとりひとりの生徒と向き合うことを第一に考え、生徒ひとりひとりが中学高校の6年間に、学校の学習やさまざまな課外活動、キャリアガイダンスなどを通して、人生設計やキャリアデザインをし、卒業までにしっかりした将来のビジョンを持つことを、神戸女学院は目標としています。ですから、学校から大学進学実績を公表するということはしていません」（『教えて！　校長先生　「才色兼備」が育つ神戸女学院の教え』中公新書ラクレ、２０１６年）。

膳所（滋賀）に１９９７年理数科が設置され、その１期生が入試に挑んだ。前年比18人増の50人が合格する。理数科設置の背景を学校史が説く。「県内から京都の六年制私学への流出をくいとめたいという思いもあったというのが実際のところだろう」（『百年史』１９９８年）。京都への「頭脳流出」を防ぐ、なかでも滋賀の秀才を洛南、洛星に持って行かれることを止めたいというわけだ。ＪＲ西日本で膳所の最寄りである膳所駅から、洛南最寄りの京都駅まで新快速で約10分である。洛南は十分すぎる通学圏内だ。

◆一般入試・募集人員２７３６人／志願者１万３５７１人／入学者２７９２人

【２００１年】

女子大の附属、系列校からの合格者はノートルダム清心６人、京都女子３人、ノートルダム女学院２人、神戸海星女子学院２人、同志社女子２人だった（２人以上）。同志社女子卒業生の９割近くは同志社大、同志社女子大に進んでおり他大学進学者は多くないが、毎年１、２名京都大合格者が現れる。法学部に合格した女子（京都・同志社女子）が話す。「学校の授業は自分に必要と思われるものだけ聞けばよいと思います。私の場合、公民や数Ⅲ・C等受験に必要ない科目も多かったので、内職率はかなり高かったです。とはいえ、内職はそれほどはかどらないので睡眠にあてることも多かったし、英会話や体育やダンスの時間はストレスを発散できるかな、と普通に参加していました」（『私の京大合格作戦２００２年版』）。

農学部合格の男子（東邦大学附属東邦）は現在、大学院を経て武田薬品工業で研究職をつとめる。「入学して驚きました。難解な研究内容を心から楽しそうに語る教授たち。好きな生物の勉強をできれば、ぐらいの漠然とした思いは、次第に確固とした目標となり、私は研究者を志すことを決めました」（京都大学案内「知と自由への誘い２０１５」）。

大阪教育大学附属池田小学校で児童・教職員合わせて15人が殺傷される事件がおこった。

◆一般入試・募集人員２７３６人／志願者１万２７６８人／入学者２７８２人

2001年入試

順位	高校	人
1	◎洛南	116
2	◎洛星	90
3	◎東大寺学園	82
4	◎甲陽学院	76
5	◎西大和学園	75
6	◎灘	46
7	◎大阪星光学院	44
8	膳所	40
9	旭丘	39
	□大阪教育大学附属池田	39
	北野	39
	奈良	39
13	茨木	37
14	◎智辯学園和歌山	34
15	◎高槻	32
16	◎四天王寺	29
17	天王寺	28
	長田	28
19	□大阪教育大学附属天王寺	27
20	◎清風南海	26
	◎清風	26
22	◎明星（大阪）	25
23	◎滝	24
24	◎東海	23
	□京都教育大学附属	23
	三国丘	23
27	◎六甲	22
28	姫路西	21
	◎奈良学園	21
30	四條畷	20
31	筑紫丘	19
32	岡崎	18
	◎高田（三重）	18
	大手前	18
	神戸	18
	◎淳心学院	18
	□広島大学附属福山	18
38	札幌北	17
	◎白陵	17
40	◎金蘭千里	15
	丸亀	15
42	明和	14
	◎近畿大学附属和歌山	14
	高松	14
45	熊本	13
46	◎麻布	12
	◎同志社	12
	◎京都成章	12
	◎帝塚山	12
50	加古川東	11
	小野	11
	◎滝川（兵庫）	11
	◎修道	11
	◎愛光	11
	修猷館	11
56	札幌南	10
	藤島	10
	高志	10
	彦根東	10
	生野（大阪）	10
	福岡	10
	明善（福岡）	10
63	土浦第一	9
	◎巣鴨	9
	長野	9
	一宮	9
	◎南山	9
	□大阪教育大学附属平野	9
	□広島大学附属	9
	◎広島学院	9
	鶴丸	9
	◎ラ・サール	9
73	水戸第一	8
	◎女子学院（東京）	8
	高岡	8
	大垣北	8
	四日市	8
	兵庫	8
	宝塚北	8
	◎岡山白陵	8
81	仙台第二	7
	浦和	7
	◎浅野	7
	新潟	7
	磐田南	7
	刈谷	7
	◎関西学院（兵庫）	7
	◎広島城北	7
	宇部	7
	◎土佐	7
	東筑	7

【2002年】

2000年代に入って関西で鉄緑《てつりょく》会が勢力を伸ばしつつあった。東京大、京都大など難関大学専門塾であり、2023年までに京都、大阪、西宮北口に教室が作られた。大阪に本部校舎があり、洛南、大阪星光学院、四天王寺、灘、神戸女学院の生徒が多い。東京（代々木）と合わせても4校しかない。かつての三大予備校のように全国展開せず、関東、関西の東京大、京都大合格者の出身高校ランキング上位校の生徒を集めている。名古屋に教室はないが新幹線で京都の鉄緑会に通う生徒もいる。医学部に現役合格した男子（京都・洛南）は中学入学時から高校卒業まで鉄緑会に通っていた。「僕の勉強スタイルは6年間軸を鉄緑会に据えて、学校の授業で足りないものを補充するという感じでした。6年間鉄緑中心に勉強すれば、どこの大学、どこの学部を受けようと十分な学力がつくのは請け合いです…」（『私の京大合格作戦2003年版』）。洛南は京都大合格高校上位校のなかでもっとも進学指導に力を入れている。「足りないもの」と指摘されるのは、良い気持ちはしないだろう。

受験生必読の大学入試過去問題集に、通称「赤本」がある。正式名称は『〇〇年版大学入試シリーズ　〇〇大学　文系（理系）　最近〇〇カ年』で、京都の老舗出版社、教学社が毎

2002年入試

順位	高校	人
1	◎洛南	103
2	◎洛星	96
3	◎甲陽学院	79
4	◎東大寺学園	78
5	◎西大和学園	69
6	◎大阪星光学院	58
7	◎智辯学園和歌山	49
8	北野	48
9	膳所	40
	◎灘	40
11	◎清風南海	37
	◎四天王寺	37
13	奈良	35
14	茨木	34
15	□大阪教育大学附属池田	33
16	天王寺	31
17	四條畷	30
18	旭丘	29
19	◎清風	27
20	□京都教育大学附属	24
	大手前	24
22	三国丘	23
	長田	23
	◎白陵	23
25	◎東海	22
26	◎明星（大阪）	21
	◎六甲	21
28	◎高槻	20
29	◎奈良学園	19
	高松	19
31	浜松北	17
	明和	17
	□大阪教育大学附属平野	17
	姫路西	17
	福岡	17
36	◎滝	16
	□大阪教育大学附属天王寺	16
38	◎金蘭千里	15
	◎帝塚山	15
	□広島大学附属福山	15
41	札幌南	14
	岡崎	14
43	□東京学芸大学附属	13
	◎高田（三重）	13
	◎京都成章	13
	畝傍	13
	丸亀	13
	熊本	13
49	千葉	12
	時習館	12
	◎同志社	12
	◎淳心学院	12
	◎土佐	12
	◎久留米大学附設	12
55	◎麻布	11
	◎南山	11
	彦根東	11
	加古川東	11
	小野	11
	今治西	11
61	津	10
	神戸	10
63	◎駒場東邦	9
	磐田南	9
	生野（大阪）	9
	東筑	9
	筑紫丘	9
	鶴丸	9
	◎ラ・サール	9
70	仙台第二	8
	土浦第一	8
	◎開成	8
	◎武蔵	8
	◎桐蔭学園	8
	武生	8
	四日市	8
	高津	8
	兵庫	8
	◎修道	8
80	◎桜蔭	7
	◎巣鴨	7
	富山	7
	大垣北	7
	岡山城東	7
	□広島大学附属	7
	山口	7

年刊行している。創刊は１９５４年で『京大入試』、『市立大・神大入試』、『同志社・立命館入試』の３冊からスタートした。法学部に合格した女子（大阪・四天王寺）は赤本に受験記を掲載している。「〝赤本〟はなるべく早く購入して、志望大学の問題の傾向を知るべきだと思います。（略）できれば各教科の先生に、自分で仕上げた答案を添削していただくといいでしょう」（『京都大学　文系―前期日程　最近８カ年　２００３年版』）。四天王寺の進路指導を垣間見ることができる。数々の参考書、問題集が時代とともに変化するなか、赤本は変わらず、京都大受験生とともに生き続けた。２０２４年には創刊70年を迎える。

◆一般入試・募集人員２７３６人／志願者１万３５０６人／入学者２７８０人

【２００３年】

医学部に保健学科が設置された。京都大学医療技術短期大学部を統合したもので、看護師、作業療法士をめざすコースがある。２００８年、人間健康科学科に改称した。進学校のなかには学校案内広告で「京大医学部合格○○人」と掲げるにあたって、合格者数に医学科だけでなく人間健康科学科を含めた数字、あるいは、人間健康科学科だけの数字を記載するケースも見られた。また、高校の進路指導で生徒に京都大のなかで難易度がもっとも低いとされた人間健康科学科を強くすすめて、「京大合格」「京大医学部合格」の実績を作る学校もあった。予備校関係者からこんな声があがっていた。「新設の中高一貫校が人間健康科学科大量受験をやり始め、さらに新しい中高一貫校がそれをまねるわけです。学校の知名度を上げるためでしょうが、正確な情報とはいえません。やり過ぎです」。

　経済学部合格の男子（奈良・奈良学園）が語る浪人中の予備校経験が興味深い。教室の隣にはいつも賢い女子が座っていた。「ある日その子から『京大合格すんの期待してんで』と言われた私は、プライドからいつの間にか彼女の隣で必死に勉強するようになっていました。10月に告白されつきあうようになりました。お互いが刺激し合いながら付き合うためには精一杯生活することが重要です。遊ぶときは思いっきり遊び、勉強するときはきっちり勉強しなければなりません。（略）今、私は京都大学を、彼女は一橋大学を、お互い遠い土地にある桜の木を見ながら通っています」（『私の京大合格作戦２００４年版』）。２０００年代、浪人が大幅に減少し彼らは絶滅危惧種になると言われるなか、ほほえましい話だ。

　センター試験志願者60万２８８７人、受験者55万５８４９人でいずれも歴代でもっとも多かった。

◆一般入試・募集人員２７１６人／志願者１万２５４５人／入学者２７６７人

2003年入試

順位	高校	人
1	◎洛南	101
2	◎東大寺学園	91
3	◎洛星	79
4	◎甲陽学院	69
5	◎西大和学園	66
6	◎大阪星光学院	57
7	◎灘	55
8	◎智辯学園和歌山	50
9	膳所	43
10	旭丘	40
11	□大阪教育大学附属池田	37
12	北野	36
13	長田	35
14	◎清風南海	34
15	◎高槻	33
16	天王寺	31
	◎六甲	31
18	◎東海	28
19	三国丘	27
20	◎清風	25
	奈良	25
22	◎四天王寺	24
23	□京都教育大学附属	23
	茨木	23
	◎奈良学園	23
26	四條畷	22
	◎明星（大阪）	22
28	浜松北	21
	大手前	21
30	◎滝	20
	□大阪教育大学附属天王寺	20
	姫路西	20
	◎淳心学院	20
34	高松	19
35	明和	18
	彦根東	18
37	◎同志社	17
	熊本	17
39	◎修道	16
40	金沢泉丘	15
	神戸	15
	岡山朝日	15
	□広島大学附属福山	15
44	□大阪教育大学附属平野	14
45	札幌南	13
	岐阜	13
	大垣北	13
	岡崎	13
	修猷館	13
50	◎南山	12
	◎白陵	12
	□広島大学附属	12
	◎愛光	12
54	◎麻布	11
	◎高田（三重）	11
	堀川	11
	桐蔭	11
	◎広島学院	11
	福岡	11
	鶴丸	11
61	千葉	10
	藤島	10
	多治見北	10
	津	10
	◎智辯学園	10
	◎ラ・サール	10
67	◎開成	9
	高志	9
	◎金蘭千里	9
	◎土佐	9
	筑紫丘	9
	◎久留米大学附設	9
73	仙台第二	8
	□東京学芸大学附属	8
	◎武蔵	8
	時習館	8
	◎京都成章	8
	加古川東	8
	畝傍	8
	◎帝塚山	8
	◎近畿大学附属和歌山	8
	◎明治学園	8
83	札幌北	7
	浦和	7
	□金沢大学附属	7
	小松	7
	長野	7
	四日市	7
	◎三田学園（兵庫）	7
	倉敷青陵	7
	山口	7
	新居浜西	7
93	◎渋谷教育学園幕張（千葉）	6
	◎早稲田	6
	◎栄光学園	6
	新潟	6
	武生	6
	松本深志	6
	静岡	6
	磐田南	6
	一宮	6
	兵庫	6
	小野	6
	郡山（奈良）	6
	岡山城東	6
	◎岡山白陵	6
	今治西	6
	東筑	6

③探究科誕生の余波、「堀川の奇跡」以降（２００４～２０１０年）

【２００４年】

京都市立堀川から40人合格者を出した（現役32人）。前年比29人増だった。２００１年には６人だった国公立大学現役合格者数が、２００２年には106人となった。04年は135人を数える。１９９９年に「探究科」を設置して府全域から優秀な生徒を集め、１期生、２期生が驚異的な合格実績を出した。荒瀬克己校長（当時）はこう話す。「授業のあり方を見直し、進路指導のシステムを変え、普通科の学習内容を改善し、探究科という専門学科を創設して、生徒個々の興味や関心を引き出し、楽しく学べる学校をめざした結果、見える数字も大きく変わったということなのです」（『奇跡と呼ばれた学校』朝日新聞出版、２００７年）。

狭山《さやま》ケ《が》丘《おか》、聖望《せいぼう》学園（以上、埼玉）、米子《よなご》松蔭《しょういん》から初めて合格者を出した。特進コース、中高一貫教育の成果である。

◆一般入試・募集人員２８２９人／志願者１万２７５４人／入学者２８８５人

2004年入試

順位	高校	人
1	◎洛南	103
2	◎東大寺学園	92
3	◎洛星	91
4	◎西大和学園	86
5	◎甲陽学院	63
6	◎大阪星光学院	59
7	膳所	52
8	◎灘	44
9	北野	42
10	堀川	40
11	茨木	37
12	三国丘	36
	◎清風南海	36
14	□大阪教育大学附属池田	33
	◎智辯学園和歌山	33
16	奈良	32
17	天王寺	31
	◎清風	31
19	◎高槻	30
	◎四天王寺	30
21	旭丘	28
22	◎明星（大阪）	26
	長田	26
24	◎白陵	24
25	◎東海	23
	彦根東	23
	◎六甲	23
28	□京都教育大学附属	22
	四條畷	22
30	神戸	21
	兵庫	21
32	□広島大学附属福山	20
	高松	20
34	明和	19
	◎滝	19
	加古川東	19
37	岐阜	18
	浜松北	18
	◎修道	18
40	□大阪教育大学附属天王寺	17
	◎帝塚山	17
	◎愛光	17
43	金沢泉丘	16
	四日市	16
	□大阪教育大学附属平野	16
	小野	16
47	◎高田（三重）	15
	◎同志社	15
49	大手前	14
	◎金蘭千里	14
	姫路西	14
	◎奈良学園	14
	丸亀	14
54	◎近畿大学附属和歌山	13
	熊本	13
56	札幌南	12
	千葉	12
	高岡	12
	◎淳心学院	12
	◎土佐	12
	筑紫丘	12
62	◎京都成章	11
63	岡山朝日	10
	◎ラ・サール	10
65	西	9
	◎麻布	9
	高志	9
	岡崎	9
	一宮	9
	◎滝川（兵庫）	9
	畝傍	9
	◎智辯学園	9
	修猷館	9
74	水戸第一	8
	□東京学芸大学附属	8
	沼津東	8
	時習館	8
	宝塚北	8
	◎広島学院	8
	東筑	8
81	国立	7
	◎駒場東邦	7
	松本深志	7
	◎南山	7
	嵯峨野	7
	□広島大学附属	7
	下関西	7
	小倉	7
	◎久留米大学附設	7
90	札幌北	6
	宇都宮	6
	高崎	6
	浦和	6
	◎海城	6
	富山	6
	清水東	6
	刈谷	6
	津	6
	紫野	6
	◎帝塚山学院泉ヶ丘（大阪）	6
	◎初芝富田林（大阪）	6
	□奈良女子大学附属	6
	出雲	6
	◎岡山白陵	6
	◎ノートルダム清心	6
	福岡	6
	三池（福岡）	6

【2005年】

京都教育大学附属高校は直近5年間（２００１〜２００５年）で23人→24人→23人→22人→28人となっている。１９６０年代開校当初から40人以上の合格者を出し、国立大学附属のブランド力を見せつけた。１９９０年代以降、20〜30人を推移している。京都の公立は放任で進学指導に力を入れていない、私立は管理的すぎて熱心すぎる、と考える保護者から高い評価を受けたようだ。中高一貫校だが、私立のように特進コースを作って難関大学受験対策を行うことを是とはしない。教員は学校史でこんな苦悩を吐露している。「生徒達は、授業開始の午前八時四〇分に教室へ滑り込み、六時間の授業を受け、放課後クラブ活動に熱中する者も極端に少なくなり、そそくさと下校して塾や予備校で夕方から午後一〇時頃までまた勉強している。大学センターテストはマークシートで出題され、正解は五〜六つの選択肢の中にある。それをクイズを解くように、効率よく、正解を見分けるカンだけがあればよい。果たしてそれでいいのだろうか」（『京都教育大学百二十年史』２００１年）。

◆一般入試・募集人員２８２９人／志願者１万２２８２人／合格者２９１４人／入学者２８９２人（女子585人、20・2％）、現役１７６２人（60・9％）

2005年入試

順位	高校	人
1	◎洛南	116
2	◎西大和学園	95
3	◎東大寺学園	84
4	◎甲陽学院	76
5	◎洛星	73
6	◎灘	54
7	膳所	52
	◎大阪星光学院	52
9	天王寺	41
	◎清風南海	41
11	北野	40
12	奈良	39
13	◎四天王寺	37
14	□大阪教育大学附属池田	32
15	長田	31
	◎智辯学園和歌山	31
17	◎東海	30
	堀川	30
	◎明星（大阪）	30
20	□京都教育大学附属	28
	◎清風	28
22	◎六甲	27
23	旭丘	26
24	三国丘	23
25	浜松北	22
26	大手前	21
27	◎高槻	20
	◎愛光	20
29	□大阪教育大学附属天王寺	19
	姫路西	19
	筑紫丘	19
32	四條畷	18
	高松	18
34	神戸	17
	岡山朝日	17
36	岐阜	16
	彦根東	16
38	□大阪教育大学附属平野	15
	◎奈良学園	15
40	◎滝	14
	加古川東	14
	◎白陵	14
	□広島大学附属	14
44	□東京学芸大学附属	13
	◎駒場東邦	13
	時習館	13
	◎同志社	13
	◎淳心学院	13
	□広島大学附属福山	13
	熊本	13
51	茨木	12
	兵庫	12
	◎広島学院	12
	小倉	12
55	高岡	11
	長野	11
	明和	11
	津	11
	小野	11
	◎近畿大学附属和歌山	11
	丸亀	11
	◎久留米大学附設	11
63	◎桐朋	10
	◎開成	10
	武生	10
	大垣北	10
	菊里	10
	四日市	10
	◎智辯学園	10
	◎修道	10
	明善	10
72	札幌南	9
	◎桐蔭学園	9
	小松	9
	高志	9
	岡崎	9
	岡山城東	9
	◎土佐	9
	修猷館	9
	福岡	9
81	高崎	8
	◎麻布	8
	藤島	8
	松本深志	8
	藤枝東	8
	一宮	8
	◎南山	8
	◎高田（三重）	8
	嵯峨野	8
	◎金蘭千里	8
	◎大阪桐蔭（大阪）	8
	明石北（兵庫）	8
	◎三田学園	8
	◎帝塚山	8
	出雲	8
	今治西	8
97	札幌北	7
	旭川東	7
	土浦第一	7
	前橋	7
	千葉	7
	静岡	7
	生野（大阪）	7
	宝塚北	7
	郡山（奈良）	7
	徳山	7
	鶴丸	7
	◎ラ・サール	7

【2006年】

高校の必修科目（世界史）を生徒に履修させていなかった「未履修問題」が発覚した。進学校も多く含まれており、その背景には、①大学受験で必要とする生徒が少ないにもかかわらず世界史が必修になっている、②完全学校週5日制で授業時間数が不足した、③現行学習指導要領で「情報」「総合的な学習の時間」などが必修として加わった、などが指摘されている。毎日新聞の調査によれば、京都大に多く合格している学校（北陸、東海、関西、中四国）で未履修だったおもな学校は次のとおり。

＊北陸、東海　富山＝高岡、砺波《となみ》。石川＝金沢桜丘、羽咋《はくい》、星稜。福井＝藤島、武生《たけふ》、羽水《うすい》、鯖江《さばえ》、三国《みくに》、高志《こし》、勝山、敦賀《つるが》、大野。山梨＝甲府第一、甲府東、桂《かつら》、吉田。長野＝飯山北、須坂《すざか》、長野、上田、野沢北、諏《す》訪《わ》清陵、伊《い》那《な》北《きた》、松本深志《ふかし》、佐《さ》久《く》長聖《ちょうせい》。岐阜＝大垣北、加《か》茂《も》、多治見（岐阜）。静岡＝富士、清水東、静岡、静岡城北、浜松北、浜松西。三重＝高田。

＊関西　滋賀＝膳所、彦根東、草津東。京都＝塔南、京都成章。大阪＝大阪桐蔭、金蘭会、関西大倉、初芝《はつしば》、初芝富田林《とんだばやし》、追手門《おうてもん》学院。兵庫＝龍野、相生、兵庫、西宮北、仁川《にがわ》学院、灘、神戸海星女子学院、三田学園、近畿大附属豊岡。奈良＝東大寺学園。

＊中四国　岡山＝倉敷古《こ》城池《じょういけ》、城東、西大寺、関西《かんぜい》。香川＝丸亀、大手前。愛媛＝松山北、

2006年入試

順位	高校	人
1	◎洛南	101
2	◎西大和学園	95
3	◎甲陽学院	86
4	◎東大寺学園	78
5	◎洛星	60
6	◎大阪星光学院	59
7	◎清風南海	54
8	◎灘	51
9	奈良	46
10	北野	43
11	膳所	37
12	天王寺	32
13	□京都教育大学附属	31
	堀川	31
15	◎四天王寺	30
16	◎智辯学園和歌山	29
17	三国丘	28
	長田	28
19	茨木	27
	◎明星（大阪）	27
	◎広島学院	27
22	旭丘	26
	◎東海	26
	◎高槻	26
25	大手前	25
26	彦根東	24
	□大阪教育大学附属池田	24
	□大阪教育大学附属天王寺	24
	高松	24
30	◎白陵	22
	◎奈良学園	22
32	◎六甲	21
33	浜松北	20
	岡崎	20
	明和	20
	姫路西	20
37	□大阪教育大学附属平野	19
	◎清風	19
39	岐阜	17
	四條畷	17
	□広島大学附属福山	17
42	丸亀	16
43	畝傍	15
	◎帝塚山	15
	筑紫丘	15
46	◎麻布	14
	◎南山	14
	◎大阪桐蔭	14
	岡山朝日	14
50	金沢泉丘	13
	武生	13
	神戸	13
	兵庫	13
54	小松	12
	◎滝	12
	四日市	12
	小野	12
	◎滝川（兵庫）	12
59	□広島大学附属	11
	◎愛光	11
	◎久留米大学附設	11
62	大垣北	10
	◎高田（三重）	10
	◎近畿大学附属和歌山	10
	◎土佐	10
	小倉	10
	福岡	10
	熊本	10
	◎ラ・サール	10
70	札幌北	9
	静岡	9
	津	9
	◎京都成章	9
	◎智辯学園	9
	岡山城東	9
	◎岡山白陵	9
	鶴丸	9
78	千葉	8
	□東京学芸大学附属	8
	◎桐蔭学園	8
	長野	8
	◎金蘭千里	8
	加古川東	8
	郡山（奈良）	8
	◎ノートルダム清心	8
86	◎渋谷教育学園幕張	7
	◎開成	7
	◎桜蔭	7
	藤島	7
	菊里	7
	◎京都女子	7
	川西緑台（兵庫）	7
	◎淳心学院	7
	鳥取西	7
	尾道北（広島）	7
	今治西	7
	修猷館	7
	明善	7
	◎明治学園（福岡）	7

今治西、八幡浜《やわたはま》、松山東、宇和島《うわじま》東、大洲《おおず》、愛光、済美《さいび》。高知＝高知、土佐、高知学芸。

膳所は３年生に補習を行うため卒業式を２週間以上延期している。

女子が初めて600人を超えた。西大和《にしやまと》学園、智辯学園和歌山、大阪桐蔭など私立の共学校で学ぶ女子が多く合格したことによる。

◆一般入試・募集人員２８２９人／志願者１万２２４６人／合格者２９３３人／入学者２９０４人（女子612人、21・１％）、現役１８２１人（62・７％）

【２００７年】

大阪桐蔭から30人合格した。前年比16人増である。同校は１９８３年、大阪産業大学高校大東校舎として開校した。88年、大阪桐蔭に改称する。１９９０年代に「めざせ、東大・京大」をスローガンにかかげ、２０００年から「東大・京大特別進学講座」を開講した。高校全学年を対象としている。週３回、放課後に指導している。私立高校が発展するためにはさまざまな分野で優れた生徒を多く集めなければならない。そのためには全国にその名を知ってもらう必要がある。スポーツ分野では１９９１年に野球部が甲子園出場を果たし、知名度ががぐんと高まった。あとは進学実績である。２００３年、校長はこう話している。「大きな

2007年入試

順位	高校	人
1	◎洛南	98
2	◎東大寺学園	79
3	◎西大和学園	75
4	◎洛星	66
5	◎大阪星光学院	62
6	◎甲陽学院	57
7	膳所	47
8	奈良	45
9	天王寺	43
10	堀川	42
11	北野	40
12	◎清風南海	36
13	◎高槻	35
14	◎灘	33
15	◎智辯学園和歌山	32
16	◎四天王寺	31
17	◎大阪桐蔭	30
	長田	30
19	□京都教育大学附属	28
	□大阪教育大学附属池田	28
	大手前	28
	茨木	28
	三国丘	28
24	◎清風	27
25	◎六甲	25
26	金沢泉丘	23
	四日市	23
28	旭丘	22
	岡崎	22
	明和	22
	神戸	22
	高松	22
33	◎明星（大阪）	21
	姫路西	21
	兵庫	21
	◎奈良学園	21
37	□大阪教育大学附属天王寺	20
38	浜松北	19
	四條畷	19
40	岐阜	18
	大垣北	18
	嵯峨野	18
	◎白陵	18
	◎修道	18
45	◎滝	17
	◎東海	17
	◎開明（大阪）	17
	□広島大学附属	17
	◎広島学院	17
50	彦根東	16
	□大阪教育大学附属平野	16
	加古川東	16
53	前橋	13
	◎淳心学院	13
	岡山朝日	13
	小倉	13
	◎久留米大学附設	13
58	◎開成	12
	藤島	12
	武生	12
	津	12
	◎高田（三重）	12
	◎近畿大学附属和歌山	12
	◎土佐	12
	筑紫丘	12
66	高津	11
	畝傍	11
	丸亀	11
	東筑	11
70	□金沢大学附属	10
	◎南山	10
	◎金蘭千里	10
	◎清教学園	10
	◎帝塚山	10
	明善	10
76	札幌南	9
	高岡	9
	高志	9
	宝塚北	9
	□広島大学附属福山	9
	◎ラ・サール	9
82	浦和	8
	新潟	8
	磐田南	8
	時習館	8
	刈谷	8
	西京	8
	◎京都成章	8
	北摂三田（兵庫）	8
	尾道北	8
	今治西	8
	福岡	8
93	仙台第二	7
	◎同志社	7
	岸和田	7
	小野	7
	◎滝川（兵庫）	7
	◎智辯学園	7
	◎愛光	7
	◎明治学園	7
	佐賀西	7

目標ですが、東京大学、京都大学に50人ぐらい現役で合格させられると思います。実際にそうした実力を学校としてもっていないと『大阪桐蔭の将来はない』と言っても言い過ぎではないでしょう」（『大阪桐蔭高等学校創立20周年記念誌』２００３年）。その後、大阪桐蔭の京都大合格者は２０１２年50人、13年64人、18年51人だった。進路指導には相当力を入れており、進学コース（現在のⅠ～Ⅲ類）の年間授業日数は265日。休みは少ない。「高１～高２：長期休暇中【夏休み（８月５日～８月18日）／冬休み（12月29日～１月８日）／春休み（３月28日～４月５日）】にも学校で自習できる日を設けています。高３：上記長期休暇中に大学受験対策講座を実施」（同校ウェブサイト）。智辯学園、智辯和歌山と似ている。

◆一般入試・募集人員２８２９人／志願者７５４８人／合格者２９２８人／入学者２９１７人（女子612人、21・０％）、現役１８５６人（63・６％）

【２００８年】

光泉《こうせん》カトリック（滋賀）、福知山成美《せいび》（京都）から４人合格した。いずれも歴代（～２０２３年）でもっとも多い。２校はともに難関大学受験対策に特化したコースを設置している。光泉カトリックのＳコースは「いろいろな中学校から高い目標を持った生徒が集まり、日々

2008年入試

順位	高校	人
1	◎洛南	85
2	◎東大寺学園	83
	◎西大和学園	83
4	◎甲陽学院	69
5	◎洛星	62
6	北野	56
7	◎大阪星光学院	53
8	奈良	49
9	堀川	48
10	膳所	46
11	天王寺	39
12	長田	34
13	茨木	33
14	三国丘	31
15	大手前	28
	◎明星（大阪）	28
17	◎大阪桐蔭	27
18	◎四天王寺	26
19	□京都教育大学附属	24
20	時習館	23
	◎灘	23
	◎智辯学園和歌山	23
23	岐阜	22
	◎東海	22
	四條畷	22
	◎帝塚山	22
27	姫路西	21
28	旭丘	20
	□大阪教育大学附属池田	20
	◎近畿大学附属和歌山	20
31	岡山朝日	19
	□広島大学附属福山	19
33	◎清風南海	17
	◎高槻	17
	◎六甲	17
	◎広島学院	17
37	神戸	16
	福岡	16
39	金沢泉丘	15
	藤島	15
	◎高田（三重）	15
	彦根東	15
	西京	15
	◎白陵	15
	□広島大学附属	15
46	浜松北	14
	明和	14
	高松	14
	東筑	14
50	◎滝	13
	四日市	13
	◎清風	13
	◎関西大倉（大阪）	13
	加古川東	13
	◎奈良学園	13
	◎土佐	13
	筑紫丘	13
	熊本	13
59	大垣北	12
	□大阪教育大学附属天王寺	12
61	津	11
	嵯峨野	11
	□大阪教育大学附属平野	11
	生野（大阪）	11
65	□東京学芸大学附属	10
	高岡	10
	岡崎	10
	一宮	10
	高津	10
	岸和田	10
	◎金蘭千里	10
	兵庫	10
	姫路東	10
	◎滝川（兵庫）	10
	松江北	10
	下関西	10
77	◎麻布	9
	小松	9
	◎南山	9
	◎同志社	9
	◎京都成章	9
	小野	9
83	国立	8
	◎武蔵	8
	◎海城	8
	□金沢大学附属	8
	◎清教学園（大阪）	8
	□奈良女子大学附属中教	8
	桐蔭	8
	丸亀	8
	修猷館	8
	明善	8
	◎久留米大学附設	8
94	土浦第一	7
	千葉	7
	武生	7
	宝塚北	7
	畝傍	7
	郡山（奈良）	7
	鳥取西	7
	◎ノートルダム清心	7
	松山東	7
	今治西	7
	◎ラ・サール	7

奈良女子大学附属→奈良女子大学附属中教

高め合っています」（同校ウェブサイト）。福知山成美のアカデミーコースは「通常授業以外にゼミと長期休暇中の進学講習をおこない、授業時間数の確保をしています。また、放課後の演習指導や個別添削指導、英語検定対策指導など、生徒それぞれのニーズに合わせた対応をしています」（同校ウェブサイト）。

　オープンキャンパスはすっかり定着した。北海道、九州から京都大まで足を運ぶ受験生はめずらしくない。07年に工学部に合格した男子（北海道・札幌南）はこう話す。「現役時代にオープンキャンパスへ行っていたことも大きな励みになりました。志望大学の校舎を実際に見て、入学後の自分の姿を想像することは、受験生にとってこのうえなくいい刺激になります」（「螢雪時代」07年7月号）。

◆一般入試・募集人員２８３９人／志願者７９６７人／合格者２９２３人／入学者２９１２人（女子631人、21・7％）、現役１８９１人（64・9％）

【２００９年】

　関東の私立女子校、浦和明《あけ》の星《ほし》女子（埼玉）、大妻、豊島岡《としまがおか》女子学園、白百合学園（以上、東京）、鎌倉女学院（神奈川）からいずれも２人合格した。彼女たちにとって京都はまった

2009年入試

順位	高校	人
1	◎洛南	105
2	◎西大和学園	75
3	◎東大寺学園	66
4	◎洛星	62
5	◎甲陽学院	59
6	北野	57
7	天王寺	50
8	堀川	47
9	膳所	45
10	◎大阪星光学院	42
11	◎大阪桐蔭	41
12	大手前	38
13	◎灘	37
	奈良	37
15	茨木	32
	◎清風南海	32
17	◎清風	31
18	岐阜	30
	□京都教育大学附属	30
20	◎高槻	29
21	□大阪教育大学附属池田	28
22	◎四天王寺	25
	長田	25
24	三国丘	24
	神戸	24
26	◎智辯学園和歌山	23
27	◎六甲	21
28	明和	20
	四條畷	20
30	姫路西	19
31	藤島	18
	旭丘	18
	◎東海	18
	彦根東	18
	◎奈良学園	18
	◎広島学院	18
37	岡崎	17
	四日市	17
	◎高田（三重）	17
	西京	17
	◎白陵	17
	高松	17
	小倉	17
44	大垣北	15
	□広島大学附属福山	15
46	金沢泉丘	14
	◎開明	14
	岡山朝日	14
49	浜松北	13
	◎南山	13
	小野	13
	◎帝塚山	13
53	◎滝	12
	岸和田	12
	加古川東	12
	◎淳心学院	12
	畝傍	12
	◎修道	12
59	高岡	11
	小松	11
	長野	11
	嵯峨野	11
	倉敷青陵	11
	福岡	11
	熊本	11
66	一宮	10
	刈谷	10
	□大阪教育大学附属天王寺	10
	兵庫	10
	松山東	10
	◎久留米大学附設	10
	◎ラ・サール	10
73	札幌南	9
	磐田南	9
	津	9
	高津	9
	◎金蘭千里	9
	◎近畿大学附属和歌山	9
	基町	9
	◎ノートルダム清心	9
81	◎麻布	8
	松本深志	8
	静岡	8
	豊田西（愛知）	8
	◎同志社	8
	宝塚北	8
	丸亀	8
	東筑	8
89	浦和	7
	◎桐朋	7
	◎海城	7
	◎浅野	7
	菊里	7
	時習館	7
	桃山	7
	◎明星（大阪）	7
	◎関西大倉	7
	□奈良女子大学附属	7
	◎智辯学園	7
	筑紫丘	7
	明善	7

く遠くない。薬学部に合格した女子（大妻）は受験本番をこうふり返っている。「朝６時に目覚める。雨だ…。朝食はバイキング。おいしかったです。８時過ぎにホテルから送迎バス（往路のみ）に乗る。もはや観光気分。薬学部前到着。早稲田や慶應のときにみたいに人がいっぱいいるのかと思いきや、少ない…。よかった。試験監督の人が来るまで教室に入れず、外で待たされている。その間に、トイレ。試験監督来たー！　受験票をチェックされて、入室。ちょっと緊張してきた」（『私の京大合格作戦２０１０年版』）

◆一般入試・募集人員２８４４人／志願者７９９１人／合格者２９２７人／入学者２９１２人（女子639人、21・9％）現役１８１１人（62・2％）

【２０１０年】

須磨学園からの合格者が前年比５人増の８人となった。医学部医学科合格の男子がこう話す。「様々な講座が充実しており、先生方の丁寧な添削や個別指導といった手厚いサポート体制が整っています。そのため通塾は必要ありませんでした。大切なのは、わからないことを放置せず納得いくまで理解を深めることだと思います」（「同校中学校案内２０２４」）。須磨学園は100年以上の歴史がある。１９２２年須磨裁縫女学校としてスタートし、戦後は須磨

2010年入試

順位	高校	人
1	◎洛南	83
	◎西大和学園	83
3	◎甲陽学院	76
4	◎東大寺学園	71
5	◎洛星	47
6	堀川	45
7	北野	44
8	膳所	42
	奈良	42
10	◎四天王寺	40
11	◎大阪桐蔭	39
12	◎大阪星光学院	38
13	◎清風南海	35
	◎灘	35
15	大手前	34
	長田	34
	◎智辯学園和歌山	34
18	旭丘	33
19	天王寺	31
20	西京	28
	茨木	28
22	三国丘	27
23	□大阪教育大学附属池田	25
24	◎東海	24
	◎清風	24
26	明和	23
27	岐阜	22
28	四日市	21
	◎奈良学園	21
30	四條畷	20
31	□京都教育大学附属	19
	神戸	19
33	藤島	18
	姫路西	18
	◎白陵	18
36	金沢泉丘	17
	◎高槻	17
38	時習館	16
	岡山朝日	16
	高松	16
41	津	15
	彦根東	15
	畝傍	15
44	大垣北	14
	岡崎	14
	加古川東	14
	◎六甲	14
	基町	14
	筑紫丘	14
	◎久留米大学附設	14
51	刈谷	13
	洛北	13
	◎開明	13
	□広島大学附属福山	13
55	嵯峨野	12
	兵庫	12
	小野	12
	◎帝塚山	12
59	小松	11
	◎近畿大学附属和歌山	11
61	□大阪教育大学附属天王寺	10
	◎神戸海星女子学院（兵庫）	10
	徳山	10
	◎愛光	10
	東筑	10
66	高岡	9
	◎滝	9
	◎高田（三重）	9
	□大阪教育大学附属平野	9
	◎明星（大阪）	9
	姫路東	9
	□広島大学附属	9
	広島（広島）	9
	◎修道	9
	◎土佐	9
	福岡	9
	熊本	9
78	水戸第一	8
	千葉	8
	新潟	8
	高志	8
	松本深志	8
	一宮	8
	◎南山	8
	生野（大阪）	8
	◎関西大倉	8
	宝塚北	8
	◎須磨学園（兵庫）	8
	米子東	8
	出雲	8
	岡山操山	8
	◎広島学院	8
	小倉	8
94	浦和	7
	◎渋谷教育学園幕張	7
	日比谷	7
	◎麻布	7
	武生	7
	浜松北	7
	磐田南	7
	桃山	7
	市立西宮（兵庫）	7
	◎淳心学院	7
	◎岡山白陵	7
	◎ノートルダム清心	7

女子高校となって50年の道のりを歩んできた。１９９９年須磨学園に改称・共学化し、進学に特化したコースを設置した。理事長が学校史で次のように話す。「少子化や女性のさらなる社会進出など、時代が大きく変わっていくなかで、私には、もっと受験勉強に力を入れて進学校にすべきではないかという思いがありました。卒業生から『胸を張って卒業生だと言える良い学校にしてほしい』と言われたことも大きかったですね。時代に求められる人材、自分で考えられる人材を生み出す学校づくりを目指して、女子高から男女共学の進学校への移行に取り組んだのです」（「須磨学園76年目から90周年への展開」）。

医学部人間健康科学科に合格した男性（兵庫・市立西宮東）は、大阪市立大文学部卒業後、１９９５年京都大文学部に入学している。その後、２００２年京都大医療技術短期大学部に入学、そして16年ぶりに２度目の京都大生となる。46歳になっていた。「わたしははっきり言って規格外の人間ですから」（『私の京大合格作戦２０１１年版』）と話す。キャンパスにおける学生の多様化をすすめたい大学にすれば歓迎すべきであろう。

法学部に合格した男子（大阪・大阪桐蔭）は、学校の授業を中心に勉強を進め、センター試験で高得点をとった。「理科は学校の授業内容がセンター試験に即していたのでその復習を、地歴・公民は教科書がまだ終わっていなかったので、授業の復習をメインにしました」

（「螢雪時代」２０１０年6月号）。塾を必要としない。それが学校の指導方針である。

これとは逆に、学校の授業をあてにしなかった受験生は少なくない。医学部医学科に合格した女子（大阪・大阪教育大学附属天王寺）は中学入学から高校卒業までの6年間、鉄緑会に通った。「学校の授業は私立と比べものにならないほど進度が遅かったので鉄緑の勉強を中心にして、テキストを繰り返しやりました。鉄緑では問題集に加えて復習テキストやプリントなど教材がとても多く、たくさん演習を積むことができたし、毎回の復習テストで順位が張り出され、常にトップレベルの友達と競争する環境にあったことでモチベーションが上がったのでとても良かったと思います」（「鉄緑会大阪校合格者の声」２０１０年版）。国立大学附属学校において受験に特化した教育を求めるのはむずかしい。だが京都大医学部には、学校の授業を軽視し、鉄緑会のような専門塾に依存しなければ受からない、そんな現実がある。２０１０年代、京都大合格者の塾通い比率は高まっていく。

経済学部に川田翔子氏（大阪・大阪桐蔭）が合格した。川田氏は23年京都府八幡《やわた》市長に就任する。33歳。女性市長として史上最年少だった。

◆一般入試・募集人員２８４４人／志願者８３２０人／合格者２９４０人／入学者２９３１人（女子686人、23・４％）、現役１８５０人（63・１％）

4章

京都大合格校の歴史Ⅳ
――2011~2023年

①西大和学園の猛追（２０１１～２０１６年）

【２０１１年】

京都大の二次試験中に、ある受験生が問題の一部を質問サイト「ヤフー知恵袋」に投稿した。すぐに第三者から回答が寄せられ、受験生はその回答を提出した。このカンニングはまもなく発覚する。京都大学新聞がＳＮＳで見つけたからだ。大学は「厳正かつ公正であるべき、わが国の入試制度の根幹を揺るがす重大事件」という声明を発表した。京都府警は、大学から「公正な試験を妨害された」とする被害届を受けて捜査をはじめ、のちに19歳の受験生を偽計業務妨害で逮捕した。警察の調べによれば、この受験生は携帯電話を股の間に挟んで、試験監督からは見えない状態で問題を打ち込んでいたという。単独犯だった。京都大はカンニングについて、「法に基づく警察の捜査を求める」姿勢を打ち出したところ、一部、批判の声があがった。メディアがこう伝える。「大学側が受け付けた電話の件数は４～８日で約200件に。受験生の保護者や卒業生らからで『監視が甘かった大学に落ち度がある』『カンニングなら不合格にするだけでいい』などと抗議する内容が大半だったという」（朝日新聞デジタル11年３月８日）。

2011年入試

順位	高校	人
1	◎洛南	88
2	◎西大和学園	83
3	◎東大寺学園	65
4	◎洛星	63
5	◎甲陽学院	62
6	天王寺	61
7	膳所	57
8	◎大阪星光学院	53
9	北野	51
10	◎大阪桐蔭	46
11	大手前	45
	◎灘	45
13	堀川	40
14	◎清風南海	36
15	神戸	28
	◎帝塚山	28
	◎智辯学園和歌山	28
18	奈良	27
19	三国丘	26
20	旭丘	25
	◎東海	25
22	岐阜	24
	◎高槻	24
	◎白陵	24
25	四日市	23
	□大阪教育大学附属池田	23
27	茨木	22
	◎四天王寺	22
29	金沢泉丘	21
30	岡崎	20
	一宮	20
	時習館	20
	嵯峨野	20
	◎六甲	20
35	姫路西	19
	高松	19
37	西京	18
	岡山朝日	18
39	藤島	17
40	□京都教育大学附属	16
	四條畷	16
	◎清風	16
	修猷館	16
44	洛北	15
	◎近畿大学附属和歌山	15
	□広島大学附属	15
47	◎明星（大阪）	14
	長田	14
	◎広島学院	14
50	◎滝	13
	◎同志社	13
	□大阪教育大学附属天王寺	13
	□広島大学附属福山	13
54	浜松北	12
	刈谷	12
	◎南山	12
	加古川東	12
	宝塚北	12
59	大垣北	11
	明和	11
	◎奈良学園	11
	丸亀	11
63	□東京学芸大学附属	10
	津	10
	桃山	10
	高津	10
	◎清教学園	10
	◎開明	10
	兵庫	10
	岡山操山	10
	基町	10
	東筑	10
	福岡	10
	熊本	10
75	静岡	9
	姫路東	9
	◎修道	9
	松山東	9
	◎土佐	9
80	高崎	8
	◎武蔵	8
	高岡	8
	長野	8
	半田	8
	◎高田（三重）	8
	小野	8
	◎淳心学院	8
	□奈良女子大学附属中教	8
	出雲	8
	◎岡山白陵	8
	◎愛光	8
	筑紫丘	8
	◎ラ・サール	8
94	札幌南	7
	仙台第二	7
	◎栄光学園	7
	◎浅野	7
	新潟	7
	豊田西	7
	彦根東	7
	南陽（京都）	7
	畝傍	7
	岡山城東	7
	小倉	7
	◎久留米大学附設	7

京都大はこの受験生が合格ラインに達した場合、カンニングの事実が確認されれば不合格にすると発表した。のちに大学は「合格者の答案にサイトに掲載された解答と酷似したものはない」旨の説明を行い、この受験生が合格点に達していなかったことを示唆した。大学はこう発表した。「個別学力試験の採点および合否判定作業は、投稿による影響を受けることなく、厳正に遂行され、本日合格者を発表するに至った」（大学ウェブサイト）。

合格発表日の翌日、3月11日、東日本大震災が発生した。津波、原発事故などで多くの死傷者、被災者を出した。メディアの報道は震災一色になり、京都大のカンニングについて、大学の対応、受験生の深層心理などはフォローできず、検証が十分に行われたとは言い難かった。東日本大震災を受けて、本来12日から始まる日程だった国立大学後期試験は、東北や関東地方では東北大、筑波大、東京外国語大など30校近くで取りやめとなり、センター試験のみでの入試選考などに切りかわっている。

工学部に合格した田中英祐《えいすけ》さん（兵庫・白陵）は卒業時、２０１４年千葉ロッテマリーンズからドラフト2位の指名を受け入団した。一軍公式戦に2試合登板して２０１７年に引退した。田中さんの受験勉強は学校の授業中心だった。こうふり返る。「野球に打ち込んだことが、受験の不利にはならないと思う。野球をやりながら1時間でも時間を見つけて勉強して、引退して受験モードに切り替えるならプラスになります。野球をやっていたことは受験が終わった後も生きてくる。野球部と受験の両立に悩んでいる人でも、最後まで野球を続けてほしいな、と僕は思います」（朝日新聞デジタル14年12月17日）。

◆一般入試・募集人員２８４６人／志願者８３３６人／合格者２９３８人／入学者２９２７人（女子680人、23・２％）、現役１７８６人（61・０％）

【２０１２年】

東日本大震災から１年後、各地で大学受験は例年どおり行われた。

法学部に合格した男子（宮城・仙台第二）はこうふり返る。「震災直後は明日のこともままならず不安な日々が続きましたが、生活も落ち着きなんとか河合塾に通い始めることができるようになってからは、『厳しい状況の中で勉強できる環境を与えてくれたことに感謝しなくてはならない。そしてだからこそ必死に努力して大学に合格することが、今、自分のすべきことなのだ』という思いが強くなりました」（『私の京大合格作戦２０１３年版』）。

海陽中等教育学校（愛知）から初めて合格者を出した。06年開校時の１期生３人である。同校は設立にあたってトヨタ自動車、ＪＲ東海、中部電力など中部地方の大手企業から合わ

2012年入試

順位	高校	人
1	◎洛南	85
2	◎東大寺学園	70
3	◎甲陽学院	67
4	◎西大和学園	66
5	堀川	62
6	◎大阪星光学院	56
7	北野	55
8	◎洛星	51
	天王寺	51
10	◎大阪桐蔭	50
11	膳所	48
12	大手前	39
13	◎灘	34
14	旭丘	33
	奈良	33
16	◎清風南海	30
17	三国丘	28
18	◎東海	26
	□大阪教育大学附属池田	26
	茨木	26
	◎高槻	26
22	西京	25
	長田	25
24	◎清風	24
	◎六甲	24
26	岐阜	23
	四日市	23
	◎四天王寺	23
	姫路西	23
30	一宮	21
	□京都教育大学附属	21
	神戸	21
33	◎麻布	20
	岡崎	20
	明和	20
	□広島大学附属福山	20
37	岡山朝日	19
	高松	19
39	金沢泉丘	18
40	藤島	17
	嵯峨野	17
	□大阪教育大学附属天王寺	17
	基町	17
	小倉	17
45	洛北	16
	◎智辯学園和歌山	16
47	西	15
	高津	15
49	◎白陵	14
50	刈谷	13
	津	13
	◎高田（三重）	13
53	◎海城	12
	時習館	12
	◎明星（大阪）	12
	◎奈良学園	12
	◎近畿大学附属和歌山	12
58	◎滝	11
	彦根東	11
	東筑	11
	福岡	11
	◎久留米大学附設	11
	熊本	11
64	長野	10
	静岡	10
	浜松北	10
	豊田西	10
	四條畷	10
	加古川東	10
	◎須磨学園	10
	◎帝塚山	10
	□広島大学附属	10
	◎広島学院	10
74	札幌南	9
	千葉	9
	国立	9
	守山	9
	◎金蘭千里	9
	兵庫	9
	桐蔭	9
	徳山	9
	◎ラ・サール	9
83	前橋	8
	◎駒場東邦	8
	高岡	8
	大垣北	8
	磐田南	8
	桃山	8
	◎同志社	8
	小野	8
	姫路東	8
	宝塚北	8
	畝傍	8
	◎智辯学園	8
	倉敷青陵	8
	◎土佐	8
97	浦和	7
	◎開成	7
	新潟	7
	武生	7
	◎京都女子	7
	広島（広島）	7
	◎愛光	7
	明善	7
	鶴丸	7

せて200億円を投じられた。23年までの難関大学合格者数累計は東京大101人、京都大35人、一橋大18人、早稲田大261人、慶應義塾大217人となっている。

◆一般入試・募集人員２８４６人／志願者８２０９人／合格者２９３２人／入学者２９２５人（女子634人、21・７％）、現役１８５０人（63・１％）

【２０１３年】

大阪桐蔭が64人合格者を出した。歴代（～23年）で最多となる。この年、大阪桐蔭は生徒に謝礼を払って系列校の大阪産業大を「やらせ受験させた」という報道があった。「入学意思のない大阪桐蔭の成績優秀な生徒に謝礼を払って大阪産業大を受験させ、偏差値を水増しするもの。大阪産業大では入試での成績上位者10％を授業料免除にするが、その10％を入学意思のない者が占めることによって、学費免除制度を骨抜きにするための姑息なやり口だった」（ニュースサイト「ビジネスジャーナル」２０１５年４月１日）。

農学部に合格した男子（兵庫・六甲）は親からすすめられて鉄緑会に通っていた。「中一からカリキュラムに従い、宿題を毎週こなすということを当たり前のこととして体に染みこませられていたので、まわりの人が受験モードに入る時には既に大きなリードが自然と得ら

2013年入試

順位	高校	人
1	◎洛南	88
2	◎西大和学園	82
3	◎東大寺学園	70
4	北野	65
5	◎大阪桐蔭	64
6	天王寺	56
7	◎大阪星光学院	53
8	◎洛星	52
9	◎甲陽学院	51
10	堀川	49
11	膳所	44
12	◎灘	41
13	旭丘	36
14	大手前	35
15	奈良	33
16	◎清風南海	30
17	西京	29
18	明和	28
19	岐阜	27
20	四日市	26
	三国丘	26
	長田	26
	神戸	26
24	◎高槻	23
	◎清風	23
	◎四天王寺	23
27	◎東海	21
	嵯峨野	21
	◎白陵	21
	◎広島学院	21
31	◎六甲	20
32	岡崎	19
	姫路西	19
34	浜松北	18
35	□広島大学附属福山	17
	◎久留米大学附設	17
37	金沢泉丘	16
	□大阪教育大学附属池田	16
	岡山朝日	16
	□広島大学附属	16
41	刈谷	15
	津	15
	福岡	15
44	◎滝	14
	◎明星（大阪）	14
	◎金蘭千里	14
	◎開明	14
	高松	14
49	茨木	13
	畝傍	13
	◎帝塚山	13
	◎智辯学園和歌山	13
53	加古川東	12
	◎AICJ（広島）	12
	東筑	12
56	仙台第二	11
	高岡	11
	一宮	11
	彦根東	11
	洛北	11
	四條畷	11
	丸亀	11
	◎土佐	11
	小倉	11
	修猷館	11
66	浦和	10
	西	10
	国立	10
	◎麻布	10
	◎海城	10
	◎武蔵	10
	藤島	10
	大垣北	10
	□京都教育大学附属	10
	兵庫	10
	◎滝川（兵庫）	10
	◎奈良学園	10
	基町	10
	◎修道	10
80	札幌南	9
	◎渋谷教育学園幕張	9
	時習館	9
	◎須磨学園	9
	◎神戸海星女子学院	9
	鳥取西	9
86	◎桐朋	8
	多治見北	8
	磐田南	8
	□大阪教育大学附属天王寺	8
	◎智辯学園奈良カレッジ（奈良）	8
	◎近畿大学附属和歌山	8
92	札幌西（北海道）	7
	旭川東	7
	前橋	7
	□東京学芸大学附属	7
	◎栄光学園	7
	新潟	7
	松本深志	7
	関（岐阜）	7
	静岡	7
	菊里	7
	桃山	7
	生野（大阪）	7
	小野	7
	広島	7
	佐賀西	7
	熊本	7

れたものだと思います。それを思うと中一の頃に僕を無理やり鉄緑に入れてくれた両親に対する感謝の気持ちが湧いてきます」（「鉄緑会　合格実績と合格者の声」２０１３年版）。２０１０年代、京都大受験生の鉄緑会ダブルスクール化はますます増えている。

２００１年大阪教育大学附属池田小学校で１、２年生８人が殺害される事件が起こった。被害者の同級生が大学受験を迎えた13年、14年、京都大合格者は合わせて38人だった。

◆一般入試・募集人員２８４６人／志願者８４６０人／合格者２９２８人／入学者２９２１人（女子641人、21・９％）、現役１８１７人（62・２％）

【２０１４年】

２０１１年大阪府の橋下《はしもと》徹《とおる》知事は府立10校をグローバル・リーダーズ・ハイスクール（ＧＬＨＳ）に指定した。北野、豊中、茨木、大手前、四條畷、高津、天王寺、生野《いくの》、三国丘、岸和田の10校だ。文理学科の設置など、難関大学進学実績を高めることが目標に掲げられている。その１期生が受験に挑んだ。10校の合格者合計は12年231人↓13年222人↓14年231人↓15年245人↓16年241人と推移する。劇的な増加は見られなかった。

工学部に合格した山西利和氏（京都・堀川）は、２０２１年東京オリンピック陸上競技・

2014年入試

順位	高校	人
1	◎洛南	79
2	◎西大和学園	74
3	北野	71
4	◎洛星	63
5	◎大阪星光学院	58
	◎東大寺学園	58
7	◎甲陽学院	54
8	膳所	49
9	天王寺	47
	◎清風南海	47
11	堀川	46
	◎大阪桐蔭	46
13	◎東海	34
14	◎灘	30
	◎六甲	30
16	旭丘	29
	大手前	29
18	三国丘	28
19	明和	26
	姫路西	26
	奈良	26
22	岡崎	24
	◎清風	24
24	長田	23
25	□大阪教育大学附属池田	22
	◎高槻	22
	神戸	22
28	◎四天王寺	21
	熊本	21
30	嵯峨野	20
	茨木	20
	◎白陵	20
	◎広島学院	20
	高松	20
	修猷館	20
36	◎南山	19
37	一宮	18
	◎滝	18
	四日市	18
40	基町	17
41	西京	16
	□大阪教育大学附属天王寺	16
	東筑	16
44	西	15
	金沢泉丘	15
	岐阜	15
	◎帝塚山	15
48	浜松北	14
	四條畷	14
	◎智辯学園和歌山	14
	筑紫丘	14
52	浦和	13
	◎麻布	13
	新潟	13
	藤島	13
	□京都教育大学附属	13
	◎開明	13
	□広島大学附属	13
	◎久留米大学附設	13
60	札幌南	12
	千葉	12
	時習館	12
	彦根東	12
	加古川東	12
65	湘南	11
	岡山朝日	11
	福岡	11
68	大垣北	10
	津	10
	兵庫	10
	畝傍	10
	□広島大学附属福山	10
73	仙台第二	9
	◎聖光学院	9
	長野	9
	刈谷	9
	◎近畿大学附属和歌山	9
	倉敷青陵	9
	小倉	9
80	高崎	8
	洛北	8
	◎須磨学園	8
	広島	8
	宮崎西	8
85	◎駒場東邦	7
	高岡	7
	小松	7
	菊里	7
	高津	7
	◎明星（大阪）	7
	◎奈良学園	7
	桐蔭	7
	岡山操山	7
	◎修道	7
	◎土佐	7
	鶴丸	7
	◎ラ・サール	7

競歩代表選手となった。受験期をふり返る。「秋、冬まで、ずっとE判定（合格可能性20パーセント程度）でした。夏のインハイや国体に出ると、本格的に勉強できるのは３年の２学期以降になるので、多少の焦りはありました。ただ、いきなり背伸びをして過去問に手を出すよりも、基本的なところを押さえる必要があるなど。（基本的な問題で）取りこぼしをしないように、特に物理と化学は11月くらいまで、基礎固めに時間を費やしていた記憶があります」（スポーツ情報サイト「web Sportiva」２０２１年６月27日）。

◆一般入試・募集人員２８４６人／志願者８３５５人／合格者２９３５人／入学者２９２５人（女子669人、22・９％）、現役１７２９人（59・１％）

【２０１５年】

神戸大学附属中等教育学校から６人合格した。同校は、２００９年に神戸大学附属中学（住吉、明石の２校）が高校を創立し、中高一貫校としてスタートした。その１期生であり、「先輩がいない中、自分たちで行事も学校生活も進路も切り拓いてきた学年です」（同校「進路だより」２０１５年４月10日）。23年まで難関大学合格者数累計は京都大51人、東京大20人、神戸大82人。こうした実績は小学生の中学受験に影響を与える。19年に中学受験塾、浜

2015年入試

順位	高校	人
1	◎西大和学園	81
2	◎東大寺学園	70
3	◎甲陽学院	67
4	北野	61
5	◎洛南	60
6	◎洛星	56
7	◎大阪星光学院	54
8	天王寺	53
9	堀川	52
10	膳所	49
11	◎清風南海	47
12	◎大阪桐蔭	45
13	◎東海	42
14	大手前	38
15	◎灘	36
16	奈良	35
17	茨木	33
18	西京	29
19	金沢泉丘	27
	明和	27
	洛北	27
22	旭丘	25
	岡崎	25
	一宮	25
	三国丘	25
26	□大阪教育大学附属池田	23
	神戸	23
	姫路西	23
29	四日市	22
30	浜松北	20
	◎智辯学園和歌山	20
32	刈谷	19
	嵯峨野	19
	筑紫丘	19
35	◎高槻	18
	◎四天王寺	18
	◎六甲	18
38	◎滝	17
	加古川東	17
	◎帝塚山	17
41	西	16
	四條畷	16
	□広島大学附属福山	16
	熊本	16
45	◎麻布	15
	岐阜	15
	◎高田（三重）	15
	◎清風	15
	長田	15
	修猷館	15
51	◎明星（大阪）	14
	◎開明	14
	基町	14
54	□東京学芸大学附属	13
	◎白陵	13
	岡山朝日	13
57	◎渋谷教育学園幕張	12
	時習館	12
	津	12
60	仙台第二	11
	国立	11
	高岡	11
	◎広島学院	11
64	◎開成	10
	藤島	10
	◎南山	10
	□大阪教育大学附属天王寺	10
	◎愛光	10
	小倉	10
	明善	10
71	浦和	9
	◎早稲田	9
	静岡	9
	兵庫	9
	◎淳心学院	9
	佐賀西	9
	◎ラ・サール	9
78	千葉	8
	◎駒場東邦	8
	湘南	8
	◎聖光学院	8
	大垣北	8
	半田	8
	□京都教育大学附属	8
	◎金蘭千里	8
	◎須磨学園	8
	福岡	8
	鶴丸	8
89	◎武蔵	7
	彦根東	7
	守山	7
	◎奈良学園	7
	◎ノートルダム清心	7
	◎久留米大学附設	7

学園に通って神戸大学附属中教に進学した小学生女子は須磨学園、高槻にも合格した。学校選びをこう話している。「条件は決めていました。①高校へ受験せずに上がれること、②あまり遠くないこと、③自分が楽しい学校だと思えること、この３つです。そして私は、６年生に上がるころに、３つの条件に当てはまると思った神大附属を受験校に決定しました」（浜学園ウェブサイト）。浜学園では、18年に神戸女学院の、19年に甲陽学院の併願合格者が、それぞれ神戸大学附属中教を選んだケースがある。同校はブランド力を高めている。

◆一般入試・募集人員２８４６人／志願者８０４１人／合格者２９０７人／入学者２８９７人（女子664人、22・９％）、現役１８０４人（62・３％）

【２０１６年】

特色入試がスタートした。高校時代に取り組んだ実績、それに基づく学びの設計などで選考される。推薦入試といっていい。特色入試での教育学部合格者に障害をかかえた女子（福岡・京都《みやこ》）がいた。ＳＭＡ（Spinal Muscular Atrophy 脊髄性筋萎縮症）である。学びの設計の内容をこう綴っている。「書いたのは、私自身が健常なみなさんと同じように学校生活に参加するためにしてきた経験です。それらをいろんな切り口で考えたり、たくさんの人に意見をもらったり、なぜ大学に行きたいのかとか、そもそも自分の経験は何なのか、ということを２ヵ月考え続けました。すると、何のために何を学ぶのか、明確になったのです」（京都大学案内「知と自由への誘い２０１７」）。

農学部合格の男子（東京・日比谷）はこう回顧する。「京大生の行いは自由に満ちていて、特に受験当日に出現する折田先生像に衝撃を受けました。あんなに利益が出ないことに力を注げるのか、と目が覚めた心地がし、異常なまでに興味を示してしまった私は『楽しそうだったから』とこの上なく稚拙な動機で京大を受験することになりました」（『私の京大合格作戦２０１７年版』）。折田先生像とは、大学の前身の一つ、旧制第三高等学校の初代校長折田彦市を讃える銅像である。１９７０年代から入試時期になると落書き、いたずらがされるようになり、頭をかかえた大学は１９９７年銅像そのものを撤去した。その後の入試時期には、「折田先生像」と題したオブジェが登場するようになった。２０１６年は任天堂のゲームソフト「星のカービィ」シリーズの主人公キャラクター、カービィの像が出現した。

◆一般入試・募集人員２７６６人／志願者８０２９人／合格者２８２８人／入学者２８１７人（女子618人、21・９％）、現役１６５６人（58・８％）。◆特色入試・入学者81人（女子26人、32・１％）

2016年入試

順位	高校	人
1	◎洛南	69
2	◎東大寺学園	65
3	北野	62
4	堀川	61
5	◎洛星	59
6	◎大阪星光学院	58
7	天王寺	57
8	◎甲陽学院	54
9	◎西大和学園	49
10	膳所	48
11	◎灘	47
12	旭丘	35
13	◎東海	33
14	三国丘	31
15	神戸	30
16	大手前	29
17	西京	28
18	◎大阪桐蔭	27
19	◎四天王寺	26
	奈良	26
21	◎清風南海	24
22	□大阪教育大学附属池田	23
	茨木	23
24	岡崎	22
	明和	22
	◎六甲	22
27	岐阜	20
	長田	20
	◎広島学院	20
30	浜松北	19
	◎帝塚山	19
	熊本	19
33	◎女子学院	18
	◎高槻	18
	◎智辯学園和歌山	18
36	刈谷	17
	洛北	17
	□広島大学附属福山	17
39	□大阪教育大学附属天王寺	16
40	西	15
	金沢泉丘	15
	◎滝	15
	四條畷	15
	◎白陵	15
	◎須磨学園	15
	基町	15
47	千葉	14
	藤島	14
	静岡	14
	□京都教育大学附属	14
	◎明星（大阪）	14
52	浦和	13
	◎麻布	13
	津	13
	◎開明	13
	◎奈良学園	13
57	札幌南	12
	湘南	12
	一宮	12
	時習館	12
	嵯峨野	12
	高津	12
	□広島大学附属	12
64	◎開成	11
	◎武蔵	11
	◎清風	11
	東筑	11
	福岡	11
	筑紫丘	11
	鶴丸	11
71	仙台第二	10
	国立	10
	◎栄光学園	10
	彦根東	10
	加古川東	10
	兵庫	10
	◎淳心学院	10
	高松	10
	丸亀	10
	修猷館	10
	◎久留米大学附設	10
	◎ラ・サール	10
83	札幌北	9
	□東京学芸大学附属	9
	日比谷	9
	桐蔭	9
	岡山朝日	9
88	□筑波大学附属	8
	◎桐朋	8
	◎芝	8
	横浜翠嵐	8
	新潟	8
	□金沢大学附属	8
	菊里	8
	倉敷青陵	8
	◎愛光	8
97	◎聖光学院	7
	松本深志	7
	大垣北	7
	豊田西	7
	四日市	7
	◎高田（三重）	7
	◎東山	7
	姫路西	7
	姫路東	7
	岡山操山	7
	◎ノートルダム清心	7

②北野、文理学科で復活（２０１７〜２０２３年）

【２０１７年】

前年から一般入試の試験中に受験生が各自の時計を使用することが禁止された。通信機能や計算機能を備えた腕時計を利用したカンニングなど不正行為を防ぐためだ。腕時計、置時計、スマートウォッチなどの時計の使用を認めず、カバンにしまわせる。大学は受験生の時計使用を禁止するかわりに、120ほどある試験会場に約200個の電波時計を設置する。費用は約１０００万円かかった。

法学部合格の男子（京都・洛南）は志望動機がおもしろい。「ドラマ『ドラゴン桜』で、弁護士役の阿部寛が『社会のルールは賢いやつが作っているという』と言っているのを聞いて、法律に興味を覚えました」（「強者の戦略２０１７」研伸館）。少し前ならば『白い巨塔』、当時ならば『ドクターX』を見て医学部をめざす受験生もいる。ドラマはばかにならない。

法学部に合格した男子（愛知・海陽中教）は骨っぽい。「かの有名な滝川事件、受験生を煽るハイセンスな看板、自治を守るためなら当局との対立も辞さない吉田寮・熊野寮、コスプレ卒業式、レベルが高い大学にもかかわらず、柔軟で常識に囚われない発想を持って居る

2017年入試

順位	高校	人
1	◎洛南	68
2	膳所	66
	◎東大寺学園	66
4	北野	64
5	◎甲陽学院	51
6	◎洛星	46
7	堀川	45
8	天王寺	43
9	旭丘	40
	◎西大和学園	40
11	◎灘	39
12	◎東海	36
13	西京	34
	奈良	34
15	◎大阪星光学院	32
16	◎大阪桐蔭	29
	長田	29
18	◎清風南海	28
	神戸	28
	◎白陵	28
21	岐阜	26
	大手前	26
23	◎六甲	25
24	金沢泉丘	24
	◎高槻	24
26	岡崎	23
	茨木	23
28	修猷館	22
29	札幌南	21
	洛北	21
31	三国丘	20
32	藤島	19
33	浜松北	18
	◎四天王寺	18
	高松	18
36	一宮	17
	刈谷	17
	姫路西	17
39	浦和	16
	◎須磨学園	16
41	◎麻布	15
	明和	15
	四日市	15
	嵯峨野	15
	◎清風	15
	◎広島学院	15
47	西	14
	◎滝	14
	津	14
	岡山朝日	14
	□広島大学附属福山	14
	熊本	14
53	□東京学芸大学附属	13
	◎奈良学園	13
55	□大阪教育大学附属池田	12
	◎帝塚山	12
	基町	12
58	◎渋谷教育学園幕張	11
	◎駒場東邦	11
	◎南山	11
	◎高田（三重）	11
	四條畷	11
63	□筑波大学附属	10
	◎開成	10
	静岡	10
	時習館	10
	高津	10
	□広島大学附属	10
	筑紫丘	10
70	前橋	9
	◎豊島岡女子学園（東京）	9
	横浜翠嵐（神奈川）	9
	高岡	9
	長野	9
	◎開明	9
	□奈良女子大学附属	9
	畝傍	9
	桐蔭	9
	◎愛光	9
	福岡	9
81	日比谷	8
	◎浅野	8
	松本深志	8
	◎明星（大阪）	8
	加古川東	8
	東筑	8
87	札幌北	7
	札幌西	7
	大宮（埼玉）	7
	千葉	7
	東葛飾	7
	◎聖光学院	7
	大垣北	7
	清水東	7
	菊里	7
	彦根東	7
	桃山	7
	□大阪教育大学附属天王寺	7
	◎智辯学園和歌山	7
	◎近畿大学附属和歌山	7
	山口	7
	◎土佐	7
	明善	7
	◎久留米大学附設	7

人が集まっていると思いました」（『私の京大合格作戦２０１８年版』）。志望動機として大学の歴史、文化をあげる人は少なくないが、滝川事件までさかのぼるのはめずらしい。

◆一般入試・募集人員２６８７人／志願者７８７５人／合格者２７４３人／入学者２７３７人（女子575人、21・０％）、現役１６４７人（60・28％）。◆特色入試・入学者120人（女子71人、58・７％）

【２０１８年】

北野が34年ぶりにトップに立った。グローバル・リーダーズ・ハイスクール１期生以降、２０１４年71人↓15年61人↓16年62人↓17年64人↓18年84人と堅調である。

広島学院から10人合格した。前年比で５人減。１９６０年代から20人プラスマイナス５～10人を推移しており、京都大にとっては安定した「供給源」となっている。広島学院広報部長がこんな話をしている。「合格実績を上げようという発想はいっさいない。そんなことを目的にしたら『教育』ではなくなってしまう。カトリックの人間観・世界観に基づいて、奉仕の精神で社会や人類に貢献し、それを喜びとする人間『仕えるリーダー』の育成が本校の建学の精神だ」（「週刊東洋経済」２０１８年８月11―18日号）。新興校が進学実績を上げる

2018年入試

順位	高校	人
1	北野	84
2	◎洛南	76
3	天王寺	63
4	膳所	61
5	◎東大寺学園	57
	◎西大和学園	57
7	◎大阪桐蔭	51
8	堀川	46
9	◎甲陽学院	43
10	◎洛星	42
	◎灘	42
12	◎大阪星光学院	41
13	◎東海	38
14	旭丘	37
	奈良	37
16	西京	30
	◎清風南海	30
	姫路西	30
19	明和	27
20	金沢泉丘	26
21	嵯峨野	25
	大手前	25
	三国丘	25
	神戸	25
	長田	25
26	◎智辯学園和歌山	21
27	岐阜	20
	浜松北	20
	岡崎	20
	加古川東	20
31	◎帝塚山	19
32	一宮	18
33	◎高槻	17
	◎六甲学院	17
	◎須磨学園	17
36	◎麻布	16
	◎四天王寺	16
	◎白陵	16
	□広島大学附属福山	16
40	時習館	15
	刈谷	15
	洛北	15
	□大阪教育大学附属池田	15
	修猷館	15
45	浦和	14
	国立	14
	四日市	14
	◎清風	14
	筑紫丘	14
50	◎渋谷教育学園幕張	13
	横浜翠嵐	13
	藤島	13
	高松	13
	◎久留米大学附設	13
	熊本	13
56	土浦第一	11
	西	11
	◎駒場東邦	11
	◎海城	11
	◎女子学院	11
	津	11
	彦根東	11
63	仙台第二	10
	◎開成	10
	◎武蔵	10
	静岡	10
	茨木	10
	四條畷	10
	◎奈良学園	10
	岡山朝日	10
	◎広島学院	10
	大分上野丘	10
	◎ラ・サール	10
74	札幌南	9
	新潟	9
	高岡	9
	◎滝	9
	小野	9
	基町	9
	◎修道	9
81	千葉	8
	豊田西	8
	◎南山	8
	畝傍	8
	□広島大学附属	8
	丸亀	8
	◎土佐	8
88	札幌西	7
	船橋	7
	□東京学芸大学附属	7
	大垣北	7
	沼津東	7
	□京都教育大学附属	7
	□大阪教育大学附属天王寺	7
	高津	7
	◎明星（大阪）	7
	◎開明	7
	兵庫	7
	宝塚北	7
	岡山操山	7

六甲→六甲学院

ために年間授業時間増加や朝夕の補習実施、予備校サテライト授業導入をすすめるなか、伝統校の余裕なのだろう。

　理学部に合格した男子（京都・西京）は、高校時代にまわりの京大愛に乗せられて大学に足を運ぶと、自身もすっかり魅了されてしまう。こうふり返る。「私は学校の方針で京大を猛烈に勧められていて、３年の秋まで『目標は高いほうがいい』くらいの気持ちで京大志望でしたが、模試でキャンパスに行ったとき、おもしろい張り紙を見て『いろいろな人がいろいろな行動を起こしていて、エネルギーに満ちあふれている。この中でなら人として成長できそうだ』と京大にはっきり決めました」（『私の京大合格作戦２０１９年版』）。

◆一般入試・募集人員２６７８人／志願者７８６１人／合格者２７３３人／入学者２７２２人（女子584人、21・５％）、現役１６４１人（60・３％）。◆特色入試・入学者127人（女子63人、49・６％）

【２０１９年】

　特色入試で工学部合格の女子（大阪・北野）は、「学びの設計書」で高校での研究成果をまとめたと話す。「京都市動物園で霊長類の観察実習を行い、観察・記録データをまとめて

2019年入試

順位	高校	人
1	北野	72
2	◎東大寺学園	68
3	◎洛南	64
4	堀川	51
5	膳所	50
	◎大阪星光学院	50
7	◎甲陽学院	49
8	旭丘	48
	◎洛星	48
	◎灘	48
11	天王寺	47
12	◎東海	40
13	◎西大和学園	34
14	◎大阪桐蔭	33
15	浜松北	32
16	奈良	31
17	長田	27
18	西京	25
	三国丘	25
20	◎須磨学園	24
21	岐阜	23
	神戸	23
	◎白陵	23
24	四日市	22
25	岡崎	21
	嵯峨野	21
27	藤島	20
	一宮	20
	◎清風南海	20
	◎開明	20
31	国立	19
	□大阪教育大学附属池田	19
	大手前	19
	加古川東	19
35	浦和	18
	姫路西	18
	◎六甲学院	18
	修猷館	18
	筑紫丘	18
40	金沢泉丘	17
	◎帝塚山	17
	熊本	17
43	西	16
	茨木	16
	◎明星（大阪）	16
46	◎海城	15
	高松	15
48	静岡	14
	時習館	14
	明和	14
	□広島大学附属	14
	◎広島学院	14
53	前橋	13
	◎麻布	13
	刈谷	13
56	□大阪教育大学附属天王寺	12
	高津	12
	□広島大学附属福山	12
59	札幌南	11
	土浦第一	11
	湘南	11
	大垣北	11
	彦根東	11
	洛北	11
	◎高槻	11
	◎関西大倉	11
	岡山朝日	11
	丸亀	11
	◎久留米大学附設	11
70	仙台第二	10
	千葉	10
	◎渋谷教育学園幕張	10
	◎桐朋	10
	向陽（愛知）	10
	◎滝	10
	◎南山	10
	四條畷	10
	◎清風	10
	市立西宮（兵庫）	10
	□奈良女子大学附属中教	10
	福岡	10
	明善	10
83	小石川中教	9
	◎開成	9
	◎渋谷教育学園渋谷（東京）	9
	◎高田（三重）	9
	兵庫	9
	東筑	9
89	札幌北	8
	宇都宮	8
	船橋	8
	◎武蔵	8
	◎聖光学院	8
	◎浅野	8
	松本深志	8
	守山	8
	豊中	8
	◎奈良学園	8
	倉敷青陵	8
	岡山操山	8
	基町	8
	広島	8

小石川→小石川中教

論文を作成したのですが、その研究成果を日本霊長類学会の第62回プリマーテス研究会で発表した経験があります。地球工学科とは一見関係のない研究ですが、この活動を通じて動物園の空間設計の工夫について感じたことや研究においてデータを正確にまとめる困難さなどを学ぶことができた点をアピールしました」（京都大学案内「知と自由への誘い２０２１」）。北野が京都大に強くなったのは、こうした生徒が集まり、学校が文理学科において適切な指導をしているからだろう。中学入試で私立を受けず公立中学を経由して北野をめざす生徒が増えたという。

法学部合格の女子（兵庫・神戸女学院）がこう話す。「中3の時に当時官僚になりたかったため志望しました」（「強者の戦略２０１９」研伸館）。中学生で「官僚」という存在に興味を持ち志望する。学校教育、家庭環境が影響を与えたのか。読書あるいは社会と向き合ってきたことによるものか。興味は尽きない。市立京都工学院から初の合格者。２０１６年、同校は洛陽工業と伏見工業が再編統合されて誕生した。同校の前身、洛陽工業が１９７３年に合格者を出してから、じつに46年ぶりだった。さらにさかのぼると、１９６３年までの洛陽が前身となっている。同校は京都大に多くの学生を送り出した。

◆一般入試・募集人員２６６９人／志願者７４２６人／合格者２７２２人／入学者２７１４

人（女子541人、19・9％）、現役１６３６人（60・3％）。◆特色入試・入学者138人（女子66人、47・8％）

【２０２０年】

京都大では高校生のための体験型科学講座「ＥＬＣＡＳ（エルキャス）」が行われている。主体的に学問を究めようとする高校生の育成を目的としたものであり、優秀な人材をリクルートする場にもなっている。工学部に合格した男子（京都・洛南）はこう話す。「ＥＬＣＡＳでは物理工学科のプログラムに参加し物理工学科の研究室を紹介してもらう中、また高校物理を勉強していく中で物理工学に興味を持ったので物理工学科を受験することにしました」（「強者の戦略２０２０」研伸館）。

総合人間学部合格の男子（富山・片山学園）は学校から東京大を強くすすめられ、それがいやでしんどくなっていく。「いろいろな先生や、親戚に『東大に行きなさい』と言われた。人に言われたことをするのが自分はとても嫌いで、東大に行くことはある意味、学校や周りの思惑通りになってしまうのではないかと思い（他人が決めたレールの上を走る感じ）、東大以外で、レベルが高い大学はどこか？　と考えたときに京大がいいんじゃないかと思った

2020年入試

順位	高校	人
1	北野	100
2	天王寺	77
3	膳所	60
	◎東大寺学園	60
5	奈良	53
6	◎洛南	52
	◎西大和学園	52
8	◎甲陽学院	50
9	◎灘	49
10	堀川	48
11	◎洛星	46
12	◎東海	43
13	旭丘	38
14	神戸	34
15	◎大阪桐蔭	33
16	◎大阪星光学院	30
17	明和	29
18	西京	28
	◎清風南海	28
20	◎須磨学園	26
21	嵯峨野	25
	茨木	25
	◎白陵	25
24	長田	24
25	藤島	23
26	西	22
	洛北	22
28	岡崎	21
	◎六甲学院	21
30	浜松北	20
	加古川東	20
32	岐阜	19
	大手前	19
	◎高槻	19
	姫路西	19
	高松	19
37	金沢泉丘	18
38	◎滝	17
	◎帝塚山	17
40	国立	16
	一宮	16
	◎清風	16
43	四日市	15
	三国丘	15
45	湘南	14
	◎四天王寺	14
	◎開明	14
	◎奈良学園	14
	◎久留米大学附設	14
50	札幌南	13
	◎渋谷教育学園幕張	13
	◎開成	13
	長野	13
	刈谷	13
	□大阪教育大学附属池田	13
	福岡	13
57	◎麻布	12
	兵庫	12
	岡山朝日	12
	丸亀	12
61	◎駒場東邦	11
	横浜翠嵐	11
	時習館	11
	◎南山	11
	基町	11
	修猷館	11
	筑紫丘	11
68	高津	10
	小倉	10
	明善	10
71	札幌北	9
	千葉	9
	□東京学芸大学附属	9
	◎海城	9
	◎城北（東京）	9
	◎聖光学院	9
	富山中部	9
	向陽（愛知）	9
	□広島大学附属	9
	◎修道	9
	◎土佐	9
	鶴丸	9
83	土浦第一	8
	戸山	8
	静岡	8
	◎高田（三重）	8
	◎立命館	8
	四條畷	8
	尼崎稲園（兵庫）	8
	市立西宮	8
	◎智辯学園和歌山	8
	◎近畿大学附属和歌山	8
	出雲	8
	◎広島学院	8
	熊本	8
	宮崎西	8
97	仙台第二	7
	宇都宮	7
	浦和	7
	青山	7
	◎芝	7
	◎渋谷教育学園渋谷	7
	◎海陽中教（愛知）	7
	津	7
	彦根東	7
	□京都教育大学附属	7
	福知山	7
	宝塚北	7
	松山東	7

（もちろんそれだけが京大志望の理由ではない）（富山では先生たちは東大、医学部にしか興味がなく、京大は全く人気がない）」（『私の京大合格作戦２０２１年版』）。

◆一般入試・募集人員２６７８人／志願者７３４７人／合格者２７２５人／入学者２７１９人（女子578人、21・3％）、現役１７１０人（62・9％）。◆特色入試・入学者129人（女子53人、41・0％）

【２０２１年】

　２０２０年の新型コロナウイルス感染拡大で、多くの学校はオンライン授業に切りかわった。この時の高校3年生、予備校生が京都大受験に挑んだ。医学部人間健康科学科に合格した男子（千葉・千葉）がこう話す。「新型コロナウイルスの蔓延で一斉休校がありました。ちょうど学校の授業が始まる前だったので、高校三年生は受験勉強できちんと予習する時間がなさそうという憶測から、学校から送られてきた教科書やテキストを用いて高校三年生一年間分の予習をする時間に充てました」（『私の京大合格作戦２０２２年版』）。

　２０２０年代、コロナ禍は高校生活に深刻な影響を与えた。とくに20年の高校入学者は最初から全面オンラインで、教室で教員や同級生と直に触れあうことはできなかった。コロナ禍初期に1年生だった男子（熊本・熊本）は大学受験の指針を求めて東進衛星予備校に学んだ。当時の不安をふり返る。「僕が高校に入学した時はちょうど新型コロナウイルスが蔓延し始めた頃で、高校の授業開始が1ヶ月以上延期になり、勉強のことで不安を抱えていたのを覚えています。そんな時に東進の存在は非常にありがたいものでした」（東進ハイスクールウェブサイト）。彼は23年工学部に合格した。

　東進ハイスクールは１９９０年代から難関大学進学実績を高々とうたいあげている。同校講師、林修氏の広告「いつやるか？ 今でしょ！」が流行したのが２０１３年。東進ネットワーク（東進ハイスクール、東進衛星予備校。のちに早稲田塾が加わる）は、高校3年生在籍者の京都大現役合格者数を次のように記している。２０１４年246人→15年298人→16年309人→17年370人→18年372人→19年373人→20年451人→21年461人→22年468人→23年472人（『高校の実力』毎日新聞出版。各年版の広告から）。

◆一般入試・募集人員２６６０人／志願者７０４５人／合格者２７２５人／入学者２７１５人（女子568人、20・9％）、現役１７５６人（64・7％）。◆特色入試・入学者139人（女子67人、48・2％）

2021年入試

順位	高校	人
1	北野	95
2	◎洛南	70
	◎東大寺学園	70
4	◎西大和学園	63
5	◎甲陽学院	57
6	天王寺	54
7	膳所	47
8	◎洛星	46
9	◎大阪星光学院	43
	◎大阪桐蔭	43
11	堀川	41
12	旭丘	39
	西京	39
14	奈良	38
15	◎灘	34
16	◎東海	31
17	茨木	29
18	神戸	27
19	金沢泉丘	26
	岡崎	26
21	明和	25
	◎須磨学園	25
23	◎白陵	24
24	札幌南	23
	岐阜	23
	◎清風南海	23
	長田	23
28	洛北	22
	大手前	22
30	西	21
	三国丘	21
32	嵯峨野	20
	◎六甲学院	20
	熊本	20
35	◎開明	19
36	一宮	18
	修猷館	18
38	◎高槻	17
	姫路西	17
	加古川東	17
	◎帝塚山	17
	高松	17
43	四日市	16
44	◎海城	15
	□大阪教育大学附属天王寺	15
	◎智辯学園和歌山	15
	◎ラ・サール	15
48	◎武蔵	14
	藤島	14
	時習館	14
	刈谷	14
	◎四天王寺	14
	基町	14
54	新潟	13
	浜松北	13
	高津	13
57	彦根東	12
	鶴丸	12
59	仙台第二	11
	守山	11
	□大阪教育大学附属池田	11
	◎清風	11
	市立西宮	11
64	浦和	10
	国立	10
	日比谷	10
	◎麻布	10
	◎開成	10
	◎滝	10
	四條畷	10
	豊中	10
	◎明星（大阪）	10
	◎桃山学院（大阪）	10
	□神戸大学附属中教（兵庫）	10
	□広島大学附属福山	10
	◎広島学院	10
	松山東	10
78	宇都宮	9
	船橋	9
	◎渋谷教育学園幕張	9
	福岡	9
82	□筑波大学附属	8
	静岡	8
	半田	8
	□奈良女子大学附属中教	8
	岡山朝日	8
	□広島大学附属	8
	東筑	8
	筑紫丘	8
	大分上野丘	8
91	前橋	7
	東葛飾	7
	□東京学芸大学附属	7
	◎豊島岡女子学園	7
	◎渋谷教育学園渋谷	7
	湘南	7
	横浜翠嵐	7
	◎浅野	7
	富山中部	7
	□金沢大学附属	7
	佐賀西	7
	宮崎西	7

【2022年】

上位10校のうち半分が公立である。2010年代後半からよく見られるようになった。文理学科、探究科、中高一貫コースの成果が示された形だ。大阪のグローバル・リーダーズ・ハイスクール10校の国公立合計は222人で低調だが、北野は単体で91人。2020年の100人に続き、高い水準を保つ。関西以外で2021年→22年をみると札幌北4人→11人、浦和10人→21人、浜松北13人→23人、四日市16人→29人。

総合人間学部合格の女子（宮崎・宮崎西）は母校を自慢する。「個性豊かな人が集まっているので、面白い友達がたくさんできます。自分が好きなことも堂々と話すことができ、自分を素直に表現できることがきっとプラスになります」（「宮崎西高校学校案内2023」）。

文学部に合格した男子（福岡・久留米大学附設）の話からは出身校のプライドがうかがえる。「現役の時は別の大学を受験して不合格になってしまい、浪人当初も同じ大学を目指すつもりでした。しかし、同級生が現役で京大に進学するのを見たことで、自分も同じ環境で学んでいたはずなのにと思うと悔しくなり、京大を目指すことに決めました」（Y－SAPIXウェブサイト）。

◆一般入試・募集人員2677人／志願者7210人／合格者2743人／入学者2731

2022年入試

順位	高校	人
1	北野	91
2	◎洛南	76
	◎東大寺学園	76
4	天王寺	54
5	◎清風南海	53
	◎甲陽学院	53
7	◎灘	48
8	堀川	44
9	膳所	41
10	旭丘	40
	◎西大和学園	40
12	◎洛星	39
13	◎東海	36
14	奈良	31
15	岡崎	29
	四日市	29
17	西京	28
	◎大阪桐蔭	28
19	◎大阪星光学院	27
20	神戸	25
21	◎高槻	24
22	西	23
	浜松北	23
	茨木	23
25	◎開成	22
	岐阜	22
27	浦和	21
	嵯峨野	21
29	一宮	20
	修猷館	20
31	藤島	19
	明和	19
	刈谷	19
	三国丘	19
	長田	19
36	金沢泉丘	18
	◎開明	18
38	◎清風	17
	◎須磨学園	17
	□広島大学附属	17
	◎久留米大学附設	17
42	◎麻布	16
	◎白陵	16
	高松	16
45	国立	15
	◎帝塚山	15
47	札幌南	14
	静岡	14
	◎四天王寺	14
	姫路西	14
	◎六甲学院	14
52	船橋	13
	日比谷	13
	□大阪教育大学附属天王寺	13
	□神戸大学附属中教	13
	加古川東	13
	岡山朝日	13
	◎修道	13
59	◎滝	12
	洛北	12
	◎明星（大阪）	12
62	札幌北	11
	◎女子学院	11
	◎高田（三重）	11
	守山（滋賀）	11
	大手前	11
	◎広島学院	11
	松山東	11
69	□東京学芸大学附属	10
	□筑波大学附属	10
	大垣北	10
	◎南山	10
	□大阪教育大学附属池田	10
	◎関西大倉	10
	丸亀	10
	熊本	10
77	◎栄光学園	9
	富山中部	9
	時習館	9
	津	9
	桃山	9
	◎智辯学園和歌山	9
	□広島大学附属福山	9
84	仙台第二	8
	前橋	8
	◎海城	8
	彦根東	8
	岡山操山	8
	基町	8
	明善	8
	済々黌	8
	◎ラ・サール	8
93	千葉	7
	◎市川	7
	◎渋谷教育学園幕張	7
	戸山	7
	◎渋谷教育学園渋谷	7
	湘南	7
	高岡	7
	松本深志	7
	◎京都女子	7
	高津	7
	兵庫	7
	市立西宮	7
	□奈良女子大学附属中教	7
	畝傍	7
	城ノ内（徳島）	7
	小倉	7
	鶴丸	7

人（女子563人、20・６％）、現役１８３５人（67・２％）。◆特色入試・入学者117人（女子人62人、53・０％）

【２０２３年】

一般入試・入学者の現役率が68・２％となった。京都大史上もっとも高い数字となっている。現役志向の強さ、中高一貫校の指導強化、現役向け予備校（鉄緑会や東進ハイスクールなど）依存度の高さなどが要因にあげられる。特色入試を加えればさらに高くなる。

北野が２０１８年から６年連続トップを続けている。受験指導には絶対的な自信があるようだ。「全員対象に共通テストの出願指導などを行います。しかし、本校の特徴は良質な校内模試にあります。本校の教員が時間をかけて練り上げた問題を解くことで、学習の到達度を知り、切磋琢磨しながら目標に向かっていきます」（「北野高校案内２０２４年版」）。

高校の授業中心で京都大に挑んだ受験生は全国を見渡すとまだまだいる。文学部合格の男子（栃木・宇都宮）は予備校に通わず、学校の授業、自習だけだった。「宇《う》高《たか》には『東大を目指して当然だろ?』みたいな東大至上主義の風潮があって、僕は『凝り固まった価値観ではなく、関西で暮らしたい』と反抗したところがありました。日本文学を勉強していて、京

2023年入試

順位	高校	人
1	北野	81
2	◎洛南	76
3	◎東大寺学園	64
4	堀川	59
5	◎大阪星光学院	56
6	天王寺	47
	◎甲陽学院	47
8	膳所	46
9	◎灘	45
10	西京	42
11	旭丘	39
	◎洛星	39
	◎西大和学園	39
14	岡崎	34
	明和	34
16	◎清風南海	29
	神戸	29
18	金沢泉丘	27
	洛北	27
	◎高槻	27
	長田	27
22	茨木	26
23	◎東海	25
	◎大阪桐蔭	25
	姫路西	25
26	◎六甲学院	23
27	一宮	22
	嵯峨野	22
	三国丘	22
30	◎須磨学園	21
	奈良	21
	修猷館	21
33	札幌南	20
34	□大阪教育大学附属池田	19
	加古川東	19
36	西	18
	浜松北	18
38	国立	17
	岐阜	17
	岡山朝日	17
41	□大阪教育大学附属天王寺	16
	◎開明	16
	◎白陵	16
	◎帝塚山	16
	□広島大学附属福山	16
46	藤島	15
	◎智辯学園和歌山	15
48	◎麻布	14
	横浜翠嵐	14
	新潟	14
	四日市	14
	大手前	14
	熊本	14
54	◎豊島岡女子学園	13
55	◎渋谷教育学園幕張	12
	静岡	12
	◎滝	12
	彦根東	12
	基町	12
	高松	12
61	□東京学芸大学附属	11
	◎駒場東邦	11
	刈谷	11
	◎清風	11
	筑紫丘	11
	◎久留米大学附設	11
67	◎開成	10
	◎武蔵	10
	高津	10
	生野（大阪）	10
	兵庫	10
	◎奈良学園	10
	◎奈良学園登美ヶ丘	10
	□広島大学附属	10
	丸亀	10
76	浦和	9
	千葉	9
	豊田西	9
	豊中	9
	桐蔭	9
	福岡	9
	鶴丸	9
83	◎早稲田	8
	湘南	8
	時習館	8
	四條畷	8
	市立西宮	8
	岡山操山	8
	倉敷青陵	8
	◎土佐	8
	大分上野丘	8

都に対する憧れもありましたし。（略）公立の中高を出て、塾にも行ってないので、誰よりもコスパよく京大に合格したと思います」（ニュースサイト「Sportsnavi」23年9月23日）。

西京が合格者42人を出し、初めてトップ10位以内に入った。校長がこう話している。「自分がやりたいことがあれば、どの大学でもいい。入試判定に合わせて志望校を決めることほどくだらないことはない。『京都大学が難しそうだから大阪大学に』と弱気になって目標を下げると、大阪大学も通らない。目標を低く設定すれば、人間はそれに合わせてしまうからだ。判定を気にして、本当は違うのに『行きたい』という言葉に変えていないか。『行ける大学』ではなく『行きたい大学』はどこか。そういう生徒の本当の気持ちを聞くのが、教員の仕事だ」（京都新聞23年6月30日）。18年の西京からの合格者は「学校の方針で京大を猛烈に勧められて」とふり返っている（190ページ）。同校生徒は学校側の指導方針をかなり違った形で受け止めており、なかなかおもしろい。２０１０年から23年まで、京都の公立上位3校が市立堀川、西京、府立嵯峨野の3校で占められたのは9回を数える。

　教育学部合格の男子（京都・洛南）は駿台予備学校京都南校の高校生クラスに通っていた。「駿台京都南校は、自習室の環境が整っていて、居心地良く自習ができました。あまり集中力のない私でも、開放自習室やフロンティアホール、専用自習室など、場所替えをすることで、飽きずに学習に取り組むことができました」（駿台予備学校ウェブサイト）。

１９４９年から京都大合格高校の歴史を四分の三世紀見てきた。１９５０年代は洛北、鴨沂など京都の伝統的公立、60年代には洛星、灘など私立中高一貫校、70年代になると北野、大手前、天王寺など大阪の公立、80年代に入ると甲陽学院、東大寺学園そして90年代からは洛南が長い間トップにあった。２０１０年代後半に北野が復活する。京都大合格高校の盛衰（ランキング順位などの位置付け）について、学校の歴史と伝統、学校群や学区制など高校入試制度、受験特化型の教育方針、中高一貫校化、特進コース創設、行政による進学重点校指定、探究科や文理学科など専門学科設置、共学化、鉄緑会など塾依存度の高さなどによって、そのポジションが大きく変化した。２０２０年代、少子化がさらに進む中、これらの長所が折衷された学校が上位に来ている。灘、洛星、甲陽学院が共学化というドラスティックな変化を起こせば、ランキングはさらに大きく変わるだろう。あり得ないことではない。

◆一般入試・募集人員２６６０人／志願者７４１７人／合格者２７０９人／入学者２７０１人（女子601人、22・3％）、現役１８４３人（68・2％）。◆特色入試・入学者135人（女子人67人、49・6％）

5章

京都大合格校の歴史V
——大正、昭和初期

１９４９年、新制大学として京都大が生まれるにあたって、旧制の教育機関、京都大（京都帝国大から改称）、京都大附属医学専門部、第三高等学校（三高）が包括されている。包括とは１つの学校にとりまとめられることだ。三高は現在の新制高校とは異なる。旧制中学（5年制、13～17歳）などの卒業生が、旧制高校へストレートで入学すれば、三高1年生は18歳となる。いまの高校3年生の年齢だが、大学生とあまり変わらない。したがって、旧制高校は新制の高校より大学に近い。

そこで三高に入学（在学）する生徒の出身中学を大正、昭和初期の数年分について集計してみた。いまの京都大の前身となる三高入学者には、学制改革でいまの高校に継承（転換）された旧制中学ではどこの出身がもっとも多いのか。それは戦後に引き継がれているのかを調べたかったからである。

地元の京都府立京都第一中学（洛北：以下では継承校となる新制高校名をカッコ内に表記）が、どの年もトップの座にある。明治、大正、昭和初期の時代にあって、京都では京都一中から三高を経て京都帝国大学に進むことが、京都におけるエリートコースとして確立されていたことを示している。

京都一中は１８７０（明治３）年に京都府中学として誕生している。京都でいちばん最初

旧制三高入学者の出身旧制中学（1914-1918年累計）

順位	旧制中学校（現在の新制高校）	人
1	京都第一（洛北）	116
2	第一神戸（神戸）	69
3	京都第二（――）	65
4	北野（北野）	54
5	天王寺（天王寺）	50
6	膳所（膳所）	38
7	今宮（今宮）	30
8	市岡（市岡）	29
9	徳島（城南・徳島）	27
10	京都第五（山城）	24
	第二神戸（兵庫）	24
12	広島第一（広島国泰寺）	23
13	□東京高等師範学校附属（筑波大学附属）	21
	府立第四（戸山）	21
	三重第一（津）	21
16	姫路（姫路西）	20
17	和歌山（桐蔭）	19
	□広島高等師範学校附属（広島大学附属）	19
19	福井（藤島）	18
	堺（三国丘）	18
	鳥取第一（鳥取西）	18
22	◎同志社（同志社）	17
23	◎開成（開成）	16
	岐阜（岐阜）	16
	桃山（桃山）	16
	立命館（立命館）	16
27	山口（山口）	14
	高知第一（高知追手前）	14
29	三重第三（上野）	13
	高松（高松）	13
31	◎早稲田（早稲田）	12
	京都第三（福知山）	12
	平安（平安）	12
	茨木（茨木）	12
	畝傍（畝傍）	12
	岩国（岩国）	12
37	府立第一（日比谷）	11
	京都第四（宮津）	11
39	◎麻布（麻布）	10
	松本（松本深志）	10
	伊丹（伊丹）	10
42	宇和島（宇和島東）	9
	修猷館（修猷館）	9
	杵築（杵築）	9
45	松江（松江北）	8
46	浜松（浜松北）	7
	柏原（柏原）	7
	松山（松山東）	7
	小倉（小倉）	7
50	弘前（弘前）	6
	宇都宮（宇都宮）	6
	小田原（小田原）	6
	長野（長野）	6
	愛知第一（旭丘）	6
	◎東山（東山）	6
	豊浦（豊浦）	6
	周陽（防府）	6
58	函館（函館中部）	5
	◎慶應義塾（慶應義塾）	5
	武生（武生）	5
	粉河（粉河）	5
	津山（津山）	5
	徳山（徳山）	5
	高知第二（高知小津）	5

に作られた旧制中学で、上級学校（旧制高校、大学予科、高等商業学校、高等工業学校、高等師範学校、陸軍士官学校、海軍兵学校など）への進学を一手に引き受けていた。それゆえ、立身出世を夢見る成績優秀な小学生男子にとっては憧れの存在となった。

京都府内の他の中学はどうだったのか。１９００（明治33）年、人口増と中学校入学熱に対応するために京都二中（洛南、鳥羽）が作られる。その後、京都三中（福知山）、京都四中（宮津）、京都五中（山城）、舞鶴（西舞鶴）、園部（園部）、桃山（桃山）が作られた。このように明治後半から大正にかけて続々と中学校が誕生したが、京都一中のブランド力は揺るがない。三高への入学者数は常にトップだった。

１９１８（大正７）年、府は入試改革を行い京都一中、二中、三中を同じ試験内容、同じ試験日に統一する合同選抜方式に切り換えた。受験生は志望校を申請して、各校は成績が良い者を合格者とする。その結果、上位成績者が京都一中に集まってしまい、合格最低点は京都一中380点、二中320点、三中318点となり、学校間格差ができてしまう。洛北高校の学校史がこんなエピソードを紹介している。「一中以外の府立中学は、自分のところを第二志望とし、いわば『仕方なしに』やってきた生徒たちを入れることになり、そうした生徒は挫折感から投げやりになり、熱心に勉強しないばかりか母校愛も育たない。そんな生徒を教える教師も

旧制三高入学者の出身旧制中学 ①

中学	人
1914年	
京都第一	25
京都第二	18
第一神戸	18
膳所	9
北野	8
天王寺	7
同志社	5
今宮	5
茨木	5
姫路	5
第二神戸	5
徳島	5
三重第一	4
京都第三	4
堺	4
和歌山	4
広島高等師範学校附属	4
山口	4
高知第一	4
東京高等師範学校附属	3
麻布	3
早稲田	3
福井	3
岐阜	3
三重第三	3
桃山	3
市岡	3
八尾	3
高知第二	3
1915年	
京都第一	35
京都第二	13
北野	12
天王寺	11
第一神戸	11
府立第四	9
今宮	9
京都第五	7
姫路	7
鳥取第一	7
広島第一	7
膳所	6
三重第一	5
市岡	5
徳島	5
東京高等師範学校附属	4
武生	4
松本	4
三重第三	4
同志社	4
第二神戸	4
畝傍	4
和歌山	4
福井	3
三重第四	3
京都第四	3
平安	3
柏原	3
山口	3
宇和島	3
小倉	3
修猷館	3
1916年	
京都第一	23
北野	15
第一神戸	12
京都第二	11
天王寺	11
広島第一	11
市岡	10
桃山	9
今宮	8
鳥取第一	8
高松	7
三重第一	6
堺	6
府立第四	5
膳所	5
京都第五	5
和歌山	5
山口	5
徳島	5
高知第一	5
東京高等師範学校附属	4
岐阜	4
立命館	4
伊丹	4
第二神戸	4
松山	4
府立第一	3
小田原	3
京都第三	3
姫路	3
松江	3
広島高等師範学校附属	3
豊浦	3
修猷館	3
杵築	3

おもしろくない、という事情も生まれてきた。例えばある年、作文の試験に『志望』という課題を与えたところ、受験生たちはみな一中に入りたさに、一中のことばかりほめたてているのでほかの学校の採点委員の教師たちは、全くいや気がさしたという話である」（『京一中洛北高校百年史』１９７２年）

京都一中はこうした状況に対応するため、入学定員を130人から180人に拡大した。一方で京都二中、京都三中は定員を削減している。この合同選抜方式は京都一中以外から不評を買い、１９２２年に志望校の単独選抜方式に戻った。しかしその後も、成績優秀者が京都一中に集まる傾向は強く、その結果として京都一中の三高入学者数は他校を圧倒していた。

他府県を見てみよう。第一神戸中（神戸）について学校史をひもとくにこんな記述にぶつかる。「34回卒業生有志の手記『丘の学校』に『全国中等学校サッカー大会での優勝』と『進学日本一』の二冠を達成したとあり、『池田校長の所謂《いわゆる》「文武両道」は達成された』ともある。一高・三高の合格者38名というのも、前年度卒業生・四修生を含めてだが、大正後期から昭和初期にかけて最高の数字であった」（『神戸高校百年史』１９９７年）。

北野中（北野）も三高入学者が多かった。１９２２年９人、25年４人、30年15人、32年10人となっている。35年は三高17人のほか、一高（東京大）１人、四高（金沢大）４人、大阪高校22人となっている。学校史が伝える。「本年度の本校出身者の上級学校合格者数は、官公立百八十四、私立八十、合わせて二百六十四名にのぼり、五月の調査では官公立入学者において全国中学校第一位を占めた」（『北野百年史』1973年）。この年、全国の中学から高校と大学予科への入学者数ランキングが北野の学内誌に掲載されていた。次のとおり。①

旧制三高入学者の出身旧制中学②

中学	人	中学	人
1917年		1918年	
京都第一	18	京都第一	15
京都第二	16	北野	13
第一神戸	16	天王寺	12
京都第五	10	第一神戸	12
開成	9	膳所	10
天王寺	9	広島高等師範学校	
徳島	9	附属	8
福井	8	京都第二	7
膳所	8	同志社	5
東京高等師範学校		今宮	5
附属	7	姫路	5
市岡	7	市岡	4
第二神戸	7	第二神戸	4
早稲田	6	畝傍	4
立命館	6	高知第一	4
北野	6	東京高等師範学校	
岩国	6	附属	3
府立第四	4	府立第四	3
岐阜	4	開成	3
三重第一	4	早稲田	3
堺	4	岐阜	3
浜松	3	浜松	3
弘前	3	彦根	3
府立第一	3	立命館	3
三重第三	3	京都第三	3
平安	3	京都第四	3
今宮	3	平安	3
伊丹	3	和歌山	3
和歌山	3	周陽	3
高松	3	徳島	3

北野中104人、②府立一中（日比谷）100人、③府立四中（戸山）90人、④京都一中（洛北）89人、⑤第一神戸中（神戸）86人、⑥府立五中（新宿）69人、⑦愛知一中（旭丘）69人、⑧広島一中（広島国泰寺《こくたいじ》）45人（「六稜」81号　1935年）。

第一神戸中、北野中のように「進学率日本一」「第一位」をうたう中学は他にもある。第一岡山中（岡山朝日）では、1922年学内誌において、「大正十一年高等学校入学者数及入学率」が掲載された。それによれば、旧制高校入学者数は1位東京一中（日比谷）91人、続いて東京四中（戸山）、第一神戸中、京都一中が並び、そのあと岡山一中68人、開成

順位	旧制中学校（現在の新制高校）	人
	◎土佐（土佐）	3
	修猷館（修猷館）	3
	門司（門司）	3
	鹿児島第二（甲南・鹿児島）	3
	出水（出水）	3
84	秋田（秋田）	2
	前橋（前橋〈県立〉）	2
	高崎（高崎）	2
	佐原（佐原）	2
	府立第三（両国）	2
	府立第七（墨田川）	2
	◎青山学院（青山学院）	2
	小田原（小田原）	2
	小千谷（小千谷）	2
	武生（武生）	2
	大野（大野）	2
	長野（長野）	2
	大垣（大垣北）	2
	一宮（一宮）	2
	虎姫（虎姫）	2
	水口（水口）	2
	京都第一工業（洛陽工業）	2
	◎村野工業（彩星工科）	2
	富田林（富田林）	2
	岸和田（岸和田）	2
	八尾（八尾）	2
	柏原（柏原）	2
	洲本（洲本）	2
	龍野（龍野）	2
	尾道（尾道北）	2
	佐伯（佐伯）	2
	福山誠之館（福山誠之館）	2
	徳山（徳山）	2
	萩（萩）	2
	下関（下関西）	2
	鞍手（鞍手）	2
	嘉穂（嘉穂）	2
	日田（日田）	2
	飫肥（日南）	2

旧制三高入学者の出身旧制中学（1936-1940年累計）

順位	旧制中学校（現在の新制高校）	人
1	京都第一（洛北）	296
2	北野（北野）	71
3	第一神戸（神戸）	63
4	京都第三（福知山）	57
5	京都第二（———）	52
6	第二神戸（兵庫）	25
7	桃山（桃山）	21
8	膳所（膳所）	20
	住吉（住吉）	20
10	高松（高松）	13
11	高津（高津）	12
	◎灘（灘）	12
13	舞鶴（西舞鶴）	11
	徳島（徳島・城南）	11
15	和歌山（桐蔭）	10
	第一岡山（岡山朝日）	10
17	府立第一（日比谷）	9
	京都第四（宮津）	9
	今宮（今宮）	9
	市岡（市岡）	9
	豊岡（豊岡）	9
	小倉（小倉）	9
23	千葉（千葉）	8
	府立第四（戸山）	8
	福井（藤島）	8
	天王寺（天王寺）	8
	茨木（茨木）	8
28	府立第八（小山台）	7
29	◎麻布（麻布）	6
	明石（明石）	6
	丸亀（丸亀）	6
32	愛知第一（旭丘）	5
	彦根（彦根東）	5
	豊中（豊中）	5
	堺（三国丘）	5
	畝傍（畝傍）	5
	郡山（奈良・郡山）	5
	田辺（田辺）	5
	伊都（伊都）	5
	山口（山口）	5
41	盛岡（盛岡第一）	4
	◎開成（開成）	4
	岐阜（岐阜）	4
	三重第三（三重・上野）	4
	◎平安（平安）	4
	◎同志社（同志社）	4
	桃山（大阪・桃山学院）	4
	都島工業（都島工業）	4
	生野（生野）	4
	姫路（姫路西）	4
	第三神戸（長田）	4
	小野（小野）	4
	◎甲陽（甲陽学院）	4
	奈良（奈良）	4
	鳥取第一（鳥取西）	4
	米子（米子東）	4
	佐賀（———）	4
	長崎（———）	4
	大分（大分上野丘）	4
60	函館（函館中部）	3
	桐生（桐生）	3
	府立第九（北園）	3
	◎巣鴨（巣鴨）	3
	新発田（新発田）	3
	諏訪（諏訪清陵）	3
	三重第一（津）	3
	三重第四（宇治山田）	3
	◎立命館（立命館）	3
	園部（園部）	3
	加古川（加古川東）	3
	尼崎（尼崎）	3
	新宮（新宮）	3
	浜田（浜田）	3
	大田（大田）	3
	広島第一（広島国泰寺）	3
	福山（福山誠之館）	3
	八幡（福岡・八幡）	3
	三豊（観音寺第一）	3

中（開成）98人と記されている。入学率では第一岡山中43％、浦和中40％、神戸一中39％となっていた。だからといって、第一岡山中は受験指導を誇ってはいない。学内誌にこんな記述がある。「無論、中学校は予備校ではありません。一中の教育は受験準備に全力を尽くしているという評が時とすると有る相ですが、其《それ》は少々冤罪で有ります。然《しか》し生徒に其《その》気分が有るから質問等が自然其傾きを帯び、其に対して応答指導して居《おり》ますし、又試験間際になって欠席が多いので、其に対して一二の施設をするので、そんな評を受けることになるのでしょう」（「鳥城」１９２５年５月20日号）。地方公立中学としての矜持を感じる。

広島第一中（広島国泰寺）は明治時代、上級学校に進む者は少なかった。高等中学校（旧制高校）への進学者は１８８６年から１８９２年まで累計で11人だった。地元紙はこう憂えていた。「本県人として其の入学者寡《すくな》きは資金不足の故か、学童心の薄きゆえか、何にせよ広島県の不名誉なり、将来広島県の不利益なりと語る者ある」（芸備日日新聞１８９１年８月26日）。地元から旧制高校、帝国大学、官僚や博士など立身出世しやがて地元に貢献する、そんな人材を期待したのだろう。その後、広島県の旧制中学は進学指導に力を入れるようになり、広島一中は大正時代になって三高入学者を増やしていく。

だが、昭和10年代になると減少傾向に転じる。三高が難関校となり全国から天才、秀才が集まり、受験競争が厳しくなったからだ。一方で、全国に旧制高校が相次いで作られ、広島一中の卒業生は各校にばらけた。大阪高（大阪大）、姫路高（神戸大）、広島高（広島大）、六高（岡山大）、松江高（島根大）、高知高（高知大）、山口高（山口大）、福岡高（九州大）などである。こんな記載がある。「東京府立二中から広島一中へ転任した渡辺義治は次のよ

旧制三高入学者の出身旧制中学 ③

中学	人
1936年	
京都第一	49
京都第三	10
北野	10
第一神戸	10
京都第二	7
桃山	6
第二神戸	5
福井	4
高津	3
天王寺	3
和歌山	3
千葉	2
彦根	2
舞鶴	2
京都第四	2
市岡	2
畝傍	2
徳島	2
1937年	
京都第一	70
北野	16
京都第二	12
第一神戸	12
膳所	6
京都第三	6
豊岡	4
和歌山	4
舞鶴	3
桃山	3
前橋	2
府立第九	2
三重第四	2
豊中	2
明石	2
加古川	2
第二神戸	2
福山誠之館	2
徳島	2
丸亀	2
修猷館	2
1938年	
京都第一	48
第一神戸	17
北野	15
京都第二	11
京都第三	10
第二神戸	7
住吉	5
徳島	5
◎灘	4
高津	3
大垣	2
桃山	2
京都第四	2
市岡	2
茨木	2
郡山	2
伊都	2
丸亀	2
◎土佐	2
小倉	2
飫肥	2

うに語っている。生徒はよく勉強し、学風は質実剛健そのもので各部の運動も目覚ましい活躍をする。文部省の発表した統計によると、高等学校への入学率は実に広島一中が天下一となり、五四%であった。東京一中、神戸一中を尻目にかけて名実共に天下の広島一中となった」(『広島一中国泰寺百年史』１９７７年)。東京府立二中はいまの立川をさす。「天下一」という評価はいささか過分だろう。旧制高校の難易度はまちまちであり、海軍士官学校、陸軍兵学校、高等商業学校のほうが難関というケースはある。

天王寺中からの三高入学者は、１９１７年から22年までの合格者数で57人、１９２６年から30年までは20人だった。この間、西日本で旧制高校が相次いで開校したことによる。１９２２年以降、大阪高校、広島高校、姫路高校、大阪外国語学校、浪速《なにわ》高校が生まれた、三高だけでなく各校に散らばった。大阪府内に旧制中学が続々と作られたことも大きい。十二中=生野中(生野)、十三中=豊中中(豊中)、十四中=鳳《おおとり》中(鳳)、十五中=住吉中(住吉)などが開校し、これらの学校から三高入学者が現れたことで、天王寺中は割を食ってしまった側面もあった。もっとも、進学指導は熱心だった。天王寺中入学時、成績優秀者は各クラスにバランス良く振り分けられていた。ところが４年になると、クラス分けの方法が突然変わった。１９２７年に入学した男子が学校史でこう記している。「１番から50番までは１組とし、残りの200人を成績から考えて平等に組として50人ずつ分けられたのである。（略）この1番から50番の1組を『秀才組』という名で呼んだ。こういう学校の方針は私たち秀才組に入ったものには大変好都合であった。勉強もし易くなり、上級学校への進学も割合に楽に達成することができたように思われる」（『桃陰百年』1996年）。

旧制三高入学者の出身旧制中学 ④

中学	人	中学	人
1939年		1940年	
京都第一	64	京都第一	65
京都第三	17	北野	15
北野	15	京都第三	14
第一神戸	14	京都第二	11
京都第二	11	第一神戸	10
住吉	9	膳所	7
桃山	6	高松	7
府立第一	5	第二神戸	6
膳所	5	府立第四	5
第二神戸	5	住吉	5
第一岡山	5	◎灘	5
高津	4	小倉	5
田辺	4	府立第八	4
千葉	3	桃山	4
愛知第一	3	今宮	4
彦根	3	第一岡山	4
舞鶴	3	千葉	3
◎同志社	3	府立第一	3
桃山（大阪）	3	◎麻布	3
茨木	3	諏訪	3
豊岡	3	京都第四	3
◎灘	3	茨木	3
高松	3	姫路	3
		佐賀	3

三高入学者の旧制中学出身校ランキングを2020年代の京都大合格者出身高校ランキングと比べると、旭丘（愛知一中）、洛北（京都一中）、北野、天王寺、神戸（神戸一中）、灘、膳所、高松などが引き継がれている。北野が上位を守り、洛北はなんとか復活した。一方、桐蔭（和歌山中）、鳥取西（鳥取一中）、城南（徳島中）、岡山朝日（岡山一中）など西日本勢の一部がややふるわないのはさびしい。その背景には少子化、医学部人気や地元志向などがあろう。関西のトップ大学に西日本の高校から俊才が集まってほしい。

6章

全国から京都大へ I

［北海道、東北、関東］

【北海道】

ランキングでは1位2位を札幌南、札幌北で分け合うことが多い。函館ラ・サールは道外出身者（関東、関西出身）が少なからず見られたことから、１９６６～68、71、73、78年でトップとなっている。14年法学部に合格した女子（札幌西）はこう話す。「思えば札幌から京大に進んだのもチャレンジでしたが、求めていた以上に多様な体験と学びの連続となり、新しい私が覚醒したようです」（京都大学案内「知と自由への誘い２０１８」）。

◆最多合格者：北海道札幌南高校23人（２０２１年24位）

【青森】

弘前《ひろさき》、八戸《はちのへ》、青森の３校が上位を独占する中、２００２年三本木３人、11年八戸北２人が目を引く。三本木は２００７年に附属中学校が開校。13年卒業の１期生で、工学部合格の男子がこう語る。「日本で最も〝おもしろい大学〟と感じた京大に進学、思っていた以上に〝おもしろい毎日〟を過ごしつつ、当初2年間は数学や物理学など、高度な情報工学を学ぶために必要な素養を身につけていきました」（京都大学案内「知と自由への誘い２０１８」）。

◆最多合格者：県立青森高校６人（１９９５年105位）

北海道

高校	人	高校	人	高校	人
1964-1993年累計		1994-2023年累計		1987年	
札幌南	228	札幌南	337	札幌南	20
札幌北	181	札幌北	189	札幌北	8
◎函館ラ・サール	112	旭川東	107	◎函館ラ・サール	4
旭川東	47	札幌西	105	札幌西	3
札幌西	36	◎函館ラ・サール	55	函館中部	3
札幌旭丘	32	◎立命館慶祥	48	札幌東	3
函館中部	31	◎北嶺	39	旭川東	2
小樽潮陵	29	帯広柏葉	36	室蘭栄	2
釧路湖陵	25	札幌東	36	2023年	
岩見沢東	20	室蘭栄	24	札幌南	20
帯広柏葉	17	岩見沢東	23	札幌北	7
室蘭栄	14	釧路湖陵	20	札幌西	5
滝川	12	札幌旭丘	19	札幌東	4
北見北斗	11	小樽潮陵	19	◎立命館慶祥	3
札幌東	8	北見北斗	15	旭川東	2
苫小牧東	7	函館中部	15	札幌開成中教	2
旭川北	6	札幌開成中教	15		
旭川西	6	◎札幌光星	13		
札幌開成	5	北広島	11		
紋別北	3	旭川北	10		
帯広三条	3	◎札幌日大	7		

札幌開成→札幌開成中教

青　森

高校	人	高校	人	高校	人
1964-1993年累計		1994-2023年累計		1988年	
八戸	48	青森	51	青森	4
弘前	41	弘前	45	八戸	4
青森	29	八戸	37	弘前	3
五所川原	3	三本木	5	五所川原	1
三本木	2	八戸北	3	2023年	
八戸北	2	田名部	2	青森	2
青森東	2	五所川原	1	八戸	1
		三沢	1	弘前	1
		◎青森山田	1		

【岩手】

盛岡第一は１９８０年代、90年代は毎年３～５人だったが、２０００年代以降では１～２人となった。昨今、県全体が京都大から遠ざかっている。経済学部に特色入試で合格した男子（盛岡中央）は、受験対策として新聞を２紙読んだという。「多様な視点から物事を考える力が必要とされるので、この方法は効果的でした」（「盛岡中央高校学校案内２０１７」）。

◆最多合格者：県立盛岡第一高校９人（１９８７年116位）

【宮城】

１９７７年に仙台市内の学区が分かれ、仙台第一は「南」、仙台第二が「北」の地域から生徒を受け入れた。北学区に教育熱心な保護者が多いといわれる。80年代以降、仙台第二は難関校合格者が増え、仙台第一を追い越した。それが今日まで続いている。18年法学部に合格した女子（仙台第二）は自我を貫いた。「多くの人がそばにある東北大に、そのほかは一橋大か東大に進学、という傾向にあったため、京大を選んだのは他の人たちの流れに簡単に乗りたくないという単純な理由が一番大きかった」（『私の京大合格作戦２０１９年版』）。

◆最多合格者：宮城県仙台第二高校11人（２０１３年56位、15年60位、21年59位）

岩　手

高校	人	高校	人	高校	人
1964-1993 年累計		1994-2023 年累計		1988 年	
盛岡第一	87	盛岡第一	51	盛岡第一	4
一関第一	15	一関第一	13	水沢	2
水沢	14	盛岡第三	4	一関第一	1
花巻北	2	水沢	3	花巻北	1
宮古	2	花巻北	2	岩泉	1
釜石南	2	釜石南	2	大船渡	1
盛岡第三	2	宮古	1	2023 年	
岩泉	1	黒沢尻北	1	盛岡第一	1
大船渡	1	高田	1	盛岡第三	1
黒沢尻北	1				
高田	1				

宮　城

高校	人	高校	人	高校	人
1964-1993 年累計		1994-2023 年累計		1988 年	
仙台第一	82	仙台第二	211	仙台第一	10
仙台第二	77	仙台第一	72	仙台第二	7
古川	7	仙台第三	26	第一女子	2
石巻	6	宮城第一	25	仙台第三	1
第一女子	5	仙台二華	22	古川	1
第二女子	5	◎東北学院	11	白石	1
◎東北学院	4	◎仙台青陵中教	9	角田	1
白石（宮城）	3	◎聖ウルスラ学院英智	7	仙台南	1
仙台第三	3	古川	5	2023 年	
気仙沼	3	仙台向山	5	仙台第二	6
角田	2	石巻	4	仙台第一	5
佐沼	2	泉館山	4	仙台二華	3
仙台南	1	◎仙台育英学園	4	◎仙台青陵中教	3
仙台向山	1	◎古川学園	4	仙台第三	2
◎東北学院榴ヶ岡	1	宮城野	2	宮城第一	1
				◎尚絅学院	1

第一女子→宮城第一、第二女子→仙台二華

【秋田】

1961年合格の男子（秋田）の手記がおもしろい。「私の受験勉強は1月の10日から始まったわけです。睡眠時間を5〜6時間に減らし、学校は遠慮なしに遅刻させていただきました。（略）2月19日から京都の旅館で1日5〜8時間ほど勉強しました」（「増進会旬報」1961年11月11日号）。2016年横手清陵学院から初の合格者。横手工業を前身として04年に開校し、全国で唯一、普通科と工業科（総合技術科）をもつ中高一貫校である。

◆最多合格者：県立秋田高校12人（1987年89位）

【山形】

2000年代以降、有名予備校は全国各地に展開している。とくに衛星授業系が強い。2023年法学部合格の男子（山形東）は高校1年から東進衛星予備校で学んでいた。「東進に提案された受講とその学習計画にしたがって、毎日地道に学習を進めました。また東進は同じ高校の同級生や他校の生徒との出会いの場にもなり、勉学だけではなく様々な面で互いを高めあう友人も得られました」（東進ハイスクールウェブサイト）。

◆最多合格者：県立山形東高校6人（1988年140位、93年108位、96年104位）

秋　田

高校	人	高校	人	高校	人
1964-1993年累計		1994-2023年累計		1990年	
秋田	105	秋田	71	秋田	3
横手	14	横手	18	能代	1
大館鳳鳴	12	大館鳳鳴	7	大館鳳鳴	1
能代	11	能代	5	湯沢	1
本荘	8	本荘	4	横手	1
湯沢	6	秋田南	4	2023年	
大曲	1	横手清陵学院	1	横手	2
				秋田南	1

山　形

高校	人	高校	人	高校	人
1964-1993年累計		1994-2023年累計		1990年	
山形東	65	山形東	60	鶴岡南	4
鶴岡南	33	鶴岡南	28	山形東	3
米沢興譲館	29	米沢興譲館	21	米沢興譲館	3
酒田東	18	酒田東	12	酒田東	1
新庄北	3	山形西	8	新庄北	1
山形南	2	山形南	2	2023年	
長井	2	◎日大山形	2	山形東	2
山形西	1	新庄北	1	鶴岡南	1
寒河江	1	長井	1	米沢興譲館	1
		寒河江	1	酒田東	1

【福島】

１９５０年代前半から、歴史が古い公立高校は男女別学が続いていた。しかし、２０００年代前半までに福島、安積《あさか》、磐城《いわき》、会津、白河などは次々と共学化される。２０１２年理学部合格の女子（磐城）がこう話す。「将来の夢や学びたいことがまだ決まっていなくても、数学や理科が楽しいと感じるのなら、ぜひ京大に来てやりたいことをみつけてください」（京都大学案内「知と自由への誘い２０１８」）。

女子校も改称し男子を受け入れた。安積女子→安積黎明、会津女子→葵《あおい》、磐城女子→磐城桜が丘、福島女子→橘《たちばな》、白河女子→白河旭などだ。女子合格者は１９７０年代に福島女子、磐城女子などから出していた。「磐女《ばんじょ》」と呼ばれていた磐城女子出身者は、かつて「嫁入り道具のタンス２棹《さお》に相当する」といわれるぐらいブランド力があった。

安積は２０２５年に併設中学を設置して中高一貫校のコースを作る。校長は意気込みをこう示している。「進学面においては、今春の大学入試において、東京大学を始めとして、東北大、一橋大、東京工業大、早稲田大、慶應大など、国公私立を問わず全国の難関大学に多くの合格者を出しております。（略）本校は県内屈指の進学校としてさらなる飛躍を目指して学校改革を推進してまいります」（同校ウェブサイト）。

福　島

高校	人	高校	人	高校	人
1964-1993年累計		1994-2023年累計		1975年	
磐城	47	福島	76	会津	3
会津	44	安積	63	安積	1
福島	35	磐城	28	磐城	1
安積	28	会津	24	白河	1
白河	8	白河	9	1996年	
相馬	4	橘	9	福島	3
福島女子	3	相馬	6	安積	3
原町	3	原町	4	磐城	1
会津女子	1	葵	3	福島女子	1
双葉	1	会津学鳳	3	会津女子	1
福島東	1	福島東	2	白河	1
		安積黎明	2	福島東	1
		◎石川	2	2023年	
				磐城	1

福島女子→橘、安積女子→安積黎明、会津女子→葵

公立が圧倒的に支持される地域柄ゆえ私立が難関大学で実績を作るのは難しかったが、私立の学校法人石川からは２０１５年、21年に合格者を出している。県立石川と区別するため正式名称に「学校法人」が付き、学法石川は甲子園出場校として知名度が高い。

１９８７年双葉から初の合格者を出した。同校は２０１１年東日本大震災に伴う福島第一原発事故において、学校所在地が原発から半径20キロメートル以内にあったため、他校の教室を借りて授業が行われた。17年に休校となり、ふたば未来学園に継承された。

◆最多合格者：県立福島高校８人（１９８７年130位）

【茨城】

公立の中高一貫校が全国でもっとも多い。小瀬《おせ》、並木中教、日立第一、古河中教、下館《しもだて》第一、竜ケ崎第一、鹿島、鉾田《ほこた》第一、太田第一、勝田中教、土浦第一、水戸第一、水海道《みつかいどう》第一、下妻第一があり、小瀬、鹿島、太田第一、勝田中教以外は合格者を出した。10年に農学部合格の男子（土浦第一）が話す。「ふらりと立ち寄った農学部で説明を受けて大変興味を覚え、そのまま食糧環境経済学科を第一志望としました」（『私の京大合格作戦２０１１年版』）。

◆最多合格者：県立土浦第一高校13人（１９８８年81位）、県立水戸第一高校13人（１９９８年48位）

【栃木】

宇都宮女子は、「制服のない自由な校風にあこがれて、全県下から個性豊かで生き生きとした生徒が集い、各方面での活躍が期待されています」（同校ウェブサイト）。15年文学部合格の男子（栃木）が話す。「苦しい時は、緑豊かで伝統あるキャンパスの中で、大学生活を楽しむ自分をイメージしてみましょう」（京都大学案内「知と自由への誘い」２０１８」）。

◆最多合格者：県立宇都宮高校17人（１９８７年67位）

茨　城

高校	人	高校	人	高校	人
1964-1993年累計		1994-2023年累計		1996年	
水戸第一	187	水戸第一	163	水戸第一	7
土浦第一	88	土浦第一	163	◎茗溪学園	3
◎清真学園	15	竹園	61	土浦第一	2
◎茨城	14	◎江戸川学園取手	42	◎常総学院	2
◎茗溪学園	10	◎清真学園	38	竹園	2
◎江戸川学園取手	8	◎茗溪学園	28	下館第一	2
日立第一	6	◎茨城	23	2023年	
竹園	6	並木中教	22	水戸第一	7
古河第三	6	◎水城	17	土浦第一	5
鉾田第一	5	竜ヶ崎第一	12	並木中教	5
下館第一	4	◎常総学院	12	竹園	2
下妻第一	4	◎土浦日大	11	◎清真学園	2
竜ヶ崎第一	3	日立第一	10	下妻第一	1
緑岡	2	下妻第一	8	◎つくば開成	1
		緑岡	6		

栃　木

高校	人	高校	人	高校	人
1964-1993年累計		1994-2023年累計		1997年	
宇都宮	138	宇都宮	96	宇都宮	5
栃木	83	栃木	68	宇都宮女子	4
太田原	50	宇都宮女子	49	栃木	3
足利	35	真岡	20	足利	3
宇都宮女子	18	太田原	19	矢板東	1
真岡	16	宇都宮東	19	佐野	1
佐野	5	足利	17	足利女子	1
宇都宮東	4	栃木女子	9	2023年	
鹿沼	3	矢板東	7	宇都宮	5
矢板東	2	真岡女子	6	宇都宮女子	3
		◎佐野日大	6	栃木	3
		◎文星芸術大学附属	6	宇都宮東	3
		◎作新学院	4	◎文星芸術大学附属	1
		◎宇都宮短大学附属	4		

【群馬】

２０００年代まで前橋（マエタカ）、高崎（タカタカ）がトップ争いをすることが多い中、太田が90、92、93、95、98、99年に1位となっている。２０１９年伊勢崎市立四ツ葉学園中等教育学校から3人の合格者を出した。同校は09年に市立伊勢崎高校を母体に誕生し、全国初の市立中等教育学校になる。県内では04年高崎市に県立中央中等教育学校が開校している。同校から京都大に合格者を初めて出したのは２０１０年で、21年には4人受かっている。

２０１１年工学部に合格した男子（高崎）は大学の魅力をこう話す。「入学以前にある方から『京大の良さは研究室の近さだな』と言われたことがあります。実際、講義を受けている同じ建物の中で最先端の研究が刻々となされています。そこで訪ねてみると、先生方がキラキラした目で嬉しそうに研究の話をしてくれたり、実際の調査に同行させてくれたりもします」（京都大学案内「知と自由への誘い２０１５」）。２０１０年代半ば、東京大現役合格者数で高崎0人、前橋1人という年があった。県内の高校教員は危機感を抱く。難関大学合格実績を高めるため、県内の公立進学校、前橋、前橋女子、高崎、高崎女子、太田、太田女子、中央中等教育学校が集まり、東京大と国公立大医学部進学志望者向けの群馬県「東大合格セミナー」「医学部医学科セミナー」を企画した。地元の優秀な生徒が、開成（東京）、早

群　馬

高校	人	高校	人	高校	人
1964-1993年累計		1994-2023年累計		2000年	
前橋	170	前橋	164	前橋	4
高崎	126	高崎	123	高崎	3
太田	65	太田	70	太田	2
桐生	32	中央中教	30	高崎女子	1
渋川	15	高崎女子	28	前橋女子	1
沼田	14	前橋女子	27	太田女子	1
高崎女子	9	四ツ葉学園中教	8	桐生	1
前橋女子	5	太田女子	7	渋川	1
富岡	4	桐生	6	2023年	
◎新島学園	3	沼田	5	前橋	7
◎東京農大第二	2	富岡	4	高崎	3
沼田女子	1	渋川	3	中央中教	3
太田女子	1	沼田女子	2	四ツ葉学園中教	1
		中央	2	高崎経済大学附属	1
		◎樹徳	2		

稲田本庄、慶應志木《しき》、栄東（以上、埼玉）に「頭脳流出」している状況を食い止めなければならないと、高崎の校長が音頭を取ったことによる。地元紙が伝える。

「東大、京大、国公立大医学部を目指す県内の生徒を集め、切磋琢磨しながら実力向上を目指す県内全体のプロジェクトを立ち上げた。（略）予備校講師を招いた実践的な講義に加え、群馬出身の東大生、大学院生から研究内容や生活ぶりについて話を聞く機会を設け、生徒の学習意欲を高めた」（上毛新聞２０２3年6月24日）。

◆最多合格者：県立前橋高校13人（２００７年53位、２０１９年53位）

【埼玉】

　１９９０年代以降、浦和はほとんどの年で首位だった。京都大名誉教授の清野純《じゅん》史《じ》氏（浦和）は高校ラグビーで県大会準優勝を経験。76年に京都大を受験したときのことを綴っている。「京都大学ラグビー部から一枚のはがきをもらった。『俺たちと一緒にラグビーをしよう』。ただそんな内容のはがきだった。当時、京大はラグビー大学選手権に出場するほど強く、テレビで見て憧れを抱いていた大学でもあった」（「京都大学　工学広報」２０２３年４月）。２０１３年、浦和が全国高校ラグビー選手権大会に出場したときのラグビー部員が、14年法学部に合格した。高校時代をふり返る。「ほとんどの時間をラグビーに費やしました。そのため勉強は早めにきて、その日のやらねばならない予習をしたり、定期テスト前にテストの範囲を詰め込むくらいしかしていませんでした」（『私の京大合格作戦２０１５年版』）。

　２０１４年法学部合格の男子（埼玉・開智）は出身校の受験指導に感謝する。「長期休みや受験期にはとても多くの講習が組まれ、また先生方も生徒の面倒をよく見てくださるので、努力を重ねて実力をつけていけば、多くの人が予備校に行かずとも難関大学の合格を勝ち取れるでしょう」（『私の京大合格作戦２０１５年版』）。学校の教育方針がよくわかる。

◆最多合格者：県立浦和高校32人（１９８８年24位）

埼　玉

高校	人
1964-1993年累計	
浦和	253
熊谷	147
川越	100
春日部	48
浦和第一女子	13
不動岡	8
川越女子	7
松山	5
熊谷女子	4
浦和西	4
◎城北埼玉	4
蕨	3
大宮	3
◎慶應義塾志木	3
越谷北	2
◎秀明	2
◎城西大学附属川越	2
◎立教新座	2
◎栄東	2
越谷南	1
熊谷西	1
所沢	1
◎西武学園文理	1
◎早稲田大本庄	1

高校	人
1994-2023年累計	
浦和	273
川越	85
大宮	67
春日部	44
浦和第一女子	33
熊谷	32
◎開智	28
◎浦和明の星女子	22
◎栄東	17
◎西武学園文理	17
川越女子	16
◎城北埼玉	16
市立浦和	11
◎立教新座	11
◎本庄東	11
◎城西大学附属川越	7
松山	5
熊谷女子	5
◎川越東	5
◎大宮開成	5
◎春日部共栄	5
不動岡	4
◎淑徳与野	4
所沢	3
伊奈学園総合	3
◎本庄第一	3
◎開智未来	3
浦和西	2
越谷北	2
◎秀明	2
◎獨協埼玉	2

高校	人
2016年	
浦和	13
◎開智	4
川越	3
大宮	3
浦和第一女子	2
川越女子	2
越谷北	1
市立浦和	1
◎城北埼玉	1
◎栄東	1
◎城西大学附属川越	1
◎浦和明の星女子	1
◎立教新座	1
◎開智未来	1
◎星野	1
2023年	
浦和	9
川越	6
春日部	3
◎栄東	3
浦和第一女子	2
市立浦和	2
大宮	1
不動岡	1
◎開智	1
◎本庄東	1
◎春日部共栄	1

【千葉】

千葉は１９６３年から毎年、合格者を出している。関東の公立のなかではもっとも息が長い。東京大とのダブル受験が可能な87年に35人、88年には47人で強さを見せた。

２０１９年、渋谷教育学園幕張において、京都大学男女共同参画推進センターから渋幕出身の女子学生2人が派遣され、「京都大学女子セミナー」を開いた。中学３年から高校３年まで25人の女子生徒が参加し、京都大での学びや研究施設、学生生活の様子、受験勉強の方法などの話があった。同校はこう伝える。「このセミナーは京都大学より、本校女子生徒の入学の強い希求が示されたものです。（略）二人が語った京大進学のモチベーションは『自立』と『東大至上主義への反骨』。セミナーに参加した女生徒たちの、本校での学びの意欲が向上した、とても有意義な時間となりました」（同校ウェブサイト２０１９年９月25日）。これが功を奏したのだろうか。20年に同校から薬学部に進んだ女子がこう話す。「私は薬剤師として周囲の人に頼られる両親とその仕事に憧れ、幼い頃から薬学に興味を抱いていました。学科にとらわれることなく最先端の幅広い専門知識を得たいと思い、学科配属の遅い京大薬学部を目指しました」（京都大学案内「知と自由への誘い２０２３」）。

◆最多合格者：県立千葉高校47人（１９８８年11位）

千　葉

高校	人
1964-1993年累計	
千葉	350
東葛飾	145
船橋	112
長生	41
木更津	31
◎市川	28
千葉東	27
安房	23
佐原	17
市立千葉	16
◎東邦大学附属東邦	13
佐倉	12
匝瑳	9
国府台	8
市立銚子	7
◎麗澤	7
◎成田	6
薬園台	5
成東	4
◎芝浦工業大柏	3
◎渋谷教育学園幕張	3
小金	2
船橋東	1
千葉北	1
国分	1
柏	1
大多喜	1
◎昭和学院秀英	1
◎日大習志野	1

高校	人
1994-2023年累計	
千葉	258
◎渋谷教育学園幕張	175
東葛飾	119
船橋	104
◎市川	75
◎東邦大学附属東邦	60
千葉東	39
佐倉	23
◎昭和学院秀英	22
長生	17
木更津	15
佐原	14
◎芝浦工業大柏	12
匝瑳	10
◎麗澤	8
薬園台	6
成東	6
◎成田	6
◎日大習志野	6
◎専修大松戸	5
安房	4
◎暁星国際	4
◎志学館	4
◎八千代松陰	4
市立千葉	3
市立銚子	3
小金	3
稲毛	3
◎翔凜	3
国府台	2
◎国府台女子学院	2

高校	人
1993年	
千葉	18
東葛飾	6
船橋	5
◎市川	4
佐倉	2
木更津	1
長生	1
千葉東	1
市立千葉	1
国府台	1
大多喜	1
市立銚子	1
◎東邦大学附属東邦	1
◎成田	1
◎渋谷教育学園幕張	1
◎芝浦工業大柏	1

高校	人
2023年	
◎渋谷教育学園幕張	12
千葉	9
◎市川	7
船橋	5
東葛飾	2
佐倉	1
◎芝浦工業大柏	1
◎麗澤	1

【東京】

１９６７年の都立高校学校群制度の導入は京都大合格者数に影響を与えた。①学校群以前の１９６３〜68年累計、②学校群以後の１９７０〜２０１５年累計、③学校群全廃後四半世紀経った２０１８〜23年累計の推移について３校を見てみよう。富士２人→16人→２人、青山５人→13人→24人、小松川０人→５人→２人となっている。富士は西と、青山は戸山と、小松川は両国と、それぞれ長年進学実績が高かったところと学校群を組んでいたため、優秀な層が振り分けられた。学校群制度はグループ選抜を経て１９９４年に全廃され、高校を単独で受けられるようになった。青山は２００３年に東京都から進学指導重点校に指定され、難関大学対策に力を入れたため、京都大合格者が増えた。

合格者数が突出した年が３回ある。１９６９年と87、88年だ。69年は東京大が入試中止となり、東京大志望者が京都大に進路変更した。68年から69年は日比谷９人→42人、麻布０人→16人。87、88年は東京大と京都大のダブル受験が可能となった。86年から87年では東京学芸大学附属６人→42人、開成６人→40人となっている。

都立では西が日比谷、戸山、国立よりも多い。その理由の１つにアメリカンフットボール

東　京①

高校	人
1964-1993年累計	
◎開成	275
□東京学芸大学附属	219
◎麻布	209
戸山	199
◎武蔵（私立）	183
西	172
◎桐朋	162
□筑波大学附属	149
□筑波大学附属駒場	132
国立	132
◎駒場東邦	128
立川	127
日比谷	118
青山	85
◎海城	85
小石川	76
◎巣鴨	74
両国	65
富士	65
新宿	61
◎早稲田	49
上野	40
小山台	37
◎桜蔭	36
八王子東	35
□お茶の水女子大学附属	31
◎創価	31
◎城北（東京）	28
大泉	27
武蔵（都立）	25
◎女子学院	24
国分寺	22
駒場	21
◎芝	21
◎成蹊	20
豊多摩	17
◎暁星	16
町田	15
竹早	15
◎国際基督教大学	14
◎攻玉社	14
東京都立大学附属	13
北園	12
◎雙葉	11
井草	10
白鴎	9
小松川	9
三鷹	9
江北	7
墨田川	7
◎学習院	7
田園調布	6
◎青山学院	6
雪谷	5
千歳丘	5
◎国学院久我山	5
◎白百合学園	5
◎成城	5
◎佼成学園	5
◎成城学園	5
調布北	4
文京	4
◎立教女学院	4
◎国学院	4
◎慶應義塾女子	4
◎明法	4
1969年	
日比谷	42
□筑波大学附属	34
戸山	31
◎開成	24
西	23
◎麻布	16
両国	12
大泉	11
立川	9
小石川	9
上野（東京）	9
□筑波大学附属駒場	8
□東京学芸大学附属	7
◎桐朋	7
新宿	7
◎武蔵（私立）	5
小山台	5
1993年	
□東京学芸大学附属	16
◎海城	14
戸山	11
□筑波大学附属駒場	9
◎桐朋	9
国立	9
□筑波大学附属	8
◎開成	8
◎武蔵（私立）	8
◎駒場東邦	7
◎麻布	6
◎桜蔭	6
立川	5

がある。京都大アメフト部には西出身者が２０２２年11人、23年８人いた。同部で出身校ランキング１位だ。２０１７年、西の生徒７人が練習に参加した。「練習では実際にパート練習に混ざってもらいましたが、大学生にも匹敵するレベルの高いスキルを持っており、コーチたちも大絶賛でした！　マンツーマンでは、高校生たちが大学生に競り勝つ場面も見られました」（京都大アメフト部ウェブサイト２０１７年９月７日）。

２０１０年代後半、日比谷の東京大合格者が四十数年ぶりに50人以上を数えたり、上位10校に入ったり、メディアは「日比谷復活」と伝えている。こうしたなか２０１７年に文学部に合格した女子（日比谷）は、学校全体の東京大志向の強さから、こんな理由で京都大を選んだ。「先生方がすぐ口をそろえて東大と言うことに違和感を覚えました。（略）もう１つの理由は作家・万城目《まきめ》学《まなぶ》さんの存在です。彼自身、京大出身で、作品の中には京大生のサークルを舞台にしたものもあり、それらを読む中で、自然と京都という土地と京大に惹かれていきました」（『私の京大合格作戦２０１８年版』）。

２０２３年、開智日本橋学園、三田国際学園から初めて合格者を出した。２校は２０１７年に日本橋女学館、戸板女子を共学にして改称した学校の１期生である。

◆最多合格者：開成高校61人（１９８８年９位）

東　京②

高校	人
1994-2023年累計	
◎麻布	338
西	278
◎開成	273
国立	234
□東京学芸大学附属	231
◎海城	226
◎駒場東邦	212
◎武蔵（私立）	192
◎桐朋	162
◎女子学院	152
□筑波大学附属	128
日比谷	108
◎桜蔭	107
◎城北	104
◎巣鴨	100
◎早稲田	98
戸山	94
◎芝	87
□筑波大学附属駒場	79
◎豊島岡女子学園	78
八王子東	72
◎渋谷教育学園渋谷	70
立川	59
□お茶の水女子大学附属	54
◎本郷	50
青山	43
◎雙葉	40
◎鷗友学園女子	40
小石川中教	39
武蔵（都立）	38
◎国際基督教大学	38
◎暁星	32
◎成蹊	28
◎攻玉社	28
◎吉祥女子	25
◎穎明館	24
両国	22
◎国学院久我山	19
◎世田谷学園	19
桜修館中教	18
◎東京都市大学附属	18
小石川	17
◎白百合学園	17
◎広尾学園	17
◎学習院	15
◎頌栄女子学院	15
国分寺	14
◎創価	13
三鷹中教	12
◎大妻	12
◎東洋英和女学院	12
立川国際中教	11
◎光塩女子学院	11
富士	10
白鴎	10
新宿	9
大泉	9
町田	9
□東京学芸大学附属国際中教	8
◎学習院女子	8
◎共立女子	8
◎高輪	8
◎帝京大学	8
2008年	
□東京学芸大学附属	10
◎麻布	9
◎海城	8
◎武蔵（私立）	8
国立	8
◎桐朋	5
西	5
◎開成	4
◎女子学院	4
日比谷	4
2023年	
国立	17
◎麻布	14
◎豊島岡女子学園	13
□東京学芸大学附属	11
◎駒場東邦	11
◎開成	10
◎武蔵（私立）	10
◎早稲田	8
◎海城	7
◎渋谷教育学園渋谷	7
□筑波大学附属	6
戸山	6
◎桜蔭	6
◎女子学院	6
◎芝	6
◎本郷	6
立川	5
青山	5
桜修館中教	5

【神奈川】

１９６８年文学部に合格した女子（湘南）は浪人中から京都大を強く志望していた。「専攻として国文をやりたいから京都という環境がすごくいいんじゃないかなと思っていました。（略）うちでは反対したんですけど」（「螢雪時代」１９６８年６月号）。女性が実家を遠く離れて京都大へ進むことについて家族から賛成されなかった時代だ。約40年経った２００６年、法学部合格の女子（湘南）はこう話している。「京大のオープンキャンパスに行ったあと、私の中から他の大学はすべて消えました。他にない京大の雰囲気に圧倒されました。見に行くべきです」（『私の京大合格作戦２００７年版』）。彼女はオープンキャンパスに毎週のように通っており、そこから導き出した結論である。京都へ行くことになにも障害はなかったようだ。京都に魅力を感じる関東の受験生は少なくない。

１９８７～95年は桐蔭学園が合格者数トップを続けていた。この期間の累計で200人、２位湘南は95人。ダブルスコアだった。桐蔭学園は92年東京大114人（３位）、東京工業大69人（１位）、一橋大46人（１位）、京都大16人（36位）となっていた。４校合わせて245人。難関の東京医科歯科大にも６人合格した（４位）。同校校長の鵜《う》川昇《かわのぼる》氏は、「この生徒に全員、

神奈川

高校	人	高校	人	高校	人
1964-1993年累計		1994-2023年累計		1987年	
湘南	251	◎浅野	166	◎桐蔭学園	42
◎桐蔭学園	212	湘南	150	◎栄光学園	30
◎栄光学園	159	◎栄光学園	148	湘南	19
厚木	113	◎聖光学院	147	◎聖光学院	16
◎聖光学院	92	◎桐蔭学園	142	厚木	15
平塚江南	84	横浜翠嵐	120	平塚江南	10
横浜翠嵐	83	◎フェリス女学院	51	横須賀	9
小田原	81	柏陽	50	横浜緑ヶ丘	8
横須賀	70	厚木	49	横浜翠嵐	7
横浜緑ヶ丘	60	◎サレジオ学院	49	◎浅野	6
◎浅野	58	平塚江南	38	多摩	6
光陵	49	◎逗子開成	34	柏陽	6
希望ヶ丘	48	◎桐光学園	28	小田原	5
柏陽	32	◎洗足学園	26	光陵	4
多摩	31	横浜緑ヶ丘	25	◎フェリス女学院	3
◎フェリス女学院	18	◎横浜共立学園	21	茅ヶ崎北陵	3
鎌倉	15	◎公文国際学園	21	2023年	
茅ヶ崎北陵	13	川和	20	横浜翠嵐	14
川和	13	小田原	19	湘南	8
相模原	11	横須賀	19	◎浅野	7
川崎	10	光陵	19	◎栄光学園	6
◎慶應義塾	8	多摩	18	◎聖光学院	6
横浜平沼	6	横浜サイエンス	15	平塚中教	5
◎関東学院	5	◎鎌倉学園	15	◎逗子開成	5
生田	4	相模原中教	14	相模原中教	4
秦野	4	平塚中教	13	◎フェリス女学院	4
外語短大学附属	4	◎横浜雙葉	13	◎サレジオ学院	3
南	3	希望ヶ丘	10	柏陽	2
金沢	3	神奈川総合	10	厚木	2
追浜	3	◎神奈川大学附属	10	◎神奈川大学附属	2
◎横浜雙葉	3	◎桐蔭学園中教	10	◎山手学院	2
		◎山手学院	9	◎森村学園	2
		鎌倉	7		
		相模原	7		
		◎清泉女学院	7		

東大を受けさせたら東大合格者は開成を抜きます」(『週刊朝日』92年9月11日号)と豪語していた。しかし、栄枯盛衰。２０００年代以降、桐蔭学園からの難関大学合格者数は減り、聖光学院、栄光学園、浅野、逗子《ずし》開成など男子校の後塵を拝するようになる。

07年、農学部に合格した男子(厚木)は中学３年の修学旅行で京都をまわってすっかり虜になった。「歴史が好きで、観光しているうちに『なんていい所なんだろう』と感動し、住みたいと思うようになりました。(略)中学３年にして高校も決まらないうちに『大学は京都大学』と決めてしまいました」(『私の京大合格作戦２００８年版』)。

２００９年に開校した公立中高一貫校では、中高の１、２期生から京都大に進んでいる。市立横浜サイエンスフロンティアは２０１３年、相模原中等教育学校は15年、平塚中等教育学校は16年に合格者を出した。

◆最多合格者:桐蔭学園高校46人(１９８８年12位)

7 章

全国から京都大へ II

［甲信越、北陸、東海］

【新潟】

１９５２年以降、公立トップ３校のうち合格者数１位だった回数は新潟55回、長岡２回、高田１回だった。２０００年代に開校した中等教育学校から最初に合格者を出した年は次のとおり。12年津南中教１人、14年直江津《なおえつ》中教２人、村上中教１人、燕《つばめ》中教１人、柏崎翔洋中教１人。66年工学部入学の佐藤信秋氏（新潟）は国土交通事務次官から、81年法学部に合格した泉田裕彦氏（三条）は経済産業事務官から、それぞれ国会議員に転身した。

◆最多合格者：県立新潟高校21人（１９８７年50位）

【富山】

高岡は１９５１年から２０２３年まで合格者を出し続けている。富山は「いちはやく男女混合名簿を採用するなど、本校の特徴は、教育の先進性にあります」と誇る（同校ウェブサイト）。23年法学部合格の男子（片山学園）が話す。「中学２年のときに家族旅行で京都に連れて行ってもらい、素晴らしいお寺ばかりなのが本当に楽しく。その時に京都に住めば毎日お寺を見て回れると、そんな安直な理由で京都大学を目指す」（片山学園ウェブサイト）。

◆最多合格者：県立高岡高校28人（１９８７年32位）

新　潟

高校	人	高校	人	高校	人
1964-1993 年累計		1994-2023 年累計		1990 年	
新潟	194	新潟	211	三条	5
高田	97	長岡	77	新潟	4
長岡	51	高田	68	六日町	3
三条	41	国際情報	20	新発田	2
柏崎	27	三条	19	長岡	1
新津	18	新潟南	18	新津	1
六日町	18	新発田	16	柏崎	1
新発田	16	◎新潟明訓	13	十日町	1
佐渡	10	柏崎	10	2023 年	
十日町	8	直江津中教	6	新潟	14
巻	7	村上中教	6	長岡	1
新潟南	5	新津	4	高田	1
◎新潟明訓	3	燕中教	4	新発田	1
村上	3	佐渡	3	新津	1
小千谷	3			◎中越	1

富　山

高校	人	高校	人	高校	人
1964-1993 年累計		1994-2023 年累計		1982 年	
高岡	371	高岡	214	高岡	10
富山中部	296	富山中部	96	富山中部	10
富山	171	富山	72	砺波	3
砺波	51	砺波	35	富山	2
魚津	37	魚津	19	魚津	2
氷見	8	◎片山学園	15	氷見	1
高岡南	3	◎高岡第一	6	高岡南	1
富山東	2	高岡南	5	富山東	1
◎富山第一	2	富山東	4	2023 年	
◎高岡第一	2	南砺総合福野		高岡	6
富山南	1	（南砺福野）	4	◎片山学園	6
		富山南	2	富山中部	5
		呉羽	2	富山	4
		◎富山第一	1	砺波	2
				魚津	1
				高岡南	1

南砺総合福野→南砺福野

【石川】

金沢大学附属は1953年から2023年まで合格者を出し続けてきた。1967年文学部に合格した上野千《ち》鶴《づ》子《こ》氏（金沢二《に》水《すい》）は受験をこう捉えている。「じたばたしている暇があったら単語の一つも覚えよう——昨今のジャーナリズムはこんなふうに我々を切り捨てる。しかし私は思うのだ。そうした理由で自身を納得させ得るほど、我々は偽善者でも現実家でもない筈だ」（「金沢二水高校新聞」1966年1月17日号）。社会学者の片鱗がうかがえる。

◆最多合格者：県立金沢泉丘高校27人（2015年19位、2023年18位）

【福井】

1980年代、学校群制度で藤島は高志と組み、高志が合格者を増やした。高志85年16人、86年9人、90年10人、98年10人、2001年10人でトップ。05年工学部合格の男子（藤島）は国土交通省に勤めている。「在学中や研究を通じて培った知識が日頃の業務に役立っているのはもちろん、京大の『自由の学風』に育まれた自主性が、スケールの大きい業務を遂行する基盤になっていると感じています」（京都大学案内「知と自由への誘い2018」）。

◆最多合格者：県立藤島高校36人（1976年12位）

石　川

高校	人	高校	人	高校	人
1964-1993年累計		1994-2023年累計		1972年	
□金沢大学附属	377	金沢泉丘	478	□金沢大学附属	17
金沢泉丘	282	小松	178	小松	7
小松	161	□金沢大学附属	161	金沢泉丘	4
七尾	59	七尾	64	七尾	3
羽咋	31	金沢二水	41	大聖寺	2
金沢二水	19	金沢桜丘	21	金沢二水	2
大聖寺	16	金沢錦丘	19	羽咋	2
輪島	8	羽咋	18	輪島	1
金沢桜丘	6	◎星稜	15	2023年	
飯田（石川）	3	輪島	6	金沢泉丘	27
金沢西	1	飯田	2	□金沢大学附属	5
		◎金沢	2	小松	4
		大聖寺	1	◎星稜	2
		富来	1	七尾	1
		小松明峰	1	金沢桜丘	1
				金沢錦丘	1

福　井

高校	人	高校	人	高校	人
1964-1993年累計		1994-2023年累計		1983年	
藤島	611	藤島	385	藤島	13
武生	149	武生	171	武生	4
高志	123	高志	161	高志	4
若狭	71	若狭	30	若狭	2
大野	30	敦賀	20	丸岡	2
勝山	20	勝山	14	大野	1
敦賀	18	大野	11	◎北陸	1
◎北陸	4	◎敦賀気比	10	2023年	
丸岡	3	◎北陸	7	藤島	15
美方	3	美方	5	高志	7
武生工	3	金津	3	武生	4
金津	1	◎福井工大学附属福井	2	若狭	1
◎仁愛女子	1			大野	1
◎敦賀気比	1				

【山梨】

甲府市内では１９６０年代から公立高校入試で総合選抜制度が始まった。当初は甲府第一、甲府南の２校だったが、甲府西、甲府東、甲府昭和が加わり、生徒は各校に振り分けられた。同じ年に５校すべてから合格者を出したことはない。１９７８年甲府南に理数科が設置され、総合選抜の枠外から受け入れたので優秀な生徒が集まった。「南理」と呼ばれ、他の４校より合格者が多いが、県全体の合格者は２０２０年２人、22年１人、23年４人と低調だ。

◆最多合格者：県立甲府第一高校７人（１９６３年71位、65年68位、69年88位、70年77位）

【長野】

長野が１９５２年から、松本深志が53年から２０２３年まで合格者を出し続けている。他校で１位になったのは上田64年９人と67年７人、伊那北と飯田の95年６人など。88年東京大、京都大ダブル合格の男子（諏訪清陵）が京都大医学部を選んだ理由を話す。「街、大学ともに京都がいいし。未練はない。」（「サンデー毎日」１９８７年４月12日号）。２０１７年松本秀峰《しゅうほう》中教から３人合格した。同校は県内で唯一の中等教育学校で松商学園の系列。

◆最多合格者：長野県長野高校13人（２０２０年50位）

山梨

高校	人	高校	人	高校	人
1964-1993年累計		1994-2023年累計		1970年	
甲府第一	59	甲府南	41	甲府第一	7
甲府南	42	◎駿台甲府	29	日川	2
◎駿台甲府	28	甲陵	27	吉田	1
日川	21	甲府第一	23	1989年	
都留	14	◎山梨学院	14	甲府南	3
甲府西	9	吉田	13	◎駿台甲府	3
甲府東	8	都留	8	甲府西	1
甲府昭和	6	甲府東	8	都留	1
韮崎	4	甲府西	4	甲陵	1
甲陵	4	日川	3	富士河口湖	1
吉田	4	韮崎	1	2023年	
石和	3	◎山梨英和	1	甲陵	2
富士河口湖	2	◎日大明誠	1	◎駿台甲府	1
巨摩	2			吉田	1
白根	1				
◎山梨英和	1				

長野

高校	人	高校	人	高校	人
1964-1993年累計		1994-2023年累計		1987年	
長野	203	長野	201	長野	8
松本深志	192	松本深志	153	諏訪清陵	7
上田	83	飯田	54	伊那北	5
諏訪清陵	82	諏訪清陵	54	飯田	5
伊那北	65	伊那北	53	松本深志	4
飯田（長野）	59	上田	51	上田	3
野沢北	30	屋代	35	須坂	3
須坂	29	野沢北	22	野沢北	2
屋代	16	◎佐久長聖	19	2023年	
大町	6	◎松本秀峰中教	7	長野	4
松本県ヶ丘	4	須坂	5	松本深志	4
飯山北	3	◎長野日大	5	上田	3
吉田	1	松本県ヶ丘	4	◎松本秀峰中教	2
上田染谷丘	1	木曽青峰	4	諏訪清陵	1
◎松商学園	1			伊那北	1
				野沢北	1
				屋代	1

【岐阜】

旧制一中起源の岐阜は１９５２年から２０２３年まで合格者を出し続けている。同校は１９６０年代までほぼ合格者トップを続けてきたが、１９７０年代、学校群制度導入で進学校地図が大きく変わった。岐阜と組んだ加納が76年１人→77年９人→78年10人→79年19人と急増する。79年、84年は加納と岐阜は同数となった。１９８３年、学校群制から単独選抜制に戻り、岐阜、大垣北に優秀な生徒が集まった。この年、大垣北の校長は入学式の式辞でこう話している。「諸君は、自分の第一希望が達せられたのだから、西濃、否、県下での有数の進学校としての本校の伝統をますます強固に受け継ぐべき義務がある。本校は古くは大垣中学から北高に至るまで優秀な先輩を何万人と持ち、県下はもちろん全国的な規模で政界、財界、教育界、実業界のリーダーたる人物を多数輩出している。諸君も研鑽を重ね、先輩に続き日本のリーダーたれ」（『大垣北高百年史』１９９５年）。校長の檄に応えるかのように、単独選抜制度復帰の２期生において、東京大、京都大のダブル受験ができた１９８７年の京都大合格者は大垣北22人、岐阜９人、１９８８年では岐阜31人、大垣北７人だった。

理学部合格の大栗博司氏（岐阜）は英語を精読より速読重視ですすめていた。教材は英字紙「朝日イブニングニュース」の社説、天声人語だった。「速読することは、その文のリズ

岐　阜

高校	人	高校	人	高校	人
1964-1993年累計		1994-2023年累計		1976年	
岐阜	736	岐阜	534	岐阜	47
大垣北	191	大垣北	269	大垣北	8
加納	99	多治見北	125	斐太	4
岐阜北	72	岐阜北	91	岐阜北	2
多治見北	63	関	70	岐山	1
斐太	51	可児	35	多治見北	1
恵那	38	斐太	34	加納	1
可児	30	恵那	21	恵那	1
関	23	岐山	14	2023年	
加茂	20	◎鶯谷	14	岐阜	17
大垣東	18	◎麗澤瑞浪	13	大垣北	4
本巣	14	加納	10	多治見北	4
郡上	12	加茂	8	斐太	3
岐山	10	◎岐阜東	6	岐阜北	2
長良	8	◎中京	5	関	2

ムにのって読むことです。そしてそれは、文の内容を速く理解するという点で、言語学習の実用的な要請を満たし、英文のリズムを身につけることで、その論理体系に経験的に近づき、言語学習のアカデミックな要請を満たすことになるのです」（『私の京大合格作戦1982年版』）。大栗は著名な物理学者で現在、カリフォルニア工科大学フレッド・カブリ冠教授、東京大学カブリ数物連携宇宙研究機構機構長をつとめる。

◆最多合格者：県立岐阜高校54人（1974年8位）

【静岡】

浜松北、静岡は１９５３年から２０２３年まで合格者を出し続けている。県内でも京都に近い浜松北が、合格者累計ではもっとも多い。

87年東京大、京都大ダブル合格の男子（沼津東）が京都大文学部を選んだ。その理由は学問に根ざした京大愛である。「中世民衆史をやりたい。とくに室町時代に興味があり、京大のほうがいいと思った。いい教授もいるので。周囲はいろいろ言ったけど、やりたいことは京大が一番適当だから、未練はない」（「サンデー毎日」１９８７年4月12日号）。

２０２２年工学部に合格した男子（浜松北）は志望動機をこう話している。小学校３年生から地元の予備校に通っていた。「研究寄りの大学だったことと、自由な校風に憧れたからです」（佐鳴予備校ウェブサイト）。公立王国で私立はなかなか上位にあがってこない。４人合格者を出したのが静岡聖光学院（75年）、３人出したのは静岡雙葉《ふたば》（２００１年、12年、15年）、加藤学園暁秀《ぎょうしゅう》（18年）、静岡県西遠《せいえん》女子学園（10年）、藤枝明誠（17年）となっている。県全体としては17年の77人がもっとも多かった。

◆最多合格者：県立浜松北高校32人（２０１９年15位）

静　岡

高校	人	高校	人	高校	人
1964-1993 年累計		1994-2023 年累計		1977 年	
静岡	378	浜松北	476	静岡	17
浜松北	279	静岡	238	浜松北	14
清水東	210	磐田南	153	清水東	12
沼津東	184	富士	118	藤枝東	8
藤枝東	109	沼津東	117	磐田南	5
磐田南	103	清水東	113	韮山	4
富士	89	藤枝東	97	沼津東	3
韮山	78	韮山	88	富士	2
掛川西	43	掛川西	70	榛原	2
浜松西	29	浜松西	66	◎静岡聖光学院	2
榛原	28	◎静岡雙葉	29	掛川西	1
静岡東	11	◎浜松日体	19	浜松西	1
◎静岡聖光学院	11	◎加藤学園暁秀	18	清水南	1
◎静岡学園	10	◎静岡聖光学院	12	◎静岡学園	1
下田北	8	静岡東	11	2023 年	
伊東	7	浜松市立	11	浜松北	18
◎静岡雙葉	4	榛原	9	静岡	12
◎加藤学園暁秀	3	◎浜松学芸	9	富士	7
浜松南	2	◎静岡学園	8	沼津東	6
静岡市立	2	◎静岡県西遠女子	8	磐田南	5
御殿場南	2	◎藤枝明誠	7	藤枝東	3
島田	2	浜松南	6	浜松西	3
気賀	2	静岡市立	5	清水東	2
袋井	1	焼津中央	5	韮山	2
浜名	1	◎星陵	5	浜松市立	2
清水南	1	下田北	4	静岡市立	2
松崎	1	富士東	3	掛川西	1
静岡西	1	御殿場南	2	◎浜松日体	1
◎浜松日体	1	富士宮西	2	◎桐陽	1
◎藤枝明誠	1	三島北	2		
		◎日大三島	2		

【愛知】

旭丘は１９６０年代後半から70年代前半、難関大合格実績が異常とも言えるほど高かった。最難関大学２校の合格者合計は次のとおり（東京大、京都大）。１９６５年102人（49人、53人）、66年113人（66人、47人）、67年106人（71人、35人）、68年99人（57人、42人）、70年96人（57人、39人）、71年95人（51人、44人）。

１９５６年、大学区制が導入され、尾張《おわり》と三河《みかわ》の二学区となった。そうなると、県内西部の優秀な生徒が旭丘へ一極集中するようになった。学校史でこんな説明がある。「学区内の全地域の中学校から選ばれた優秀な生徒が旭丘高校に集まる図式が固定化したとき、旭丘高校が悪名高い学校格差の上位に好むと好まざるとにかかわらず位置するにいたったのも当然であった。〔略〕小学区制の後半から大学区制の初期（昭和三十年代前半）にいたる間の、主要大学合格者数の急激な変化があげられる」（『鯱光《ここう》百年史』１９７８年）。

１９７５年に経済学部に合格した男子（旭丘）は通信添削の会報誌にこう記している。大学区制時代の旭丘絶頂期で、この年の京都大合格者は46人だった。

「僕の学校がいわゆる受験校でして入学したときから東大か京大以外には入りたくないという気がありました。それで受験直前のＳ予備校模試で文一の確実圏に入れなかったもんです

愛　知①

高校	人
1964-1993年累計	
旭丘	962
千種	486
◎東海	454
岡崎	326
明和	319
時習館	252
菊里	220
一宮	189
岡崎北	167
◎滝	163
半田	100
一宮西	98
瑞陵	89
中村	79
豊橋南	76
◎南山	53
向陽	51
刈谷	47
西尾	43
五条	41
名古屋西	32
横須賀	31
丹羽	23
□名古屋大学附属	22
桜台	21
西春	19
旭野	17
成章	17
国府	15
小牧南	14
安城東	12
春日井	12
豊田西	12
刈谷北	9
津島	8
豊橋東	8
昭和	6
新川	6
熱田	5
東海南	4
常滑北	4
尾北	4
高蔵寺	4
北	3
江南	3
松蔭	3
豊田南	3
一宮北	3
◎豊明	3
◎愛知淑徳	3
◎星城	3
◎名古屋	3
1980年	
千種	33
旭丘	21
菊里	14
岡崎	12
◎東海	9
一宮	9
岡崎北	9
時習館	6
向陽	5
中村	5
瑞陵	4
豊橋南	4
明和	3
1992年	
旭丘	27
岡崎	24
◎東海	21
千種	14
時習館	13
◎滝	12
明和	11
菊里	11
一宮	9
五条	6
半田	5
岡崎北	5
刈谷	4
一宮西	4
向陽	3

から、確実に入れるところを受けるということで一番安全な京大経済に、（略）まあ、浪人生活いろいろなことがありましたけど、率直に言ってエリート根性がありますからね。そういう意味で社会から認められないとか、そういう意識がかえって苦しいですね」（「増進会旬報」１９７５年６月11日号）。

１９７０年代から80年代後半まで続いた学校群制度によって、京都大への合格地図は大きく変わった。これまで合格実績が高かった学校がそうでない学校と組んだことで、両校の関係が大きく変わった。１９８２年は岡崎北10人と岡崎７人。１９８５年は中村５人と明和３人。１９８６年は旭丘26人と千種34人、１９８８年は一宮《いちのみや》６人と一宮西19人、豊橋南12人と時習館７人となっている。

68年農学部に進んだマック赤坂さん（瑞陵《ずいりよう》）は国政選挙に数多く立候補し知名度が高い。75年理学部に合格した竹内久美子さん（旭丘）は大学院理学研究科で日高敏隆教室で学んだ。のちに動物行動学研究者、エッセイストとして活躍している。

◆最多合格者：県立旭丘高校57人（１９７４年７位）

愛　知②

高校	人
1994-2023年累計	
旭丘	1012
◎東海	833
明和	669
岡崎	560
◎滝	445
一宮	387
時習館	353
刈谷	313
◎南山	265
菊里	150
半田	145
豊田西	126
向陽	98
千種	77
◎名古屋	56
一宮西	55
五条	48
瑞陵	43
西尾	37
西春	35
◎海陽中教	35
横須賀	31
◎愛知淑徳	27
豊橋東	26
□名古屋大学附属	24
岡崎北	24
◎愛知	24
◎中部大春日丘	20
桜台	19
国府	18
春日井	16
昭和	15
名東	15
成章	13
旭野	11
小牧南	10
◎名城大学附属	10
江南	8
豊丘	8
名古屋西	8
知立東	8
◎大成	8
中村	7
安城東	7
新川	7
一宮興道	7
◎星城	7
高蔵寺	5
刈谷北	5
豊田南	5
◎愛知産業大三河	5
丹羽	4
岡崎西	4
天白	4
豊田北	4
名古屋南	4
◎人間環境大学附属岡崎	4
◎桜丘（愛知）	3
◎金城学院	3
◎岡崎城西	3
◎愛知工大名電	3
2015年	
◎東海	42
明和	27
旭丘	25
岡崎	25
一宮	25
刈谷	19
◎滝	17
時習館	12
◎南山	10
半田	8
豊田西	4
向陽	4
西尾	3
◎愛知淑徳	3
2023年	
旭丘	39
明和	34
岡崎	34
◎東海	25
一宮	22
◎滝	12
刈谷	11
豊田西	9
時習館	8
◎南山	6
◎名古屋	5
菊里	4
千種	4
西春	3

【三重】

津が１９５２年から、三重は１９７２年から２０２３年まで合格者を出し続けている。

13年教育学部に合格した女子（四日市）はもともと、「京都大学に行きたい」の一心で、自分が大学で何をしたいのかは明確に定まらないままだったという。こう記している。「出願直前まで迷って、教育学部に飛び込んだ人間です。しかし、そんな私にも、教育学部は大きな懐で、満足な学びある大学生活を与えてくれました。ここでは、ひとくちに『教育』と言っても、学校教育だけでなく、人の一生を通してのあらゆる場での学びを扱うので、１人１人が、自分らしい興味・関心を柔軟に『教育』という大きな枠に当てはめて学問に向き合うことができるのです」（京都大学案内「知と自由への誘い２０１８」）。

22年に薬学部合格した女子（四日市）は出身校をこう語る。「楽しいことも悔しいことも嬉しいことも悲しいこともたくさんあったけど、どの瞬間を切り取っても、エネルギーに溢れとても充実した日々を過ごすことができました」（「四日市高校案内２０２３」）。

18年医学部人間健康学科合格の男子（松阪）は、将来アスリートに関わる仕事をするために、理学療法の視点から基本的な身体の構造や障害の予防・治療を中心に学んでいる。こう話す。「全国から集まったレベルの高い学生、素晴らしい先生方、そして京都大学の『自由

三　重

高校	人	高校	人	高校	人
1964-1993年累計		1994-2023年累計		1983年	
津	365	四日市	404	津西	6
四日市	214	◎高田	315	津	5
伊勢	139	津	281	四日市南	5
津西	98	伊勢	102	四日市	4
◎高田	96	桑名	89	宇治山田	3
桑名	83	◎暁	60	松阪	2
上野（三重）	71	◎三重	48	上野	2
四日市南	61	松阪	45	桑名	2
松阪	54	津西	44	伊勢	2
宇治山田	41	◎鈴鹿	36	2023年	
◎三重	9	上野	26	四日市	14
神戸	8	四日市南	17	津	7
木本	6	宇治山田	10	伊勢	4
◎暁	5	◎桜丘	8	桑名	3
◎海星	2	木本	7	◎高田	2

の学風』は私たちにさまざまな刺激と無限の可能性を与えてくれます」（京都大学案内「知と自由への誘い2022」）。

23年、松阪の生徒約40人が京都大化学研究所を訪問している。宗林《そうりん》由樹《よしき》教授（水圏環境解析化学研究領域）により、研究所の説明や研究トピックスに関するレクチャーを受けた。生徒は4つのグループに分かれて研究室で学んだ。「それぞれの担当教員から研究内容についての説明を受けた生徒たちは、大学での研究環境を実際に感じることができ、非常に活気にあふれた見学会となりました」（京都大化学研究所ウェブサイト）。

◆最多合格者：県立四日市高校29人（2022年15位）

8章

全国から京都大へⅢ

［関西］

【滋賀】

膳所、彦根東いずれも１９５０年から２０２３年まで合格者を出し続けている。

19年に法学部合格した男子（膳所）は母校について自由放任だったとふり返る。「この高校には悪いところというか、昔からの伝統というのがありました。それは『４年制高校』であるというものです。つまり、浪人する生徒が基本ということです。４年目の校舎は駿台であって、教師の質もけた違いに上がる、という共通認識でした。現役合格した者は、中退者もしくは飛び級者と言われていました。教師もこれを自虐ネタとしていた…」（『私の京大合格作戦２０２０年版』）。

２０２２年医学部人間健康科学科在籍の水口《みなくち》創太氏（膳所）が、福岡ソフトバンクから育成７位でドラフト指名を受けた。京都大からは８年ぶり２人目のプロ野球選手誕生となった。「１日10時間ぐらいは勉強しました。基本的にずっと予備校にいて。それを１年間続けていました。予備校のデータで、しっかりとその予備校の出してくれる勉強法をやっていれば受かるっていうのがあったんで、自分の方法とかよりも、そのやり方に則ってやったら合格はできるかなと思いました」（スポーツニュースサイト「Sportiva」２０２２年６月６日）。

◆最多合格者：県立膳所高校66人（２０１７年２位）

滋　賀

高校	人
1964-1993年累計	
膳所	1134
彦根東	454
虎姫	133
高島	39
長浜北	19
八日市	16
東大津	9
◎比叡山	8
石山	6
安曇川	5
米原	4
水口	3
守山	2
大津	2
水口東	1
◎近江兄弟社	1
1970年	
膳所	49
彦根東	20
虎姫	3
長浜北	2
八日市	2
水口	1
大津	1

高校	人
1994-2023年累計	
膳所	1396
彦根東	384
守山	95
虎姫	59
◎比叡山	37
◎光泉カトリック	20
石山	19
◎立命館守山	18
水口東	12
河瀬	12
東大津	11
安曇川	10
米原	8
八日市	7
◎近江	5
◎幸福の科学学園関西	3
高島	2
大津清陵	1
国際情報	1
草津東	1
玉川	1
◎近江兄弟社	1
2000年	
膳所	50
彦根東	10
虎姫	2
◎比叡山	2
守山	1

高校	人
2007年	
膳所	47
彦根東	16
虎姫	2
◎比叡山	2
水口東	1
河瀬	1
2017年	
膳所	66
彦根東	7
守山	6
石山	4
◎立命館守山	4
◎比叡山	2
虎姫	1
水口東	1
八日市	1
高島	1
◎幸福の科学学園関西	1
2023年	
膳所	46
彦根東	12
守山	7
◎立命館守山	2
◎比叡山	2
◎光泉カトリック	2
◎幸福の科学学園関西	1

【京都】

戦後、京都の公立高校では、総合選抜制が長く敷かれていた。府内では京都市を除き1高校1学区制＝小学区制、京都市では独自の総合選抜制が続いた。同市では市内の府立校・市立校の公立普通高校が合同選抜を行い、12校の総定員（たとえば２０００年代は８０００人）を充足できるよう、合格者を生徒の居住地にあわせて各校にふりわける。居住する地域の高校にしか通学できない制度の根底には極端な機会均等の追求という考え方がある。１９４９年に府議会で「新制高等学校整備について」が議決された。その目的は、「税金によって維持されている諸学校に特殊な生徒たちのみ入学を許し、かつ、無意味な伝統、虚栄による学校差などの封建的慣習を排除するために、全公立学校に学校通学区を定め、その地区の全生徒に対して希望による教育ができるよう措置することが望ましく、これによって、真の教育の機会均等が得られる」ことだった。「特殊な生徒」とは、学業成績優秀な生徒を意味する。「入学を許し」た学校とは、旧制第三高等学校（三高、京大教養部の前身）に大量の合格者を出した府立京都第一中学校であり、同校を引き継いだ洛北を指す。

この高校入試制度は地元では評判が芳しくなかった。自分が行きたい学校に入れない、入

京　都①

高校	人
1964-1993 年累計	
◎洛星	2213
◎洛南	1215
□京都教育大学附属	925
紫野	414
洛北	319
鴨沂	268
嵯峨野	257
◎同志社	249
堀川	203
朱雀	202
桂	175
桃山	165
山城	152
日吉ヶ丘	150
塔南	149
乙訓	148
洛東	123
◎立命館	109
城南	101
福知山	91
綾部	75
西舞鶴	71
亀岡	47
東舞鶴	41
◎京都女子	40
宮津	37
◎花園	34
北嵯峨	32
向陽	31
北稜	30
峰山	30
園部	28
東宇治	27
洛西	25
城陽	25
◎東山	25
須知	24
◎京都共栄学園	21
東稜	19
◎京都成章	16
西乙訓	15
洛陽工業	14
鳥羽	13
◎大谷	13
久御山	12
莵道	12
木津	11
大江	11
西城陽	10
伏見工業	10
西宇治	9
加悦谷	8
◎龍谷大学附属平安	8
洛水	7
南陽	7
網野	7
◎ノートルダム女学院	7
◎同志社国際	6
南八幡	5
八幡（京都）	4
北桑田	4
◎一燈園	3
◎同志社女子	2
南丹	1
田辺	1
◎京都外大西	1
1958 年	
洛北	45
紫野	34
鴨沂	33
朱雀	26
山城	21
桃山	19
嵯峨野	19
堀川	14
西京	13
◎同志社	12
洛陽工業	8
◎洛星	7
日吉ヶ丘	6
城南	6
綾部	6
桂	5
東舞鶴	5
西舞鶴	4
園部	4
峰山	4
洛東	3
◎立命館	3
福知山	2
伏見工業	1
宮津	1
亀岡	1
須知	1
大江	1
北桑田	1

学しても同級生の学力とあまりにも差があり受験勉強に取り組む環境ではない、そもそも公立は受験指導に熱心ではない、などの理由から教育熱心な保護者のあいだでは私立・国立志向が強まっていく。１９６０年代後半から洛星、洛南、同志社、京都女子、京都教育大学附属、県を越えて大阪星光学院、東大寺学園に、そして大阪をまたいで灘、甲陽学院、神戸女学院などに通う生徒が出てきた。洛星、洛南については第11章で詳述する。

１９７０年代後半、京都大教授の会田雄次はこう話している。「公立高校に入ったら、一流大学に進むのはあきらめなければならない。まず、絶望です。はっきりしているのは、小学区制の教育効率の悪さです」（「週刊朝日」１９７９年10月19日号）。

１９６８年、京都教育大学附属が初めて卒業生を出し、京都大合格者は42人を数えた。同校が京都学芸大学附属として開学したのは１９６５年である（66年に改称）。国立大学附属の小中学校に通う生徒の保護者は教育熱心であり、京都教育大学附属には附属中学から、そして学区制とは無縁に地元公立中校から、学力が高い層が集まった。これまで附属中学から洛北、山城、鴨沂、朱雀、紫野などに進んだ層が、附属高校に入ってきたわけだ。実際、前記の公立５校の合格者数総計は１９６７年115人↓１９６９年65人↓１９７１年52人と落ち込んでいる。一方、京都教育大学附属は１９６８年42人↓１９７０年54人↓１９７１年74人と

京　都②

高校	人	高校	人	高校	人
1971年		1981年		1992年	
□京都教育大学附属	74	◎洛星	59	◎洛南	151
◎洛星	66	◎洛南	40	◎洛星	93
嵯峨野	19	□京都教育大学附属	34	□京都教育大学附属	29
紫野	18	◎同志社	11	◎同志社	11
洛北	14	乙訓	9	◎立命館	6
乙訓	13	向陽	8	◎京都女子	5
◎同志社	11	鴨沂	7	◎花園	5
堀川	9	洛北	7	紫野	4
桂	9	◎京都女子	7	桃山	3
鴨沂	8	東稜	6	宮津	3
福知山	7	◎立命館	6	鳥羽	3
塔南	6	嵯峨野	5	南陽	3
山城	6	福知山	5	洛北	2
朱雀	6	桃山	5	福知山	2
洛東	6	◎京都共栄学園	5	朱雀	2
桃山	6	朱雀	4	桂	2
日吉ヶ丘	5	紫野	4	東宇治	2
綾部	4	堀川	4	日吉ヶ丘	2
東舞鶴	3	桂	4	綾部	2
城南	2	◎東山	4	山城	2
亀岡	2	東宇治	3	北嵯峨	2
園部	2	西宇治	3	北稜	2
西舞鶴	2	日吉ヶ丘	2	久御山	2
宮津	2	城南	2	莵道	2
◎洛南	2	綾部	2	西城陽	2
峰山	1	塔南	2	南八幡	2
須知	1	山城	2	◎龍谷大学附属平安	2
北桑田	1	亀岡	2	◎京都成章	2
洛陽工業	1	園部	2	◎ノートルダム女学院	2
◎立命館	1	宮津	2		
◎花園	1	峰山	2		
		西舞鶴	1		
		北嵯峨	1		
		城陽	1		

急増した。

公立冬の時代は１９９０年代後半まで続いた。法学部に現役合格した男子（京都・東舞鶴）は母校の授業に厳しい目を向ける。「すこし耳を傾けてみて『得るものがない』と判断した授業はほとんど捨てましょう。僕の高校だけではないと思いますが、高校の先生の多くはマジでくだらない授業を繰り返すし、それをつきあってお義理でノートをとっている時間など現役生にはありません。教師たるもの自分の授業を吟味して、自分が本当に役立つものを提供しているか省みて欲しいものです」（『私の京大合格作戦１９９４年版』）。

さすがにこのままではだめだろうと危機感を抱いたのだろう。京都府、京都市教育委員会は公立の改革に乗り出した。１９９６年、嵯峨野は「京都こすもす科」を設置し、１期生が大学受験を迎えた１９９９年に３人合格者を出している。１９９９年、京都市立堀川は人間探究科、自然探究科を設置、１期生が卒業する２００２年、６人が合格した。04年には附属中学を設置し、中高一貫１期生が卒業する10年には45人が合格した。

２００３年、京都市立西京商業は西京に改称し未来社会創造学科、エンタープライジング科を設置した。１期生が２００６年に２人合格している。１９７２年から合格者が途絶えており34年ぶりとなった。２００４年、洛北は附属中学校を開校し中高一貫教育を始めた。２

京　都③

高校	人
1994-2023年累計	
◎洛南	2807
◎洛星	2036
堀川	946
□京都教育大学附属	530
西京	441
嵯峨野	345
洛北	276
◎同志社	215
◎京都成章	165
◎京都女子	149
桃山	112
◎東山	93
◎立命館	76
南陽	65
◎花園	59
◎京都共栄学園	57
福知山	54
宮津	52
◎大谷	45
紫野	42
西城陽	33
◎ノートルダム女学院	30
◎京都産業大学附属	30
鳥羽	28
西舞鶴	26
莵道	25
◎福知山成美	23
山城	22
◎同志社女子	22
◎京都聖母学院	21
洛西	17
北嵯峨	15
亀岡	15
峰山	15
綾部	12
西乙訓	12
城南菱創	12
◎龍谷大学附属平安	12
◎同志社国際	12
◎京都橘	12
◎京都先端科学大学附属	12
東舞鶴	10
◎京都文教	10
向陽	8
園部	8
朱雀	7
塔南	6
東宇治	5
北稜	5
日吉ヶ丘	4
久御山	4
乙訓	4
東稜	4
◎京都光華	3
鴨沂	2
城南	2
須知	2
加悦谷	2
洛水	2
◎京都両洋	2
1996年	
◎洛南	132
◎洛星	106
□京都教育大学附属	36
◎同志社	10
◎京都成章	7
洛北	6
◎京都女子	5
洛西	4
◎花園	4
塔南	3
南陽	3
◎ノートルダム女学院	3
鴨沂	2
向陽	2
北嵯峨	2
宮津	2
久御山	2
西城陽	2
鳥羽	2
◎立命館	2
嵯峨野	1
綾部	1
東宇治	1
西舞鶴	1
日吉ヶ丘	1
桃山	1
山城	1
城南	1
東稜	1
八幡	1
西乙訓	1
◎京都共栄学園	1
◎東山	1
◎龍谷大学附属平安	1
◎大谷（京都）	1
◎同志社女子	1

０１０年１期生から京都大生13人が生まれた。同校は高校入学のコース、中高一貫校のコースと分かれており、京都大合格者はほぼ中高一貫校出身だ。11年２期生は15人。このなかの１人、医学部合格の女子がこう話す。「洛北には勉強やスポーツなどさまざまな方面に秀でた同級生や先輩、後輩がいます。互いに応援しあい、憧れライバルとして競い合う毎日でした。本当に楽しかったです」（「洛北高校学校案内」２０１５年度）。

嵯峨野、堀川、西京、洛北は学区制を取り払って府全域から学力の高い層が集まった。地元中学、中学受験塾が生徒に勧めたことも大きい。こうなると高校入試制度のあり方が問われてくる。２０１３年、総合選抜制度が廃止された。60年以上続く機会均等を求めた制度は時代に合わなくなった。１９５０年代から上位校の推移をおおよそ20年ごとにみると、なるほど、公立が合格者上位に少しずつ戻っている。

【１９５６年】①洛北43人、②鴨沂31人、③紫野、朱雀25人、⑤堀川21人

【１９７８年】①洛星78人、②京都教育大学附属25人、③紫野15人

【２０００年】①洛南108人、②洛星94人、③京都教育大学附属14人、④同志社11人

【２０２１年】①洛南70人、②洛星46人、④堀川41人、⑤西京39人、⑥洛北22人

◆最多合格者：洛南高校151人（１９９２年１位）

京 都④

高校	人	高校	人	高校	人
2005年		2016年		2023年	
◎洛南	116	◎洛南	69	◎洛南	76
◎洛星	73	堀川	61	堀川	59
堀川	30	◎洛星	59	西京	42
□京都教育大学附属	28	西京	28	◎洛星	39
◎同志社	13	洛北	17	洛北	27
嵯峨野	8	□京都教育大学附属	14	嵯峨野	22
◎京都成章	5	嵯峨野	12	◎東山	7
◎京都女子	5	◎東山	7	◎立命館	7
◎京都共栄学園	4	◎立命館	5	福知山	5
◎京都聖母学院	3	◎京都産業大学附属	4	□京都教育大学附属	4
洛北	2	鳥羽	3	桃山	4
西城陽	2	◎京都女子	3	◎大谷	2
◎ノートルダム女学院	2	◎京都成章	3	◎京都共栄学園	2
◎東山	2	◎大谷	3	◎ノートルダム女学院	2
鳥羽	2	南陽	2	宮津天橋	1
◎花園	2	◎同志社	2	南陽	1
◎同志社女子	2	◎同志社女子	2	城南菱創	1
◎福知山成美	2	◎京都先端科学大学附属	2	◎京都産業大学附属	1
紫野	1	桃山	1	◎京都女子	1
莵道	1	宮津	1	◎京都先端科学大学附属	1
桃山	1	山城	1	◎花園	1
西乙訓	1	園部	1	◎福知山成美	1
南陽	1	北嵯峨	1		
◎京都橘	1	◎花園	1		
◎大谷	1	◎京都聖母学院	1		
		◎京都共栄学園	1		
		◎福知山成美	1		
		◎京都橘	1		
		◎龍谷大学附属平安	1		

【大阪】

戦後しばらく京都、兵庫では総合選抜制によって公立高校離れがおこった。京都と兵庫にはさまれた大阪はどうなっていたのだろうか。大阪は通学区を何度か変更したが、学校を自由に選べない制度は作っていない。それゆえ旧制一中起源の北野は、洛北や日比谷のような極端な地盤沈下はおこらなかった。大阪の公立高校通学地域の分類は1950年の13学区制に始まり、1963年5学区制、1973年9学区制　2007年4学区制に移り変わり、2013年から学区制は全廃されている。

各学区制時代の公立御三家＝北野、大手前、天王寺の最多合格者の年は次のとおり（各学区制時代の入学者の大学受験年。たとえば1963年入学者＝1966年卒業）。

【13学区制〈1950〜1965年〉】

北野69人（1963年）、天王寺98人（1965年）、大手前76人（1965年）

【5学区制〈1966〜1975年〉】

北野114人（1973年）、天王寺120人（1973年）、大手前99人（1974年）

【9学区制〈1976〜2009年〉】

北野36人（2003年）、天王寺20人（1997年）、大手前10人（1998年）

大　阪①

高校	人
1964-1993年累計	
北野	2446
天王寺	1969
大手前	1649
三国丘	1173
高津	944
茨木	941
四條畷	831
□大阪教育大学附属池田	746
豊中	640
◎大阪星光学院	640
生野	434
□大阪教育大学附属天王寺	405
◎清風南海	405
◎高槻	356
住吉	317
□大阪教育大学附属平野	300
◎金蘭千里	243
岸和田	187
◎明星	149
◎清風	117
寝屋川	115
市岡	114
八尾	102
千里	91
◎桃山学院	80
池田	60
今宮	52
富田林	45
泉陽	43
清水谷	39
◎四天王寺	33
春日丘	30
◎関西創価	27
三島	25
夕陽丘	22
◎関西大倉	19
枚方	17
旭	17
◎同志社香里	17
◎大谷	15
箕面	13
◎追手門学院	13
東淀川	11
布施	10
高槻北	10
◎帝塚山学院泉ヶ丘	10
牧野	8
◎初芝富田林	8
島上	6
東住吉	6
◎上宮	6
阿倍野	5
鳳	5
交野	5
◎開明	5
◎プール学院	5
◎関西大第一	5
島本	4
◎清教学園	4
◎PL学園	4

高校	人
1955年	
北野	25
大手前	21
天王寺	18
豊中	13
住吉	12
茨木	12
市岡	10
高津	9
◎高槻	6
寝屋川	5
四條畷	4
三国丘	3
今宮	3
富田林	3
布施	3
岸和田	3
阿倍野	3
生野	2
春日丘	2
八尾	1
清水谷	1
夕陽丘	1
池田	1
河南	1
桜塚	1
山本	1
東	1
◎明星	1
◎追手門学院	1
◎大谷	1
◎上宮	1

【４学区制〈２０１０~２０１５年〉】
北野71人（２０１４年）、天王寺61人（２０１１年）、大手前45人（２０１１年）
【学区制廃止〈２０１６~２０２３年〉】
北野100人（２０２０年）、天王寺77人（２０２０年）、大手前11人（２０２２年）

まず5学区制時代。教員指導、生徒の勉強はこんな感じだ。

１９７０年、大手前から前年比47人増の89人が合格した。同校教員はこう話す。「基礎的なことを反復して学習させ、３年次に教科書を終ってから再度基礎を覚えさせ、そのまま試験にもってゆかせたことも好結果の原因と言えよう」（「螢雪時代」70年5月号）。

１９７４年、理学部に現役合格した男子（天王寺）はこう話している。「毎日、ラジオ講座を聴いた。現役ではどうしても入試情報が入りにくく、入試ではどこまでを必要としているのか。どこまで問われるのか、というようなことがよくわかりません。私はラ講で、文字ではなく声で授業を聞くことでそれを知ってきました」（「螢雪時代」74年6月）。受験シフトにぎっしり感はなく、どこか田園牧歌的な雰囲気が漂っている。

１９７０年代後半、４学区制から9学区制に細分化してしまう。これまで北野に通えた層が地元の公立に進まざるを得なくなった。これで公立御三家から高い学力層が分散され、京

大　阪②

高校	人
1968年	
北野	105
天王寺	102
大手前	81
高津	36
住吉	31
豊中	27
茨木	23
□大阪教育大学附属	22
三国丘	21
◎高槻	11
八尾	9
市岡	7
◎大阪星光学院	7
今宮	6
四條畷	4
清水谷	3
夕陽丘	3
◎桃山学院	3
富田林	2
東淀川	2
布施	2
寝屋川	1
生野	1
池田	1
泉陽	1
枚方	1
旭	1
◎明星	1
◎追手門学院	1
◎関西大倉	1
◎同志社香里	1

高校	人
1981年	
北野	82
三国丘	50
大手前	50
四條畷	49
□大阪教育大学附属池田	47
茨木	44
天王寺	41
豊中	37
高津	36
◎大阪星光学院	30
生野	21
□大阪教育大学附属天王寺	19
◎清風南海	18
□大阪教育大学附属平野	16
◎高槻	15
岸和田	11
千里	10
◎明星	10
◎金蘭千里	10
池田	9
寝屋川	4
◎桃山学院	4
八尾	3
住吉	3
高槻北	3
泉陽	2
市岡	2
◎清風	2
◎四條畷学園	2
箕面	1
枚方	1
島上	1
島本	1
南寝屋川	1
◎大谷	1

高校	人
1988年	
北野	67
□大阪教育大学附属池田	63
三国丘	62
茨木	40
◎大阪星光学院	40
高津	37
四條畷	36
天王寺	34
生野	31
◎清風南海	30
大手前	28
□大阪教育大学附属天王寺	25
□大阪教育大学附属平野	24
◎高槻	24
◎金蘭千里	19
豊中	17
◎清風	12
岸和田	10
◎明星	8
泉陽	6
寝屋川	5
◎関西創価	5
千里	4
八尾	4
富田林	3
市岡	3
住吉	3
◎帝塚山学院泉ヶ丘	3
◎同志社香里	3
春日丘	2
枚方	2
◎桃山学院	2

大阪教育大学附属→大阪教育大学附属池田と大阪教育大学附属天王寺の合計

都大合格者を減らしてしまう。しかし、深刻な公立離れは起きなかった。大阪には開成、麻布、洛星、灘、甲陽学院のような突出した進学校がなかったからである。私立の進学校が生まれなかった背景には、高い金を払って私立より、地元の公立で十分というどけちな気質が大阪にはあるから、という見方がある。大手前の教頭がこう話す。「東京の人は、値段が高くてええ物と、安いけどええ物があったとき、高くてええものの方買うみたいなところあるでしょ。三越の包み紙でないとあかんみたいなとこが。大阪人はダイエーの包み紙で結構なんですわ」（「週刊朝日」１９８０年３月21日号）。北野も大阪人にかかればダイエーのお買い得品なのである。

大阪教育大学附属の池田、天王寺、平野の３校合わせて１９８８年112人、２０２０年22人だった。同校の校風は長いあいだ変わっていない。１９８４年、法学部合格の男子（大阪教育大学附属池田）は学校史でこう話す。「先生方は決して自分の考えを押しつけようとされません。制服がないことにも現れているように、基本的に生徒の自主性にまかせるのが附高の校風でした」（『50年のあゆみ』）。

北野は２００９年、府教育委員会の進学指導特色校になり、11年から文理学科を併置した。16年には普通科を廃止し、すべて文理学科となった。

大　阪③

高校	人
1994-2023年累計	
北野	1797
◎大阪星光学院	1531
天王寺	1233
◎清風南海	1064
茨木	843
□大阪教育大学附属池田	842
三国丘	830
◎高槻	769
大手前	707
◎大阪桐蔭	698
◎四天王寺	666
四條畷	590
◎清風	571
□大阪教育大学附属天王寺	518
◎明星	463
□大阪教育大学附属平野	284
◎金蘭千里	273
◎開明	260
高津	242
生野	214
◎関西大倉	143
岸和田	138
豊中	130
◎清教学園	108
◎帝塚山学院泉ヶ丘	68
◎初芝富田林	62
◎大谷	60
◎桃山学院	58
◎関西創価	58
千里	51
春日丘	48
◎近畿大学附属	47
寝屋川	38
泉陽	25
◎東海大学附属大阪仰星	25
◎関西大第一	24
池田	21
◎大阪女学院	18
◎履正社	18
◎プール学院	16
◎上宮	16
◎金光八尾	16
◎大阪国際大和田	16
◎興国	16
富田林	14
◎常翔学園	14
住吉	13
◎早稲田摂陵	13
◎関西大	13
咲くやこの花	12
八尾	11
鳳	10
◎大阪学芸中教	10
三島	9
和泉	8
◎関西学院千里国際	8
◎同志社香里	7
◎上宮太子	7
◎箕面自由学園	7
清水谷	6
今宮	6
市岡	6
◎大阪信愛学院	6
◎長尾谷	6

高校	人
1996年	
◎大阪星光学院	67
北野	63
□大阪教育大学附属池田	49
三国丘	48
◎清風南海	41
茨木	39
四條畷	27
□大阪教育大学附属天王寺	24
◎高槻	23
天王寺	22
大手前	19
◎明星	19
生野	18
◎清風	17
◎金蘭千里	15
◎四天王寺	11
□大阪教育大学附属平野	10
高津	8
岸和田	8
◎関西創価	6
千里	4
◎帝塚山学院泉ヶ丘	3
豊中	2
春日丘	2
八尾	2
◎大谷	2
◎関西大倉	2

私立では大阪星光学院、清風南海、高槻、大阪桐蔭、四天王寺、清風、明星、金蘭千里から合格者を多く出してきた。俳優の内藤剛志さんは母校、大阪星光学院について芸人の浜田雅功さんにこう説明した。「『浜田さん。ちょっとイキっていいですか？』と切り出し『めっちゃイキりますよ。偏差値76です！』とカメラに向かってねじ込むようなドヤ顔。『灘高とかのちょっと下です』と大阪で偏差値が一番高い進学校と紹介された」（ニュースサイト「デイリー」２０２３年８月５日）。中学受験で大阪ではトップだが、関西圏となると灘の次になってしまうことの自嘲気味な自慢である。清風南海の起源は南海高校で、南海電気鉄道が同社運転士を養成する機関だった。その後、仏教系の清風学園に譲渡され今日にいたる。同校から京都大に進んだ作家として貴《き》志《し》祐介《ゆうすけ》さん、万城目学さんがいる。高槻は１９４１年旧制高槻中として開校した。地元に伝統的な公立高校がなかったことから優秀な生徒が集まり、京都大合格者を増やす。79年法学部合格の男子（高槻）は学校の事情をこう話す。「先生がよくストをする学校で社会の勉強もできた」（「サンデー毎日」79年４月８日号）。両校とも男子校だったが、清風南海は２００２年、高槻は17年から共学となった。

◆最多合格者：府立天王寺高校120人（１９７３年１位）

大　阪④

高校	人	高校	人	高校	人
2002 年		2013 年		2023 年	
◎大阪星光学院	58	北野	65	北野	81
北野	48	◎大阪桐蔭	64	◎大阪星光学院	56
◎清風南海	37	天王寺	56	天王寺	47
◎四天王寺	37	◎大阪星光学院	53	◎清風南海	29
茨木	34	大手前	35	◎高槻	27
□大阪教育大学附属池田	33	◎清風南海	30	茨木	26
天王寺	31	三国丘	26	◎大阪桐蔭	25
四條畷	30	◎四天王寺	23	三国丘	22
◎清風	27	◎清風	23	□大阪教育大学附属池田	19
大手前	24	◎高槻	23	□大阪教育大学附属天王寺	16
三国丘	23	□大阪教育大学附属池田	16	◎開明	16
◎明星	21	◎明星	14	大手前	14
◎高槻	20	◎金蘭千里	14	◎清風	11
□大阪教育大学附属平野	17	◎開明	14	生野	10
□大阪教育大学附属天王寺	16	茨木	13	高津	10
◎金蘭千里	15	四條畷	11	豊中	9
生野	9	□大阪教育大学附属天王寺	8	四條畷	8
高津	8	生野	7	◎関西大倉	5
◎大阪桐蔭	5	◎関西大倉	6	◎桃山学院	5
豊中	4	□大阪教育大学附属平野	4	近畿新潟	4
◎帝塚山学院泉ヶ丘	4	岸和田	4	帝塚山学院泉ヶ丘	4
岸和田	3	寝屋川	4	◎四天王寺	4
春日丘	3	◎清教学園	4	□大阪教育大学附属平野	2
◎初芝富田林	3	高津	3	富田林	2
◎関西創価	3	住吉	3	◎明星	2
池田	2	◎帝塚山学院泉ヶ丘	3	◎金蘭千里	2
和泉	2	◎大谷	3	◎大谷	2
◎大谷	2	豊中	2	◎興国	2
◎関西大倉	2	池田	2		
◎近畿大学附属	2	◎近畿大学附属	2		
◎東海大学附属大阪仰星	2	◎大阪女学院	2		
◎早稲田摂陵	2	◎大阪学芸中教	2		

【兵庫】

教育熱心な保護者のあいでは、学力が高い男子は灘、甲陽学院、女子は神戸女学院と相場は決まっていた。それは２０２０年代のいまも続いており、神戸、姫路西など公立伝統校よりもブランド力は高い。

神戸女学院は１９６０年代からほぼ毎年、コンスタントに合格者を出していた。１９７８年、京都大９人、大阪大７人、神戸大４人などとなっている。同校の高校部長がこう話している。「阪大医学部は三人受けて三人とも合格しています。また、京大文学部に九人合格していますが、これは一番多いんじゃないでしょうか」（「週刊読売」１９７８年８月６日号）。２０００年以降、同校は大学の合格実績を公表していない。

公立高校は１９５０年代前半に小学区制が敷かれて以降、１９６０年代前半まで灘の後塵を拝していた。それでも神戸、兵庫、長田、姫路西などから絶えず10人前後が京都大に進んでいる。１９６３年、神戸高校が灘を追い抜いて初めてトップになった。これは灘で東京大志向が強まったからである。１９６０年代後半、私立は灘に代わって甲陽学院、六甲（現、六甲学院）が合格者を増やし、公立勢はその二番手、三番手になってしまう。70年代半ば以降は、私立で淳心学院、白陵が上位に入ってくる。一方、公立勢も健闘しており、加古川東、

兵　庫①

高校	人
1964-1993 年累計	
◎甲陽学院	1987
◎灘	1061
神戸	982
姫路西	798
◎六甲学院	543
長田	499
◎淳心学院	442
加古川東	350
◎白陵	324
兵庫	276
◎神戸女学院	189
龍野	164
西宮	142
小野	139
豊岡	109
明石	98
尼崎北	95
鳴尾	74
柏原	67
芦屋	62
川西緑台	51
西宮東	50
市立伊丹	47
◎三田学園	44
御影	41
八鹿	40
西脇	40
篠山鳳鳴	38
三原（兵庫）	37
西宮北	37
◎関西学院	33
洲本	30
星陵	28
北条	27
津名	24
◎滝川	24
◎親和女子	24
姫路東	23
明石北	21
宝塚	21
◎甲南	20
伊丹	19
宝塚東	18
尼崎	16
相生	16
明石西	16
山崎	15
市立西宮	15
尼崎小田	12
夢野台	11
宝塚西	10
◎小林聖心女子学院	10
1962 年	
◎灘	55
◎甲陽学院	34
神戸	32
姫路西	30
長田	7
尼崎	7
兵庫	6
芦屋	5
加古川東	5
◎六甲学院	5
生野	4
明石	4
柏原	3
西脇	3
北条	3
1985 年	
◎甲陽学院	91
◎灘	28
◎白陵	23
姫路西	21
◎六甲学院	19
◎淳心学院	19
長田	16
神戸	12
加古川東	7
西宮	6
◎神戸女学院	6
兵庫	5
川西緑台	5
龍野	4
小野	3

龍野、小野、市立伊丹《いたみ》、市立西宮、尼崎《あまがさき》北、柏原など、合格者を毎年10人前後出していた。

１９９５年、阪神・淡路大震災がおこった年、県内では上位10校のうち７校が私立だった。甲陽学院93人、灘47人、六甲30人、長田26人、白陵24人、淳心学院21人、姫路西16人、神戸女学院16人、滝川10人、神戸９人となっている。

１９９９年、須磨女子は男女共学になり須磨学園と改称。進学指導に力を入れる。２００６年に２人合格。04年に中高一貫コースも設置し、１期生が卒業する10年に８人が合格する。

２００１年経済学部合格の男子（白陵）が志望理由をこう話す。「マルクスに興味があるから」（「サンデー毎日」01年４月29日号）。ソ連崩壊後10年目である。

２００６年、総合人間学部合格の女子（神戸女学院）はオープンキャンパスで圧倒されたことから京都大をめざした。こう話す。「応援団や吹奏楽団の力強いパフォーマンスや、学長の威厳あるお話、体験授業や研究室訪問、そしてとても広くメニューの豊富な食堂。この日、私は絶対に京大へ行こうと決心した」（『私の京大合格作戦２００６年版』）。

15年、神戸大学附属中等教育学校から６人合格した。同校は09年に神戸大学附属中学（住吉、明石《あかし》の２校）が高校を創立し中高一貫校としてスタートした。その１期生である。
◆最多合格者：灘高校102人（１９８７年１位）

兵　庫②

高校	人
1994-2023年累計	
◎甲陽学院	1971
◎灘	1275
長田	776
◎六甲学院	682
神戸	624
姫路西	578
◎白陵	576
加古川東	431
◎淳心学院	327
兵庫	292
小野	243
◎須磨学園	219
宝塚北	168
◎滝川	150
◎三田学園	113
市立西宮	110
◎神戸海星女子学院	105
姫路東	103
◎神戸女学院	102
明石北	92
北摂三田	85
龍野	69
川西緑台	67
尼崎稲園	53
□神戸大学附属中教	51
星陵	49
◎近畿大学附属豊岡	42
◎雲雀丘学園	38
◎親和女子	34
西宮東	32
豊岡	32
◎甲南女子	27
◎小林聖心女子学院	26
洲本	25
相生	22
◎関西学院	20
御影	19
八鹿	19
◎報徳学園	18
◎蒼開	18
北須磨	16
◎甲南（兵庫）	15
西宮	14
篠山鳳鳴	14
伊丹	12
加古川西	12
柏原	12
兵庫県立大学附属	12
◎滝川第二	11
◎賢明女子学院	11
芦屋	9
三原	9
明石城西	9
芦屋国際中教	9
明石	8
夢野台	8
◎啓明学院	7

高校	人
1998年	
◎甲陽学院	76
◎灘	36
◎六甲学院	28
◎白陵	27
◎淳心学院	24
加古川東	21
姫路西	19
神戸	16
長田	15
◎神戸女学院	15
小野	8
◎滝川	8
川西緑台	7
兵庫	6
宝塚北	4
◎神戸海星女子学院	4
明石北	4
2023年	
◎甲陽学院	47
◎灘	45
神戸	29
長田	27
姫路西	25
◎六甲学院	23
◎須磨学園	21
加古川東	19
◎白陵	16
兵庫	10
市立西宮	8
尼崎稲園	6
□神戸大学附属中教	5
明石北	4
宝塚北	4

神戸女学院のデータは1999年まで

【奈良】

奈良は１９５０年から、東大寺学園は１９６６年から２０２３年まで合格者を出し続けている。

智辯学園は１９６７年に中高一貫教育が始まり74年に初めて合格者を出した。もっとも多かったのが２０００年の12人である。70年代半ば、校長は灘高校を意識した発言をしている。「授業の速度は灘高と変わりませんが、二倍の時間とエネルギーをつぎ込んでいるわけです。具体的に言えば、四十日の夏休みでも十日間しか休みを取らず、補習の連続です。（略）生徒も勉強に全エネルギーを使いますが、私たち教師も子供あるいは教育と心中する気持ちでやってきました」（「週刊読売」１９７７年11月２日号）。夏休みの少なさはのちに智辯和歌山、大阪桐蔭が採り入れるようになる。

２０１０年理学部合格の女子（奈良）はこう話す。「いい意味でのオタク集団？　実際に入学してみて、女の子は少ないし、オタクっぽい人多いし、『この環境でやっていけるのかな』と不安になりました。他の学部の人からも『変わった人や個性豊かな人が多いよね』と言われます」（京都大学案内「知と自由への誘い２０１５」）。

◆最多合格者：東大寺学園高校94人（１９９９年２位）

奈　良

高校	人
1964-1993年累計	
◎東大寺学園	1068
奈良	643
□奈良女子大学附属	395
畝傍	349
◎奈良学園	186
◎智辯学園	76
郡山	42
◎天理	30
五條	11
◎西大和学園	11
◎帝塚山	9
高田	5
◎奈良育英	5
北大和	3
平城	2
1980年	
◎東大寺学園	50
奈良	23
□奈良女子大学附属	13
畝傍	7
五條	1
生駒	1
◎智辯学園	1
◎天理	1

高校	人
1994-2023年累計	
◎東大寺学園	2264
◎西大和学園	1788
奈良	1095
◎奈良学園	484
◎帝塚山	391
畝傍	320
□奈良女子大学附属中教	157
◎智辯学園	154
郡山	120
◎奈良学園登美ヶ丘	52
◎智辯学園奈良カレッジ	42
◎聖心学園中教	17
◎天理	9
一条	7
平城	7
高田	6
◎育英西	5
生駒	4
北大和	3
1995年	
◎東大寺学園	99
奈良	37
畝傍	28
◎奈良学園	21
◎西大和学園	17
郡山	14
◎智辯学園	6
□奈良女子大学附属	4
◎帝塚山	4

高校	人
2005年	
◎西大和学園	95
◎東大寺学園	84
奈良	39
◎奈良学園	15
◎智辯学園	10
◎帝塚山	8
郡山	7
□奈良女子大学附属中教	5
畝傍	5
平城	1
一条	1
北大和	1
◎天理	1
◎育英西	1
2023年	
◎東大寺学園	64
◎西大和学園	39
奈良	21
◎帝塚山	16
◎奈良学園	10
◎奈良学園登美ヶ丘	10
□奈良女子大学附属中教	7
畝傍	5
郡山	3
◎智辯学園	1
◎智辯学園奈良カレッジ	1

【和歌山】

智辯学園和歌山が84年から、近畿大学附属和歌山は92年からいずれも２０２３年まで合格者を出し続けている。

桐蔭は戦前、和歌山中と名乗っており、学制改革で新制高校になるとき、「和歌山高校」になるはずだった。しかし、米軍政府の担当官は、戦前の教育観を払拭するために、県名や県庁所在地を冠する校名はその学校の優位性を示すものとして認めなかった（この処置は和歌山市内の高校のみ）。和歌山中を継承する学校の校長に就任した松野三郎氏は「桐蔭」という校名を付けた。そこにはこんな思いが込められていたという。学校史に記載がある。

「桐の木はスクスク伸びる習性がある。そのように伸びて欲しい願望とその蔭で楽しく明るく学ぶ、学舎《まなびや》と言う意味を持っています」（『和中開校百年桐蔭三十周年記念誌』、78年）。松野氏は地元では俳人として知られており、ほかに、「向陽」（旧制海草中学）、「光風工業」（旧制和歌山工業学校。現在、和歌山工業）、「星林」（旧制西浜女学校）という名称を付けている。１９６４年開校の桐蔭学園（神奈川）、88年開校の大阪桐蔭（大阪）とは関係がない。

78年、智辯学園和歌山は「高校生急増対策校」として開校した。県知事から「新風を吹き

和歌山

高校	人
1964-1993年累計	
桐蔭	313
◎智辯学園和歌山	115
橋本	52
日高	48
田辺	45
海南	37
向陽	36
新宮	30
粉河	26
耐久	14
那賀	14
◎近畿大学附属和歌山	9
南部	8
笠田	7
串本	6
古座	5
星林	2
1986年	
桐蔭	12
◎智辯学園和歌山	7
日高	4
新宮	2
田辺	2
向陽	2
橋本	1
耐久	1
海南	1
粉河	1
笠田	1
星林	1

高校	人
1994-2023年累計	
◎智辯学園和歌山	731
◎近畿大学附属和歌山	224
桐蔭	150
向陽	57
田辺	28
◎開智	27
橋本	18
◎近畿大学附属新宮	12
日高	9
◎和歌山信愛	9
粉河	7
新宮	7
◎初芝橋本	6
耐久	4
串本	3
海南	2
古座	1
笠田	1
◎高野山	1
1994年	
◎智辯学園和歌山	21
桐蔭	5
粉河	2
◎近畿大学附属和歌山	2
◎近畿大学附属新宮	2
向陽	1
耐久	1
串本	1
日高	1
新宮	1
田辺	1

高校	人
2003年	
◎智辯学園和歌山	50
桐蔭	11
◎近畿大学附属和歌山	8
◎初芝橋本	3
橋本	1
粉河	1
田辺	1
◎近畿大学附属新宮	1
◎開智	1
◎和歌山信愛	1
2016年	
◎智辯学園和歌山	18
桐蔭	9
◎近畿大学附属和歌山	6
向陽	2
◎開智	1
橋本	1
2023年	
◎智辯学園和歌山	15
桐蔭	9
◎近畿大学附属和歌山	7
田辺	3
向陽	1
橋本	1
◎和歌山信愛	1

込んでほしい」と誘致を受けたのである。当時、同校の藤田照清理事長はこう明言していた。「中学の成績がオール４もしくは５の生徒が欲しいとまでは言わないが、せめて『将来いい学校になる最低条件』であるオール３の生徒は欲しい」（『現代日本の名門校』二見喜章、主婦の友社、98年）。理事長は振り返る。「当初は、県民に『進学校は公立』というイメージが強く、開校20年ほどは進学の目標を決めてやってきた。実績を重ねるにつれ、親が安心して入れてくれるようになった」（読売新聞２００６年６月26日）。

22年文学部合格の女子（近畿大学附属和歌山）が話す。「先生方のサポートは手厚く、受験期には５人もの先生から添削指導を受けてもらいました。中には、30年分の志望校の過去問を添削してくださった先生もいます。答案を添削してもらうことで、自身の現状を客観的に捉えることができ、効率的な学習へと繋がりました」（同校「学校案内２０２４」）。

23年医学部に合格した男子（智辯学園和歌山）は母校を絶賛する。「社会に出ることを考えた時、豊かな人間性を身につけることが何より大切だと考えています。この学園は勉強をしながらさまざまな経験をする機会を与えてくれるので、本当に良い環境で６年間学べたことに感謝しています」（同校ウェブサイト）。

◆最多合格者：智辯学園和歌山高校50人（２００３年８位）

9章

全国から京都大へⅣ

［中国、四国、九州、沖縄］

【鳥取】

県内からの合格者数は１９７５年の39人がもっとも多い。最少は２０２３年の２人である。過疎化、少子化の影響は大きい。06年法学部合格の男子（米子東）は授業を全部頭にたたき込んだという。「学校の先生方は何年間も受験生と向き合っているのですから、どのような問題集・参考書がどのくらいレベルに達しているか、というような事はわかっていらっしゃると思うからです」（『私の京大合格作戦２００７年版』）。

◆最多合格者：県立鳥取西高校20人（１９７５年24位）

【島根】

松江北は１９６２年から２０２３年まで、02年を除き合格者を出した。県内からの合格者数は１９６６、87年の39人がもっとも多い。最少は２０１７年の１人だ。私立は石《いわ》見《み》智《ち》翠《すい》館《かん》だけで、23年までに４人が合格した。18年医学部人間健康学科合格の女子が記す。「いつも全力で私たちを人間としてすばらしい人に育ててくれた先生方や、辛いときはお互いに励まし合い助け合える仲間の存在のおかげだと思います」（同校ウェブサイト）。

◆最多合格者：県立松江北高校19人（１９８５年26位）

鳥　取

高校	人
1964-1993 年累計	
鳥取西	245
米子東	162
倉吉東	69
鳥取東	51
八頭	38
1975 年	
鳥取西	20
米子東	11
倉吉東	5
鳥取東	2
八頭	1

高校	人
1994-2023 年累計	
鳥取西	126
米子東	81
倉吉東	38
鳥取東	34
◎米子北斗	12
八頭	5
◎青翔開智	2
◎米子松蔭	1
◎鳥取城北	1
1996 年	
鳥取西	6
米子東	4
倉吉東	4
◎米子北斗	2
鳥取東	1

高校	人
2010 年	
米子東	8
鳥取西	5
倉吉東	1
鳥取東	1
◎米子北斗	1
2018 年	
米子東	6
鳥取西	1
鳥取東	1
◎青翔開智	1
2023 年	
鳥取西	2

島　根

高校	人
1964-1993 年累計	
松江北	240
出雲	143
松江南	114
浜田	66
大田	54
大社	33
松江東	15
三刀屋	14
益田	11
大東	10
平田	7
安来	7
隠岐	6
津和野	5
江津	5
横田	4

高校	人
1994-2023 年累計	
出雲	123
松江北	111
松江南	34
松江東	28
益田	21
浜田	11
大田	11
横田	6
三刀屋	4
◎石見智翠館	4
大社	2
津和野	1
江津	1
矢上	1

高校	人
1985 年	
松江北	19
出雲	5
松江南	2
浜田	2
大田	2
三刀屋	2
横田	1
2000 年	
出雲	6
松江東	3
松江北	1
2023 年	
松江北	5
出雲	1

【岡山】

１９５０年代から高校入試で総合選抜制度が実施され、岡山市内の高校受験生は、多い時には成績順で５校に振り分けられていた。その結果、５校から岡山大、東京大、京都大にバランスよく合格者を出している。学校群制度５校時代（１９８３〜２００２年）、京都大合格１位の回数は岡山朝日８回、岡山操山《そうざん》１回、岡山大安寺２回、岡山芳泉６回、岡山一宮３回だった。例年１位と２位との差は１〜５人であり、１９８６年の京都大合格者数は岡山朝日６人、岡山操山４人、岡山大安寺４人、岡山芳泉４人、岡山一宮４人である。結果平等をなし得たという意味で総合選抜制度は成功した。しかし、５校からの合格者数は伸び悩み、志望校へ行けないことへの批判が起こる。総合選抜制度は１９９８年で廃止された。それ以降は、岡山朝日がトップを続けて、同校は１９５０年から合格者が途絶えていない。

１９６３年法学部入学の小野元之さん（岡山操山）は初代・文部科学事務次官をつとめた。学生時代をふり返る。「大学では過激な学生運動をしていた。権力を倒すには暴力が必要であると考え本気でデモもした。（略）しかし本当に世の中を変えるには内部に入ってやらねばと公務員になりました」（毎日新聞２００１年８月20日）。

◆最多合格者：県立岡山朝日高校31人（１９６４年16位）

岡　山

高校	人	高校	人	高校	人
1964-1993年累計		1994-2023年累計		2000年	
岡山朝日	360	岡山朝日	328	◎岡山白陵	12
岡山操山	286	◎岡山白陵	168	倉敷青陵	8
岡山大安寺	198	倉敷青陵	140	岡山城東	7
津山	143	岡山操山	133	岡山芳泉	7
倉敷青陵	119	岡山城東	116	津山	5
岡山芳泉	99	津山	85	岡山朝日	4
総社	93	岡山芳泉	75	岡山操山	3
◎岡山白陵	83	岡山大安寺中教	63	◎岡山	3
玉野	59	倉敷天城	52	総社	2
◎金光学園	58	◎金光学園	44	岡山大安寺	2
岡山一宮	56	倉敷南	39	岡山一宮	2
倉敷天城	47	◎岡山	39	◎金光学園	2
倉敷南	44	笠岡	35	笠岡	1
高梁	34	岡山一宮	34	玉野光南	1
笠岡	29	総社	21	勝山	1
井原	26	玉島・県立	14	矢掛	1
西大寺	20	井原	11	西大寺	1
玉島	19	倉敷古城池	9	総社南	1
矢掛	17	◎明誠学院	8	◎関西	1
瀬戸	16	高梁	7	2023年	
1964年		勝山	6	岡山朝日	17
岡山朝日	31	◎就実	6	倉敷青陵	8
岡山操山	26	玉野光南	5	岡山操山	8
倉敷青陵	6	◎岡山学芸館	5	岡山芳泉	4
津山	6	新見	4	◎岡山白陵	3
◎金光学園	4	西大寺	3	岡山城東	2
総社	4	総社南	3	倉敷天城	2
井原	1	矢掛	2	岡山大安寺	2
新見	1	◎朝日塾中教	2	井原	1
矢掛	1			◎金光学園	1
瀬戸	1			◎岡山学芸館	1

岡山大安寺→岡山大安寺中教

【広島】

１９５６年から高校入試で総合選抜制度が実施された。広島市内は広島国泰寺、広島観音《かんおん》、広島皆実《みなみ》、市立基町《もとまち》、市立舟入《ふないり》5校に受験生が振り分けられた。志望校に入れないことを嫌った高学力層は広島大学附属、広島大学附属福山、修道、広島学院などに進んだため、公立の進学実績がふるわなかった。98年に総合選抜制度は廃止される。２００４年に県立広島、14年に広島市立広島中等教育が開校した。いずれも1期生が合格している（07年、21年）。

１９８１年文学部に合格した佐藤卓己さん（広島観音）はこう話す。「完全をめざすと無理が生じる。重要なものを見定めて要点をつかめば、不要不急なものは切り捨てることだ。明晰すぎる頭脳と繊細すぎる神経は受験戦線にいらない。鷹揚《おうよう》な人格と戦略に対する不退転の信念こそが必要なのだ」（『私の京大合格作戦１９８２年版』）。現在は京都大教授だ。

２０１３年、ＡＩＣＪから12人が合格した。同校歴代（～23年）でもっとも多い。ＡＩＣＪは２００６年、学習塾を経営する鷗州コーポレーション（現、ＡＩＣエデュケーション）によって設立された。校名は「Academy for the International Community in Japan」の頭文字をとったもので、「日本における国際社会のための学校」を意味している。

◆最多合格者：広島学院高校36人（１９８７年20位）

広島

高校	人
1964-1993年累計	
◎修道	553
◎広島学院	506
□広島大学附属	460
□広島大学附属福山	401
呉三津田	100
福山誠之館	47
◎ノートルダム清心	43
基町	31
呉宮原	31
広	30
尾道北	23
広島観音	22
広島舟入（舟入）	21
広島国泰寺	20
三原	19
広島皆実	18
府中	12
◎広島女学院	10
安古市	7
大門	6
三次	6
◎英数学館	6
広島井口	5
◎福山暁の星女子	5
賀茂	4
三原東	4
世羅	3
五日市	3
福山葦陽	3
◎広島城北	3
◎崇徳	3
廿日市	2
海田	2

高校	人
1994-2023年累計	
□広島大学附属福山	433
◎広島学院	374
□広島大学附属	355
◎修道	300
基町	197
◎ノートルダム清心	135
広島	77
◎広島城北	66
尾道北	62
呉三津田	51
舟入	51
◎広島女学院	34
◎近大学附属広島福山	34
◎広島なぎさ	32
◎AICJ	31
福山誠之館	26
安古市	26
◎近大学附属広島東広島	24
府中	19
福山	19
◎福山暁の星女子	15
広島国泰寺	10
廿日市	8
◎銀河学院	7
◎英数学館	6
◎崇徳	6
◎安田女子	6
◎盈進	6
呉宮原	5
広島井口	5
◎武田	5

高校	人
1969年	
□広島大学附属	33
◎広島学院	25
◎修道	17
□広島大学附属福山	13
呉三津田	5
福山誠之館	3
尾道北	2
呉宮原	2
1997年	
□広島大学附属	17
□広島大学附属福山	13
◎修道	12
◎広島学院	10
◎広島城北	9
◎ノートルダム清心	5
安古市	2
2023年	
□広島大学附属福山	16
基町	12
□広島大学附属	10
◎広島学院	7
◎修道	4
広島	3
舟入	2
尾道北	2
福山誠之館	2
◎ノートルダム清心	2

広島舟入→舟入

【山口】

１９５４年、山口の進学指導はすさまじかった。学校史でこう記されている。「受験の結果については成績上位者をプリントして、教室、廊下等に掲示し、またＰＴＡ新聞に発表するとともに、しだいに綿密な資料を作成して大学選択の基準とするようになった。課外授業については（略）夏休みには約二〇日間、第二学期は九月十四日より、冬休みは五日間というようなほとんど息つく暇もないほどの日程が組まれた」（『山口県立山口高等学校百年史』１９７２年）。授業日数の多さを売りにする、現在の一部の私立中高一貫校なみである。

野田学園は２００７年に中高一貫校となった。23年までに３人合格している。難関大学進学コースは週36時間授業を行っており、進路指導では予備校や通信教育など受験産業をかなり活用している。「鉄緑会（東大専門塾）による受験学習指導」「Ｚ会通信教育の添削問題に取り組みます」「代々木ゼミナール人気講師による特別英語講座」（同校ウェブサイト）。

２０１１年経済学部合格の女子（徳山）はこう話している。「やりたいことにどんどん挑戦できる環境が京大の魅力です。夢をかなえるのは大変ですが、挑戦しながら１歩１歩進んでいきましょう」（京都大学案内「知と自由への誘い２０１６」）。

◆最多合格者：県立下関西高校17人（１９８２年31位）

山口

高校	人
1964-1993年累計	
下関西	258
宇部	225
山口	218
徳山	172
岩国	116
防府	99
柳井	63
下松	39
光	29
萩	27
◎高水	15
熊毛南	13
豊浦	11
厚狭	11
大津	2
下関南	1
1964年	
宇部	13
下関西	7
徳山	7
柳井	4
山口	3
岩国	3
下松	3
防府	2
萩	2

高校	人
1994-2023年累計	
山口	142
徳山	125
下関西	115
宇部	84
岩国	39
防府	23
柳井	11
下松	10
萩	8
◎高水	7
大津	5
◎慶進	5
◎宇部フロンティア香川	4
光	3
下関南	3
大津緑洋	3
◎野田学園	3
下関中教	2
豊浦	1
◎宇部鴻城	1
◎山口県桜ヶ丘	1
◎高川学園	1
1997年	
徳山	9
山口	8
下関西	8
宇部	6
防府	1
岩国	1

高校	人
2010年	
徳山	10
下関西	5
山口	4
岩国	3
宇部	2
防府	1
萩	1
下関南	1
◎慶進	1
2019年	
徳山	7
山口	6
下関西	2
◎野田学園	2
宇部	1
岩国	1
萩	1
◎慶進	1
下関中教	1
2023年	
宇部	5
山口	3
徳山	2
岩国	1
防府	1

【徳島】

１９７２年に総合選抜制度が導入され、徳島市内では城東、城南、城北、城ノ内（80年開校）、徳島北（97年開校）、徳島市立の６校にそれぞれ優秀な生徒が振り分けられ、京都大合格者もばらけた。このうち徳島市立は理数科の設置で進学実績を高めた。総合選抜制度は２００２年で廃止された。90年工学部合格の男子（富岡西）はこう話す。「僕が土木にしたのは徳島に電車を走らせたいからである」（『私の京大合格作戦１９９１年版』）。

◆最多合格者：県立城南高校36人（１９７２年11位）

【香川】

高松、丸亀いずれも１９５１年から２０２３年まで合格者を出し続けてきた。２０１７年私立の香川県大手前が大手前丸亀に、香川県大手前高松が大手前高松に名称を変えた。２校は系列校。１９９６年総合人間学部合格の女子（香川県大手前）が話す。「地方のこぢんまりとした進学校です。先生方が皆とても熱心に指導してくれるため、受験に必要な学力を十分に身につけることができる環境にあります」（『私の京大合格作戦１９９７年版』）。

◆最多合格者：県立高松高校41人（１９６７年９位）

徳　島

高校	人	高校	人	高校	人
1964-1993年累計		1994-2023年累計		1994年	
城南	398	徳島市立	77	徳島市立	5
徳島市立	131	◎徳島文理	53	城南	3
城東	64	城東	51	城ノ内	2
富岡西	43	城ノ内	47	富岡西	2
城北	33	脇町	41	城北	1
城ノ内	28	徳島北	28	◎徳島文理	1
脇町	25	富岡東	21	城東	1
◎徳島文理	14	城南	18	脇町	1
富岡東	9	城北	14	富岡東	1
阿波	7	富岡西	13	2023年	
宇和島南	7	阿波	3	城ノ内	4
池田	6	池田	1	徳島市立	2
川島	4	川島	1	城東	2
鳴門	4	鳴門	1	城南	1

香　川

高校	人	高校	人	高校	人
1964-1993年累計		1994-2023年累計		1967年	
高松	785	高松	522	高松	41
丸亀	377	丸亀	290	丸亀	18
観音寺第一	96	観音寺第一	52	観音寺第一	8
◎香川県大手前	46	◎大手前丸亀	31	小豆島	2
小豆島	15	高松第一	30	2001年	
高松商	14	◎大手前高松	10	丸亀	15
三本松	9	◎香川誠陵	10	高松	14
坂出	8	三本松	6	◎香川県大手前	2
高松西	7	高松北	6	高松第一	2
高松第一	4	土庄	3	◎香川県大手前高	
◎香川県大手前高		三木	3	松	1
松	4	高松西	2	2023年	
◎香川県藤井	2	高松商	2	高松	12
高松東	1	小豆島	2	丸亀	10
土庄	1	香川中央	2	高松第一	2
		坂出	2	◎尽誠学園	1
				◎香川誠陵	1

香川県大手前→大手前丸亀、香川県大手前高松→大手前高松

【愛媛】

愛光は１９５３年に開校した。59年卒業の１期生が５人合格。２０２３年まで合格者を出し続けてきた。21年理学部合格の男子（愛光）が語る。「宇宙へ人類の居住領域を広げるという目標を心に抱きながら受験勉強に励んできました」（東進ハイスクールウェブサイト）。１９６７年工学部合格の近藤等則《としのり》氏（今治西）はジャズトランペッターとして活躍した。

◆最多合格者：愛光高校47人（１９８７年９位）

【高知】

県内から合格者は１９５３年34人、63年13人、73年11人、83年15人、93年８人、２００３年16人、13年18人、23年８人となっている。これらを合わせると123人となり、うち私立は100人（81・３％）。県内で私立中学に通う生徒の割合は18・１％である。都道府県別にランキングで見ると、東京25・５％の次に高い。以下、京都13・６％、奈良12・９％、神奈川11・０％と続く。四国の他３県はいずれも３％台だ（文科省調べ、22年）。１９７９年文学部に進んだ大森望《のぞみ》さん（土佐）は書評家として文芸誌で健筆をふるう。

◆最多合格者：土佐高校17人（１９６４年35位、66年41位）

愛　媛

高校	人
1964-1993 年累計	
◎愛光	464
松山東	294
新居浜西	216
今治西	174
西条	107
宇和島東	62
松山南	61
八幡浜	58
大洲	25
川之江	24
松山北	18
三島	14
南宇和	6
野村	6
新居浜東	6
松山西	4
今治北	4
伊予	2

高校	人
1994-2023 年累計	
◎愛光	274
松山東	153
今治西	136
新居浜西	75
松山南	33
宇和島東	26
◎済美平成中教	23
八幡浜	20
西条	12
川之江	9
松山西中教	9
◎新田青雲中教	9
大洲	8
宇和島南中教	5
◎新田	5
南宇和	4

高校	人
1987 年	
◎愛光	47
松山東	11
今治西	11
新居浜西	7
西条	2
宇和島東	2
松山南	1
野村	1
松山西	1
2023 年	
松山東	7
◎愛光	7
今治西	2
松山南	1
宇和島東	1
西条	1
三島	1
◎済美平成中教	1

高　知

高校	人
1964-1993 年累計	
◎土佐	296
◎高知学芸	113
高知追手前	14
高知西	2
◎土佐塾	2
◎高知	2
1952 年	
高知追手前	8
◎土佐	6
高知丸の内	5
高知小津	4

高校	人
1994-2023 年累計	
◎土佐	235
◎高知学芸	74
◎土佐塾	43
高知追手前	21
高知小津	2
◎高知	1
◎明徳義塾	1
1996 年	
◎土佐	12
◎高知学芸	3
◎土佐塾	1
◎明徳義塾	1

高校	人
2006 年	
◎土佐	10
◎土佐塾	6
高知追手前	3
◎高知学芸	2
2016 年	
◎土佐	3
高知追手前	2
◎土佐塾	1
2023 年	
◎土佐	8

【福岡】

小倉は１９５１年、修猷館《しゅうゆうかん》は52年、東筑は54年から２０２３年まで合格者を出し続けている。そして久留米大学附設は64年から、福岡は66年から、筑紫丘《ちくしがおか》は67年から合格者が途絶えていない。県内合格者数１位校の回数は小倉34回、修猷館21回、久留米大学附設11回、筑紫丘６回、福岡６回、明善１回となっている（１９５３～２０２３年）。

１９８２年文学部合格の男子（筑紫丘）はこう記す。「中国文学を専門的に勉強したいという思いがだんだん強まってきた矢先、京大文学部が東洋学（特に中国関係）における権威であることを知ってからハッキリ京大進学を決意しました」（『私の京大合格作戦１９８３年版』）。久留米大学附設は１９５０年に開校し53年卒の１期生から合格者を出した。同校が進学校になったのは外的要因も大きい。

１９６０年代まで県内のエリートコースは福岡教育大学附属の小学校→中学校→修猷館、筑紫丘、福岡、小倉、東筑などの伝統的公立校→東京大、京都大、九州大だった。しかし１９６８年に、福岡教育大学附属の小学校校長や教頭などが、同校入試で金品を受け取り試験の点数に手心を加えたという収賄容疑で逮捕される。これを機に、69年から福岡教育大学附属の小・中学校各３校の入試制度はすべて抽選制に変わった（高校は未設置）。これによっ

福　岡①

高校	人	高校	人	高校	人
1964-1993年累計		1954年		1978年	
小倉	468	明善	4	小倉	17
修猷館	397	小倉	3	筑紫丘	10
◎久留米大学附設	257	修猷館	2	修猷館	7
東筑	213	三池	2	東筑	7
福岡	175	八幡	1	◎久留米大学附設	6
筑紫丘	127	東筑	1	門司	6
門司	63	嘉穂	1	福岡	4
明善	62	伝習館	1	明善	1
三池	36	◎久留米大学附設	1	八女	1
八幡	29	田川	1	山門	1
田川	26	築上中部	1	小倉西	1
若松	25	八女	1	鞍手	1
豊津	24	1969年		田川	1
鞍手	24	修猷館	31	福岡中央	1
嘉穂	23	小倉	21	城南	1
京都	19	若松	5	1987年	
戸畑	18	◎久留米大学附設	4	◎久留米大学附設	32
伝習館	14	三池	4	修猷館	19
◎福岡大学附属大		福岡	3	小倉	14
濠	13	八幡	3	東筑	14
山門	11	嘉穂	3	筑紫丘	12
築上中部	11	明善	2	福岡	9
城南	9	門司	2	京都	3
八女	9	鞍手	2	明善	2
◎西南学院	9	筑紫丘	2	門司	2
朝倉	8	田川	2	田川	2
宗像	8	東筑	1	八女	1
大牟田北	7	戸畑	1	◎福岡大学附属大	
◎泰星	7	築上中部	1	濠	1
◎明治学園	6	八女	1	嘉穂	1
筑紫	4	宗像	1	八幡	1
小倉西	4	伝習館	1	◎泰星	1
◎筑紫女学園	4	京都	1	◎九州産業大学附	
				属九州	1

豊津→育徳館、泰星→上智福岡

て附属中学を志望する成績上位の小学生は行き場を失う。そこで、彼らが選んだのは、69年設置の久留米大学附設中学だった。75年中学入学組１期生が受験した年、同校の東京大合格者は30人（前年比22人増）だった。京都大も増やしている。

福岡ではかつて高校が経営していた予備校があった。修猷学館（修猷館）、福高研修学園（福岡）、筑紫丘学園（筑紫丘）、明陵学院（小倉）、明善時習館（明善）などである。講師は系列高校の教員が担当し、他校の卒業生も受け入れた。授業料は民間の予備校の半分以下だった。修猷学館は１９６５年に開校し66年１期生から京都大９人、東京大20人の合格者を出した。95年修猷学館が募集停止となり、これを最後に高校経営の予備校は県内から姿を消した。地元予備校からの「民業圧迫」批判、大手予備校の進出による生徒数減少などが要因だ。

私立で進学実績が高い高校は男女別学が多かった。だが、１９９０年代以降、いくつか共学化された。少子化対策でレベルを保つためということもあろうが、関東や関西の男女別学の進学校とは事情が異なっている。元男子校では、西南学院が１９９４年、久留米大学附設が２００５年、福岡大学附属大濠《おおほり》が12年に女子を受け入れた。元女子高校では明治学園が１９９２年に男子を受け入れている（いずれも高校）。

◆最多合格者：県立小倉高校35人（１９６８年12位）

福　岡②

高校	人
1994-2023年累計	
修猷館	358
◎久留米大学附設	335
筑紫丘	318
福岡	304
東筑	255
小倉	231
明善	184
◎明治学園	104
◎福岡大学附属大濠	60
◎西南学院	60
◎筑紫女学園	38
三池	36
伝習館	36
京都	31
嘉穂	30
八幡	20
◎九州国際大学附属	19
城南	18
宗像	15
◎泰星（上智福岡）	15
◎東筑紫学園	15
育徳館	12
香住丘	12
◎東福岡	12
◎筑陽学園	11
◎福岡雙葉	10
鞍手	9
春日	9
朝倉	7
◎敬愛	7
◎大牟田	7
◎自由ヶ丘	6

高校	人
1995年	
◎久留米大学附設	14
修猷館	12
福岡	11
東筑	8
筑紫丘	8
小倉	7
明善	5
育徳館	3
田川	2
◎筑紫女学園	2
筑紫	1
◎泰星	1
◎明治学園	1
◎東筑紫学園	1
◎福岡大学附属大濠	1

高校	人
2006年	
筑紫丘	15
◎久留米大学附設	11
小倉	10
福岡	10
修猷館	7
明善	7
◎明治学園	7
◎福岡大学附属大濠	5
◎西南学院	4
東筑	3
嘉穂	3
三池	3
伝習館	2
八幡	2
鞍手	2

高校	人
2017年	
修猷館	22
筑紫丘	10
福岡	9
東筑	8
明善	7
◎久留米大学附設	7
◎福岡大学附属大濠	5
小倉	4
◎筑陽学園	3
◎明治学園	2
◎西南学院	2
城南	1
◎東筑紫学園	1
◎福岡工大学附属城東	1

高校	人
2023年	
修猷館	21
筑紫丘	11
◎久留米大学附設	11
福岡	9
東筑	7
小倉	5
◎福岡大学附属大濠	5
城南	4
◎東筑紫学園	2
◎西南学院	2
八幡	1
◎明治学園	1
◎福岡雙葉	1
◎大牟田	1

泰星→上智福岡

【佐賀】

近年、佐賀西の生徒は京都大主催の「京大発見ゼミ」に参加。京都大が記す。「『キャンパス内を巡ったことにより、思っていた以上に京都大学が自由で面白く、ここで学びたいと強く思えた』といった感想を聞くことができました」（京都大ウェブサイト）。弘学館の１位は10回。優秀な生徒を集めるため、同校オーナーの松尾建設が生徒のスカウトに力を入れた。「会社をあげて各支店の営業もやってくれました」（「Focus」１９９０年４月20日）。

◆最多合格者：県立佐賀西高校11人（１９７１年50位）、弘学館高校11人（１９９４年63位）

【長崎】

青雲には学生寮がある。寮監長はこう話す。「中学入学当初は生徒間のけんかもあります。その時には、お互いの悪かったところを一緒に考えさせることによって、トラブル解決能力やコミュニケーション能力が身につきます」（朝日新聞「EduA」２０２１年４月２日号）。10年医学部人間健康科学科合格の男子（諫早）が京都大学観を話す。「挑戦したいことがあるならこれほど自由な探究の場はない」（京都大学案内「知と自由への誘い２０１８」）。

◆最多合格者：青雲高校14人（１９８７年81位）

佐　賀

高校	人	高校	人	高校	人
1964-1993 年累計		1994-2023 年累計		2007 年	
佐賀西	123	佐賀西	115	佐賀西	7
唐津東	22	◎弘学館	73	致遠館	3
鹿島	21	◎東明館	38	武雄	2
武雄	18	致遠館	29	鳥栖	2
◎弘学館	12	武雄	26	鹿島	1
伊万里	9	鳥栖	20	伊万里	1
小城	8	唐津東	18	◎弘学館	1
鳥栖	7	鹿島	18	◎東明館	1
白石	6	伊万里	10	◎龍谷	1
神埼	4	◎早稲田佐賀	8	2023 年	
致遠館	4	◎龍谷	5	佐賀西	4
三養基	3	◎佐賀清和	2	武雄	3
				◎弘学館	1

長　崎

高校	人	高校	人	高校	人
1964-1993 年累計		1994-2023 年累計		2010 年	
佐世保北	62	◎青雲	82	諫早	5
長崎北	61	長崎西	75	長崎西	3
長崎東	59	長崎東	67	佐世保北	2
◎青雲	57	諫早	63	◎青雲	2
長崎南	51	佐世保北	28	長崎東	1
長崎西	50	長崎北陽台	23	長崎北陽台	1
諫早	35	長崎北	20	島原	1
佐世保南	33	島原	17	◎鎮西学院	1
島原	33	大村	14	2023 年	
大村	21	長崎南	12	長崎東	4
長崎北陽台	21	佐世保西	11	長崎西	3
佐世保西	18	佐世保南	8	◎青雲	3
口加	6	壱岐	6	諫早	1
西陵	5	◎長崎日大	6	佐世保北	1
壱岐	3	五島	5	壱岐	1

【熊本】

熊本は１９５１年から２０２３年まで合格者を出している。済々黌《せいせいこう》は本校を「本黌」、校長を「黌長」とよぶ。１９６０年代、合格者の減少について、「教務部の話では本黌としては、東大、京大に二十人も三十人も受けてもらいたい。でも実際それだけ受ける実力を充分持っているのに受ける人があまりにも少ないと嘆いていた」（『済々黌新聞』65年５月15日）。

◆最多合格者：県立熊本高校23人（１９８７年45位）

【大分】

１９７３年から高校入試で合同選抜制度が導入され、85年までは大分市では大分上野丘、大分舞鶴、大分雄城台、大分南（83年開校）に生徒は振り分けられた。１９８７年大分雄城台７人、大分南５人、大分舞鶴４人、大分上野丘３人と合格者数はばらけた。１９９５年に合同選抜制度は廃止。１９９９年経済学部合格の女子（大分上野丘）が話す。「自分の可能性を切り開き、人生の幹となる価値観を見つけられると思います！」（京都大学案内「知と自由への誘い２０２０」）

◆最多合格者：県立大分上野丘高校15人（１９６９年43位）

熊　本

高校	人	高校	人	高校	人
1964-1993年累計		1994-2023年累計		1999年	
熊本	341	熊本	390	熊本	15
済々黌	54	済々黌	84	八代	2
八代	25	◎真和	24	玉名	2
玉名	20	八代	19	◎熊本マリスト学	
◎熊本マリスト学		玉名	17	園	2
園	11	◎熊本学園大学附		済々黌	1
人吉	6	属	11	宇土	1
天草	5	◎熊本マリスト学		◎文徳	1
◎真和	5	園	8	2023年	
鹿本	4	第二	7	熊本	14
第二	3	宇土	7	済々黌	2
第一	3	人吉	6	八代	1
宇土	2	第一	6	天草	1
◎熊本学園大学附		熊本北	5	玉名	1
属	2			第一	1

大　分

高校	人	高校	人	高校	人
1964-1993年累計		1994-2023年累計		1994年	
大分上野丘	136	大分上野丘	106	大分雄城台	3
大分舞鶴	79	◎岩田	33	◎岩田	2
別府鶴見丘	58	◎大分東明	32	大分上野丘	1
中津南	48	大分舞鶴	29	大分舞鶴	1
大分雄城台	46	大分豊府	23	大分鶴崎	1
臼杵	24	中津南	18	大分南	1
佐伯鶴城	20	佐伯鶴城	12	国東	1
中津北	20	別府鶴見丘	10	杵築	1
杵築	15	◎大分	7	竹田	1
大分鶴崎	13	宇佐	6	◎大分	1
日田	11	大分雄城台	5	2023年	
大分南	11	杵築	5	大分上野丘	8
◎岩田	10	日田	5	大分舞鶴	2
大分東	9	大分鶴崎	3	大分豊府	2
竹田	9	竹田	3	◎岩田	1
		高田	3	◎大分東明	1

【宮崎】

１９６３年から合同選抜制度が導入された。宮崎大宮、宮崎南、宮崎西（１９７４年開校）、宮崎北（84年開校）に生徒は振り分けられた。宮崎西は75年に理数科を設置し合格者数でリードした。88年東京大、京都大ダブル合格の男子（日向《ひゅうが》学院）が理学部を選んだ。こう話す。「京都は土地柄がいいし、東京に行くと無味乾燥な人間になりそうだ。それに理学部は京大がいいよと周りも言っていた」（「サンデー毎日」１９８８年４月17日号）。

◆最多合格者：県立宮崎大宮高校11人（１９６７年58位）

【鹿児島】

鶴丸は１９５０年から、同年に開校したラ・サールは54年から２０２３年まで合格者を出し続けている。ラ・サールは東京大、京都大ダブル受験が可能だった１９８７年に82人合格。前年比72人増だ。２０１７年医学部人間健康科学科合格の男子（鶴丸）が話す。「ぜひ『自由の学風』を全身で受けとめ、夢にチャレンジしてください」（京都大学案内「知と自由への誘い２０１８」）。離島では16年屋久島おおぞら、18年屋久島から１人ずつ合格した。

◆最多合格者：ラ・サール高校82人（１９８７年５位）

宮崎

高校	人	高校	人	高校	人
1964-1993年累計		1994-2023年累計		1987年	
宮崎大宮	109	宮崎西	95	宮崎西	9
宮崎西	57	宮崎大宮	63	宮崎大宮	4
宮崎南	44	都城泉ヶ丘	25	宮崎南	3
延岡	34	延岡	23	延岡	1
都城泉ヶ丘	17	◎宮崎第一	15	高鍋	1
高鍋	15	◎日向学院	13	妻	1
延岡西	11	宮崎南	11	福島	1
日南	11	◎延岡学園	11	宮崎北	1
小林	10	◎宮崎日大	5	2023年	
◎日向学院	10	小林	4	都城泉ヶ丘	2
日向	7	都城西	4	宮崎大宮	1
妻	7	宮崎北	3	◎鵬翔	1
都城西	5	五ヶ瀬中教	3	◎宮崎第一	1
宮崎北	4	◎鵬翔	3		

鹿児島

高校	人	高校	人	高校	人
1964-1993年累計		1994-2023年累計		2000年	
◎ラ・サール	499	◎ラ・サール	290	◎ラ・サール	19
鶴丸	217	鶴丸	215	鶴丸	3
甲南	64	甲南	55	◎池田学園池田	3
錦江湾	36	◎志學館	23	◎出水中央	2
鹿児島中央	31	加治木	22	◎鹿児島第一	2
加治木	26	◎池田学園池田	20	甲南	1
川内	14	◎れいめい	16	加世田	1
出水	12	加世田	10	鹿屋	1
加世田	10	◎出水中央	9	鹿児島中央	1
鹿屋	10	鹿屋	8	◎れいめい	1
鹿児島玉龍	9	川内	8	2023年	
◎れいめい	8	◎鹿児島第一	8	鶴丸	9
国分	5	鹿児島玉龍	7	◎ラ・サール	7
		鹿児島中央	6	加治木	1

【沖縄】

アメリカ占領下の時代（１９４５～１９７２年）、本土の大学に沖縄の学生を特別枠で受け入れるという国費沖縄学生制度（公費琉球《りゅうきゅう》学生制度）があった。日本政府は沖縄出身学生の授業料を免除し、国が生活費の大半を支給し、琉球政府が教科書代などを負担する。１９５３年にはじまり86年に終了するまで２６６１人が利用している。沖縄で行われる統一試験を受けて合格した者が、国内の大学に配置される。１９５９年の西里喜行氏（琉球政府立那覇高校：アメリカ占領下なので設置者は琉球政府）は京都大文学部に入学した。その後、西里氏は同大学大学院を経て、琉球大教授となり東洋史学を講じた。67年里見進氏（那覇）は東北大医学部に入学したのち、２０１２年東北大総長に就任した。

当時は、国費沖縄学生制度で本土の国立大学に進むことがエリートコースとされていた。統一試験の合格者が何人いるかで沖縄の高校がランク付けされた。旧制一中起源の首里《しゅり》、二中の那覇が多かった。

１９７２年、沖縄が日本に復帰後、本土とのレベルの差に悩んだ生徒は少なくなかった。77年に首里を卒業した生徒が、東京での予備校生活を学校史に記している。「あまりにもレベルが違うことに驚きました。人一倍に努力しなければ標準に達しそうもなく、毎日気が狂

沖縄

高校	人
1964-1993年累計	
◎昭和薬科大学附属	8
那覇	4
首里	3
開邦	3
西原	1
コザ	1
普天間	1
球陽	1
◎沖縄尚学	1
1955年	
八重山	1
1957年	
首里	1
1960年	
那覇	1
1994-2023年累計	
◎昭和薬科大学附属	75
開邦	43
球陽	15
◎沖縄尚学	13
◎N	7
首里	4
那覇	3
◎興南	3
八重山	2
那覇国際	2
1987年	
首里	1
西原	1
◎昭和薬科大学附属	1
1998年	
開邦	3
◎昭和薬科大学附属	2
球陽	1
首里	1
那覇	1
2020年	
◎沖縄尚学	4
◎N	3
開邦	2
球陽	2
◎昭和薬科大学附属	2
2023年	
◎昭和薬科大学附属	4
◎N	2
開邦	1
球陽	1

う思いでした」（『養秀百年』１９８０年）。

　１９７０〜１９８０年代、沖縄の学力優秀層がラ・サール、久留米大学附設に進むというケースが見られた。これに対して本土への「頭脳流出」を避けるため、県は進学校と明確に位置づけた高校として開邦、球陽、向陽、那覇国際を設立し熱心な進学指導を行ってきた。

　２０２０年に理学部に合格した男子（開邦）はこう話している。「京大は自分のペースでできるので性格に合っている。数学が好きだが、幅広く教養を深め、将来は県の教育に携わりたい」（琉球新報２０２０年３月19日）。

　私立も難関大学合格向けの授業に力を入れ

ている。昭和薬科大学附属は1987年から2023年まで合格者を出し続けている。同校では2023年から「駿台サテネット21」を導入し、駿台予備学校で行われる授業の動画を手持ちのデバイスからいつでもどこでも視聴できるオンラインシステムを作った。沖縄尚学は高校1、2年に「東大・国公立大医学科コース」、3年になると「旧帝大コース」がある。2020年法学部に合格した男子（沖縄尚学）はこう話す。「志望校を高く定め、周りに自分の目標を伝えることが受験には大切だと思います。私は京大志望だと友達や先生に言って、自分を後に引けない状況にする事で必死になって勉強できました」（同校ウェブサイト）。

沖縄にはN高校、S高校の本部機能がある。学校法人角川ドワンゴ学園が設立した通信制高校だ。「ネットと通信制高校の制度を活用した、〝新しいネットの高校〟です」とうたっている。22年教育学部に合格した男子（N）はこうふり返る。「N高等学校での受験勉強では、合格のために何をいつどのようにするべきかという課題設定を自らすること、そして高い志をもって、継続的に自学自習するということが求められます。難しいことですが、そんな風に過ごした毎日は、能動的で生産的な活動の連続で、主体的に勉強に取り組むことの楽しさを常に感じられ、精神的に充実したものになりました」（N高校ウェブサイト）。

◆最多合格者：昭和薬科大学附属高校6人（2015年95位）

10章

京都大医学部の天才、秀才集団

日本で難易度がもっとも高い大学は東京大理科三類、その次は京都大医学部医学科。模擬試験の偏差値、高校や予備校の上位成績者の進学先、合格体験記からそう結論づけていい。東京大理科三類、京都大医学部について過去の模試データ（合格者平均偏差値など）を見ると、「理三」「京医」の１、２フィニッシュは変わらない。

【１９６４年】東京大326点、京都大312点　九州大292点（旺文社模試の合格者平均点）
【１９８４年】東京大80、京都大79、大阪大77、九州大、名古屋大75（進研模試の偏差値）
【２００４年】東京大84、京都大83、大阪大82、九州大80（ベネッセ、駿台模試の偏差値）
【２０２３年】東京大79、京都大78、東京医科歯科大、大阪大74（駿台模試の偏差値）

「京医」の難関さは他学部との比較にも示される。京都大理系学部の最低点は次のとおり（１９６４年は800点満点。２０２３年はカッコ内が満点）。

【１９６４年】医学部647点、理学部629点、工学部（建築系）608点、薬学部565点
【２０２３年】医学部医学科935・87点（１２５０点）、理学部795・75点（１２００点）、農学部679・７点（１０５０点）、工学部建築学科948・０点（１０００点）、薬学部628・58点（950点）

灘は１９６７年から、甲陽学院は69年から、東大寺学園は74年から、洛南は91年から京医合格が続いている。洛星は62年から２０２１年まで続いたが、２０２２年の合格者は０人だ

京都大医学部合格高校累計（1984-2023年）

順位	高校	人
1	◎灘	771
2	◎東大寺学園	391
3	◎洛南	240
4	◎洛星	223
5	◎甲陽学院	201
6	◎大阪星光学院	115
	◎ラ・サール	115
8	◎東海	77
9	◎愛光	72
10	◎四天王寺	63
11	□大阪教育大学附属池田	62
12	◎智辯学園和歌山	60
13	◎白陵	59
14	◎西大和学園	57
15	◎高田（三重）	51
16	◎開成	47
	◎久留米大学附設	47
18	□大阪教育大学附属天王寺	46
19	◎広島学院	43
20	□京都教育大学附属	36
21	◎麻布	33
22	北野	32
	◎清風南海	32
24	◎淳心学院	27
25	高松	25
26	◎同志社	24
	◎高槻	24
	□広島大学附属福山	24
29	徳島市立	23
30	□金沢大学附属	22
	◎南山	22
32	天王寺	21
	◎神戸女学院	21
34	◎桜蔭	20
35	◎六甲	19
36	□東京学芸大学附属	18
	□筑波大学附属駒場	18
	三国丘	18
	□広島大学附属	18
40	旭丘	17
	膳所	17
	大手前	17
	◎金蘭千里	17
	◎奈良学園	17
	◎岡山白陵	17
46	◎栄光学園	16
47	◎武蔵（私立）	15
	岐阜	15
	◎滝	15
	◎土佐	15
51	◎海城	14
	◎桐蔭学園	14
	藤島	14
	堀川	14
	□大阪教育大学附属平野	14
56	◎駒場東邦	13
	◎大阪桐蔭	13
58	◎聖光学院	12
	千種	12
60	□筑波大学附属	11
	清水東	11
	洛北	11
	四條畷	11
64	浜松北	10
	岡崎	10
	神戸	10
	長田	10
68	茨木	9
	高津	9
	◎明星（大阪）	9
	◎滝川（兵庫）	9
	◎修道	9
73	前橋	8
	盛岡第一	8
	伊勢	8
	◎清風	8
	◎須磨学園	8
	◎帝塚山	8
	鳥取西	8
	◎徳島文理	8
	丸亀	8
	修猷館	8
83	札幌南	7
	千葉	7
	◎巣鴨	7
	静岡	7
	沼津東	7
	加古川東	7
	岡山朝日	7
	◎明治学園	7
	宮崎西	7
	◎昭和薬科大学附属	7
93	◎渋谷教育学園幕張	6
	新潟	6
	富山中部	6
	高岡	6
	四日市	6
	奈良	6
	桐蔭	6
	◎青雲	6

った。

医学部合格出身高校ランキング上位校は、京都大全学部合格出身高校の上位と重なっているわけではない。１９６０年代から灘、洛星、ラ・サール、広島学院など私立中高一貫校が強かった。それでも膳所、北野、大手前、天王寺など公立も、上位３校に顔を出している。１９７０年大手前７人（２位）、73年北野８人（１位）などだ。

77年に合格した男子（天王寺）はこう話す。「私は小さい時から医学を志し、小学校の時すでに志望を京大医学部と決めていました。今思えば実に生意気な坊主だったわけですが、半面そのような志望校の早期決定が合格の大きな鍵になったともいえます」（『私の京大合格作戦１９７８年版』）。初志貫徹組は灘、洛南ではなく公立の学校に通っていた。

１９８０年代後半から、上位20校は私立と国立で占められるようになった。

81年に合格した男子（灘）には余裕が感じられる。「僕にも付き合っていた女の子がいたが、決して勉強の負担にはならなかった。冬休みなど毎日会っていたし、共通一次の前日も当日も、二次試験の前日も会っていた。（略）さすがにデートの場は、図書館などに限られていた。こんなつき合い方なら、はげましもお互い相手が自分と同じ境遇にあるため、しらじらしくなることもなく、軟弱に聞こえるかもしれないが彼女には、いろいろな面で救われ

京都大医学部合格高校（1953-1980年）①

順位	高校	人
1953年		
1	◎土佐	4
2	大手前	3
3	洲本	2
	□奈良女子大学附属	2
1957年		
1	紫野	4
2	鴨沂	3
3	小石川	2
	膳所	2
	堀川	2
	天王寺	2
	◎修道	2
1962年		
1	□広島大学附属	4
2	◎洛星	3
	北野	3
	□奈良女子大学附属	3
	◎ラ・サール	3
1966年		
1	神戸	5
2	藤島	4
	洛北	4
	◎洛星	4
	天王寺	4
	大手前	4
	□奈良女子大学附属	4
	◎修道	4
	◎広島学院	4
1969年		
1	◎洛星	8
2	◎灘	5
	□広島大学附属	5
4	日比谷	4
5	戸山	2
	新潟	2
	富山中部	2
	静岡	2
	沼津東	2
	◎南山	2
	伊勢	2
	大手前	2
	◎淳心学院	2
	□奈良女子大学附属	2
	◎東大寺学園	2
	◎修道	2
	◎広島学院	2
	城南（徳島）	2
	高松	2
	小倉	2
	修猷館	2
1974年		
1	◎洛星	7
2	□京都教育大学附属	6
3	大手前	4
	◎灘	4
	◎甲陽学院	4
	◎土佐	4
1977年		
1	◎灘	11
2	◎洛星	10
3	□京都教育大学附属	6
4	北野	5
5	岐阜	3
	膳所	3
	□大阪教育大学附属天王寺	3
	◎甲陽学院	3
9	□金沢大学附属	2
	藤島	2
	甲府第一	2
	□大阪教育大学附属池田	2
	天王寺	2
	三国丘	2
	◎淳心学院	2
	◎東大寺学園	2
	桐蔭	2
	岡山朝日	2
	◎ラ・サール	2
1980年		
1	◎灘	10
2	◎洛星	7
	◎東大寺学園	7
4	◎甲陽学院	6
5	□金沢大学附属	4
	□大阪教育大学附属天王寺	4
	□大阪教育大学附属池田	4
	高津	4
9	□東京学芸大学附属	3
	天王寺	3
	茨木	3
	鳥取西	3

た」（『私の京大合格作戦1978年版』）。

京都大医学部にもっとも多く合格者を出したのは、87年の灘32人である。東京大とのダブル合格が可能だった年だ。同年、灘から理三に進んだ上《かみ》昌広さん（医療ガバナンス研究所理事長）がこう話す。上さんは京医にも合格している。

「この年、灘は例年以上に優秀な生徒が多かったようです。理三合格者はほぼ全員、京大医に受かっています。このなかには、伝説的な秀才、岡田康志君、そしてオウム真理教幹部が2人いたんじゃないかな。みんな東大に入学したので、京大医学部は辞退者が続出してえらくプライドを傷つけられた、という話を聞きました」

「岡田康志君」は、駿台予備学校の東大実戦模試を中学3年で受けて理三合格A判定、高校1年で総合2位、2年で総合1位をとった。灘の教員がこう語っている。「教員生活40年になりますが、彼のような生徒に出会ったのは初めて。灘高でも10年に1人の逸材です。ただ、彼にとって気の毒なのは、高2では実際の受験ができなかったことでこの1年間は足踏みの年になってしまった」（「週刊サンケイ」1986年11月20日号）。

1993年、大阪市立大を経て3年の病院勤務、2年浪人して合格した女性（大阪・富田林）が「京医」入学動機をふり返る。「4年生の夏にちょっとした病気で入院したんですが、

京都大医学部合格高校（1983-2002年）②

順位	高校	人
1983 年		
1	◎灘	9
2	◎洛星	6
	北野	6
	◎甲陽学院	6
	◎ラ・サール	6
6	◎大阪星光学院	5
	◎東大寺学園	5
8	天王寺	4
9	虎姫	3
	◎淳心学院	3
11	□京都教育大学附属	2
	茨木	2
	三国丘	2
	◎清風南海	2
	◎六甲	2
	浜田	2
	◎広島学院	2
	◎修道	2
1986 年		
1	◎灘	18
2	◎洛星	10
3	◎東大寺学園	7
4	◎甲陽学院	6
5	北野	4
	◎愛光	4
7	□大阪教育大学附属池田	3
	□大阪教育大学附属天王寺	3
	三国丘	3
	◎大阪星光学院	3
	◎広島学院	3
	◎ラ・サール	3
1990 年		
1	◎灘	17
2	◎洛星	8
3	◎東大寺学園	7
4	□大阪教育大学附属池田	5
5	◎愛光	4
6	◎開成	3
	◎大阪星光学院	3
	高松	3
9	千種	2
	◎東海	2
	◎同志社	2
	◎淳心学院	2
	□広島大学附属	2
	◎久留米大学附設	2
1994 年		
1	◎灘	19
2	◎洛星	8
	◎東大寺学園	8
4	□大阪教育大学附属池田	5
5	◎開成	3
	◎広島学院	3
	◎ラ・サール	3
8	◎麻布	2
	□金沢大学附属	2
	◎東海	2
	□大阪教育大学附属天王寺	2
	□大阪教育大学附属平野	2
	◎大阪星光学院	2
	◎愛光	2
1999 年		
1	◎灘	14
2	◎東大寺学園	9
3	◎洛星	7
4	◎甲陽学院	5
5	◎神戸女学院	4
6	◎大阪星光学院	3
7	◎桜蔭	2
	旭丘	2
	□京都教育大学附属	2
	◎洛南	2
	□大阪教育大学附属池田	2
	□大阪教育大学附属天王寺	2
	茨木	2
	◎清風南海	2
	◎四天王寺	2
	◎久留米大学附設	2
2002 年		
1	◎灘	14
2	◎東大寺学園	8
3	◎大阪星光学院	7
4	◎洛南	6
5	◎洛星	5
	◎甲陽学院	5
7	◎四天王寺	4
8	◎智辯学園和歌山	3
9	◎東海	2
	□大阪教育大学附属池田	2
	□大阪教育大学附属天王寺	2
	◎白陵	2
	鳥取西	2
	◎岡山白陵	2
	◎ラ・サール	2

担当のドクターがすごくよかった。医者嫌いの私が感動するくらいに気を遣ってくれた。（略）医者の仕事がやりがいがあるなって…」（「螢雪時代」１９９３年７月号）。

２００２年医学部に合格した男子（京都・洛南）は母校をこう語る。「昔かたぎの教育方針で、塾などというのは存在すら認めない」と振り返る。「塾に反対しているだけあって授業の質は高い！　そして面倒見も良い。とくに高３教師陣は、そこら辺の予備校より断然『教える』ということに関して熟達している」（『私の京大合格作戦２００３年版』）。授業だけでも京医に合格できる。学校はそんな体制に誇りを持っていた。

２０２０年代。京医合格のために塾依存度がますます高くなっている。22年医学部合格の男子（灘）は中学入学から高校３年まで鉄緑会に通っている。

「鉄緑で勉強していることにより得られるアドバンテージは凄まじく、本番まで不安を感じることなく突き進むことができました。クラスメイトたちは非常に優秀で、刺激を受けとるとともに、彼らとともに学び競いあっているのだという自覚が自信につながりました」（「鉄緑会大阪校　合格実績と合格者の声」２０２２年版）。灘といえども学校の勉強だけでは京医合格はむずかしい。そんなことでいいのだろうか。

京都大医学部合格高校（2006-2023年）③

順位	高校	人
2006 年		
1	◎灘	25
2	◎東大寺学園	10
3	◎甲陽学院	6
4	◎洛南	4
	◎西大和学園	4
6	◎桜蔭	3
	◎洛星	3
	◎大阪星光学院	3
	◎四天王寺	3
	◎ラ・サール	3
11	◎開成	2
	◎東海	2
	□京都教育大学附属	2
	◎白陵	2
	◎愛光	2
	◎久留米大学附設	2
2008 年		
1	◎灘	14
2	◎東大寺学園	13
3	◎甲陽学院	8
4	◎洛星	5
5	◎高田（三重）	4
6	◎洛南	3
	◎白陵	3
	◎智辯学園和歌山	3
9	◎栄光学園	2
	◎東海	2
	□大阪教育大学附属天王寺	2
	◎大阪星光学院	2
	◎西大和学園	2
	徳島市立	2
2010 年		
1	◎灘	23
2	◎東大寺学園	15
3	◎甲陽学院	9
4	◎四天王寺	5
5	◎洛星	4
6	◎高田（三重）	3
	◎洛南	3
	◎大阪星光学院	3
	◎西大和学園	3
10	◎白陵	2
	◎淳心学院	2
	◎愛光	2
	◎久留米大学附設	2
2018 年		
1	◎灘	22
2	◎洛南	13
3	◎東大寺学園	11
4	◎洛星	5
	◎甲陽学院	5
6	◎東海	4
7	◎大阪星光学院	3
	◎智辯学園和歌山	3
9	◎開成	2
	◎女子学院	2
	堀川	2
	西京	2
	□広島大学附属福山	2
	◎ラ・サール	2
2021 年		
1	◎灘	14
2	◎洛南	12
	◎東大寺学園	12
4	◎甲陽学院	5
	◎西大和学園	5
6	◎東海	4
	◎大阪星光学院	4
	◎ラ・サール	4
9	◎洛星	3
	天王寺	3
11	◎開成	2
	◎海城	2
	◎須磨学園	2
	徳島市立	2
2023 年		
1	◎東大寺学園	18
2	◎灘	17
3	◎洛南	15
4	◎西大和学園	5
5	□大阪教育大学附属天王寺	4
	◎大阪星光学院	4
7	◎洛星	3
	◎甲陽学院	3
9	◎片山学園	2
	高志	2
	静岡	2
	◎大阪桐蔭	2
	◎清風南海	2
	◎白陵	2
	◎愛光	2
	◎土佐	2
	◎久留米大学附設	2

京都大医学部合格高校1位校の推移（1953-2023年）

年	高校	人
1953	◎土佐	4
1954	熊谷、岐阜、朱雀、大手前	2
1955	◎灘	4
1956	膳所、◎灘	3
1957	紫野	4
1958	洛北	4
1959	山城	4
1960	北野	4
1961	□奈良女子大学附属	4
1962	□広島大学附属	4
1963	◎洛星	4
1964	大手前	5
1965	◎洛星	9
1966	神戸	5
1967	◎愛光	5
1968	◎洛星	8
1969	◎洛星	8
1970	◎灘	9
1971	◎洛星	6
1972	北野	6
1973	北野	8
1974	◎洛星	7
1975	◎洛星、北野、◎灘	6
1976	◎洛星	7
1977	◎灘	11
1978	◎洛星	9
1979	◎灘	10
1980	◎灘	10
1981	◎甲陽学院	9
1982	◎洛星、◎東大寺学園	7
1983	◎灘	9
1984	◎灘	12
1985	◎灘	17
1986	◎灘	18
1987	◎灘	32
1988	◎灘	30
1989	◎灘	30
1990	◎灘	17
1991	◎灘	12
1992	◎灘	22
1993	◎灘	20
1994	◎灘	19
1995	◎灘	17
1996	◎灘	16
1997	◎東大寺学園	12
1998	◎洛星、◎灘	13
1999	◎灘	14
2000	◎灘	18
2001	◎灘	15
2002	◎灘	14
2003	◎灘	15
2004	◎灘	15
2005	◎灘	22
2006	◎灘	25
2007	◎灘	15
2008	◎灘	14
2009	◎灘	22
2010	◎灘	23
2011	◎灘	25
2012	◎灘	22
2013	◎灘	24
2014	◎灘	16
2015	◎灘	21
2016	◎灘	25
2017	◎灘	21
2018	◎灘	22
2019	◎灘	26
2020	◎灘	24
2021	◎灘	14
2022	◎灘	20
2023	◎東大寺学園	18

医学部医学進学課程および医学科

11章

京都大合格高校上位校の歴史

（1）洛星高校、洛南高校

洛星は１９５８年に初めて卒業生を出してから２０２３年まで、京都大合格者は累計４４３４人を数える。洛星は１９５２年開校当初から、教育熱心な保護者に支持され、優秀な生徒が集まった。京都の公立高校入試は総合選抜制、小学区制ゆえ進学先が限られてしまい、志望する学校へ行けない。また、進学指導もそれほど熱心ではない。その点、カトリックのミッションスクールである洛星は神父たちによる躾《しつけ》がとても厳しく勉強を熱心に教えている、と評判が高かったからだ。

同校の学校史に次のような記述がある、「先生たちは若々しく大学院の専門の研究をなさった方が多く、その学識と新鮮味ある授業は、生徒を引き付け勉学の尊さを実感させ、これがハイレベルの充実した授業の実現となり、大学合格者の急増の事実は、後輩生徒に一層の希望と努力の精神を植え付けた」（『50年誌』２００３年）。

だからといって受験に特化した教育内容、カリキュラムというわけではない。教養色の濃い授業が行われていた。現在、副校長をつとめる藤原義久さんは、１９７６年洛星中学、82年に京都大法学部に進んだ。１９７０年代から80年代の雰囲気をこうふり返る。

「地元の大学として京大へいきたいという意識はみんな自然にもっていました。学校が組織

京都大に多くの俊才を送り出した高校（京都①）

年	洛星	洛南	年	洛星	洛南	年	洛星	洛南
1954			1978	78	7	2002	96	103
1955			1979	65	26	2003	79	101
1956			1980	55	32	2004	91	103
1957			1981	59	40	2005	73	116
1958	7		1982	45	32	2006	60	101
1959	16		1983	66	52	2007	66	98
1960	13		1984	69	60	2008	62	85
1961	39		1985	75	50	2009	62	105
1962	56		1986	104	67	2010	47	83
1963	54		1987	84	95	2011	63	88
1964	64		1988	105	108	2012	51	85
1965	65	1	1989	106	71	2013	52	88
1966	78		1990	116	105	2014	63	79
1967	69		1991	90	128	2015	56	60
1968	68		1992	93	151	2016	59	69
1969	47	2	1993	119	147	2017	46	68
1970	70	2	1994	88	135	2018	42	76
1971	66	2	1995	95	140	2019	48	64
1972	68	3	1996	106	132	2020	46	52
1973	54		1997	95	114	2021	46	70
1974	58	4	1998	100	100	2022	39	76
1975	54	6	1999	82	116	2023	39	76
1976	59	8	2000	94	108			
1977	64	16	2001	90	116			

的に進学指導することはなく、教員ものびのびして、教科書とはかけ離れた内容で個性的な授業を行う人もいました。私たちは進学校という言葉は当時もいまも使っていません」

たとえば、国語の教員は高校1年で古事記と万葉集、2年で源氏物語を徹底的に教えて、それは大学レベルの内容だったという。

洛星28期（82年高校入学）から50期（04年高校入学）までは高校からの入学者も受け入れた。団塊世代ジュニアで若年層人口増加に対応するためだ。高校入学組にはとても優秀な生徒がいて、いい刺激になったという。その後、05年以降、原則として高校からの入学者を受け入れはしない。藤原さんが続ける。

「1960～90年代、現役の京大合格者率は高くない。浪人してがんばった生徒が多かった。洛星で部活、行事をやって最高に楽しい高校生活を送れば、1年浪人しても仕方がない。それで京大にいけばいい、という雰囲気があった。2000年代以降、部活との両立で勉強がおろそかにならないよう受験指導を充実させたことなどによって、現役が増えています。一方で最近、洛星について京大合格者数だけで見るのではなく、ネット、オープンキャンパスで校風が理解されるようになりました。良いことだと思います」

洛南の起源は828（天長5）年に弘法大師空海が創立した綜藝種智院《しゅげいしゅちいん》にさかのぼる。旧制の真言宗京都中学校を経て、戦後、東寺高校を開校した。62年洛南に改称し、65年特別進学コース、自動車コースを設置している。洛南は中学校から信頼を得るためにまず就職実績を高めた。やがて、進学指導に力を入れるようになり、放課後、夏休みや冬休みの補習、高野山勉強合宿などを行って、1970年代後半から京都大合格者が急増する。洛南には進路指導の担当部署がない。持ち上がりの担任教員が生徒1人ひとりを指導していた。副校長の亀村俊実さんが話す。

「教員は前年より京大合格者数で上回るようにと競争意識を持っていました。前年の模試結果などから数学が弱ければ、それを重視しようとデータを分析して指導方針を組み立てました。合格者を増やす策士的な教員もおり、先輩から薫陶を受けた教員が受験指導のノウハウを受け継ぎ、後輩の教員に伝わる、それがうまくまわっていました。教員は生徒の気持ちをうまくのせて、生徒は知らない間に猛勉強していました。誰かががんばっているようだと自分も負けないようにがんばろうという雰囲気です」

生徒もそれに応えた。京都大に合格するために夜遅くまで勉強するものだとモチベーションを高め、夜9時近くまで教室に明かりがついていることもあった。

こうして１９９０～２０００年代には京都大合格者100人以上の時代が続く。２０１０年代以降は国立大学医学部志向が高まり、「絶対に京大」というわけではなくなった。東京大を目ざす生徒も増え、「東大受験ツアー」に70～80人が集まったこともある。２００６年に女子を受け入れて進路は多様化した。

洛南は京都駅から徒歩10分のところに位置する。ロケーションが抜群に良い。同校教員が話す。

「洛南は新快速に育てられました」

１９７０年代、国鉄（現、ＪＲ西日本）は福井から兵庫までを縦断する「新快速」の運行を始めた。これによって京都まで、草津や大津（以上、滋賀）、あるいは大阪、高槻（以上、大阪）から30分以内、米原《まいばら》（滋賀）、三ノ宮、芦屋（以上、兵庫）からも約１時間で通えるようになった。通学範囲が広がることで優秀な生徒が集まったことも、難関大学合格実績が高まった１つの要因ということだ。クラブ活動も盛んでバスケットボール部、バレーボール部、陸上部、体操部などが全国大会常連であり、優れたアスリートも学んでいる。副校長の亀村さんが話す。「うちは進学校ではなく総合校という位置づけです」。

（2）洛北高校、堀川高校

洛北は１８７０年（明治３）年に京都府中学校として開校した。自ら「日本最古の中学校」（同校ウェブサイト）と名乗る。１９６０年代まで多くの京都大合格者を出した。しかし、総合選抜制、小学区制で優秀な生徒が集まりにくくなり、１９８０年代以降、長い間合格者数は低迷する。危機感を抱いた京都府教育委員会は公立への信頼を取り戻すため、２００４年、洛北に附属中学校を設置し進学校づくりを始めた。同校の案内に、「平成16年４月より、附属中学校を併設し、中高一貫教育校として新しい歴史を刻み始めました」（「平成26

京都大に多くの俊才を送り出した高校（京都②）

年	洛北	堀川	年	洛北	堀川	年	洛北	堀川
1954	45	19	1978	5	9	2002	2	6
1955	51	22	1979	14	3	2003		11
1956	43	21	1980		3	2004	2	40
1957	53	14	1981	7	4	2005	2	30
1958	45	14	1982	6	2	2006	5	31
1959	38	20	1983	2	3	2007	3	42
1960	49	24	1984	2	1	2008	1	48
1961	50	18	1985	3		2009		47
1962	38	19	1986	5	7	2010	13	45
1963	46	18	1987	3	1	2011	15	40
1964	27	13	1988	4		2012	16	62
1965	22	22	1989	1		2013	11	49
1966	39	21	1990	2	1	2014	8	46
1967	26	15	1991	5		2015	27	52
1968	29	18	1992	2		2016	17	61
1969	14	14	1993	4		2017	21	45
1970	21	16	1994	2	1	2018	15	46
1971	14	9	1995	3		2019	11	51
1972	11	9	1996	6		2020	22	48
1973	13	10	1997	3	1	2021	22	41
1974	15	5	1998	3		2022	12	44
1975	4	7	1999	2		2023	27	59
1976	11	8	2000					
1977	8	2	2001	5				

年版学校案内」）とある。12年総合人間学部合格の男子（洛北）は志望動機を本音で語っている。「一つは高学歴の肩書きが欲しかったから、もう一つは面白い奴に出会いたかったから、でした」（京都大学案内「知と自由への誘い２０１６」）。

堀川は１９９９年、人間探究科・自然探究科を設置してその１期生が卒業する２００２年、国公立大学現役合格者数を前年６人から106人に増やし、「堀川の奇跡」として注目される。京大合格者数は、２００２年６人→03年11人→04年40人。13年理学部合格の男子は話す。「主体的に物事に関わり、物事自体について考えるという能力を得ることができたのは、間違いなく堀川高校のおかげです」（「２０２４学校案内」）。最近では21年41人↓22年44人↓23年59人とその水準は保たれている。しかし、現在の副校長は満足していない。もっと増えていいと考えている。「本校に入学してくる力があるにもかかわらず、自己実現や十分な進路実現ができない生徒もいる。本校の生徒は、入ってきた時のポテンシャルはかなり高く、まだまだ伸ばせる余地がある」（京都新聞２０２３年８月30日）。

（３）北野、大阪星光学院

１９４９年に京都大がスタートしてから今日（２０２３年）まで、もっとも多く合格者を出したのが北野である。その累計は４７５２人に（１９４９年を除く）。学区制の変更で１９７０年代の110人台から２０００年代の30人台まで落ち込んだが、文理学科１期生卒業の２０１４年以降は60人を下回っていない。北野は校内模試に自信を持っており、こう誇る。

「本校の教員が時間をかけて練り上げた問題を解くことで、学習の到達度を知り、切磋琢磨しながら目標に向かっていきます」（「学校案内２０２４」）。しかし、それでも物足りなさを感じる生徒がいた。23年工学部合格の男子は駿台予備学校の高校生クラスに通っていた。

京都大に多くの俊才を送り出した高校（大阪）

年	北野	大阪星光学院	年	北野	大阪星光学院	年	北野	大阪星光学院
1954	28		1978	71	11	2002	48	58
1955	25		1979	96	26	2003	36	57
1956	26		1980	82	24	2004	42	59
1957	32	2	1981	82	30	2005	40	52
1958	51	2	1982	66	34	2006	43	59
1959	41		1983	68	26	2007	40	62
1960	53		1984	82	29	2008	56	53
1961	58		1985	65	38	2009	57	42
1962	53	1	1986	74	44	2010	44	38
1963	70		1987	56	46	2011	51	53
1964	61		1988	67	40	2012	55	56
1965	55	1	1989	55	45	2013	65	53
1966	100	4	1990	51	28	2014	71	58
1967	69	3	1991	76	47	2015	61	54
1968	105	7	1992	82	59	2016	62	58
1969	87	3	1993	80	36	2017	64	32
1970	99	2	1994	67	51	2018	84	41
1971	102	8	1995	53	37	2019	72	50
1972	104	5	1996	63	67	2020	100	30
1973	114	1	1997	57	45	2021	95	43
1974	101	11	1998	74	69	2022	91	27
1975	112	11	1999	49	69	2023	81	56
1976	86	11	2000	37	58			
1977	98	10	2001	39	44			

「気持ちの強い者が受験を制します。実際、僕は両肺気胸で三度入院し、手術もし、受験当日も気胸のまま挑みましたが、合格できました。何度も絶望し、あきらめかけ、そのたびに立ち上がり、最後まで食らいつき続けて合格しました」（駿台予備学校ウェブサイト）。

大阪星光学院は１９５０年に開校した。57年に初めて合格者を出し、歴代（～２０２３年）もっとも多かったのが１９９８、99年の69人である。13年理学部合格の男子が学校の授業に全幅の信頼を寄せている。こう記す。「塾に行っていれば成績が上がるというのはまやかしであると思います。正直、学校の授業をおろそかにして塾に行くぐらいなら、塾の時間を学校の予習、復習にあてて学校の勉強についていき、自分のものにする方が成績は向上すると思います」（同校「２０１３年進路指導集」）。これと真逆のケースがある。15年工学部合格の男子は鉄緑会にどっぷり浸かっていた。「中1から6年間お世話になりました。当初は親に無理やり入れられたような気がして、どうしてこんなに勉強しなければならないのかと思う事がありました。（略）やってきた学習がこれほど価値があるものだったのかと分かりました」（「鉄緑会　合格実績と合格者の声」２０１５年版）。

（4）甲陽学院高校、灘高校

「甲陽学院は京大、灘は東大」と言われていたが、灘は１９５０年代、京都大のほうが合格者は多かった。52年、灘高校から23人合格している。学校史に同年卒業生がこう話している。「学区制になって神戸一中から、できるやつがようけ来て刺戟《しげき》になり何か勉強せないかんという雰囲気になりましたね。皆どこかにいかなという気になって、（略）京都大に三十人ぐらい行ったし、阪大とか東大とか七人ほどでした」（『五十周年記念誌』１９７７年）。30人には届かなかったが、兵庫県が小学区制になって、学区外の神戸高校に進学できず灘に入っ

京都大に多くの俊才を送り出した高校（兵庫）

年	灘	甲陽学院	年	灘	甲陽学院	年	灘	甲陽学院
1954	26	6	1978	10	68	2002	40	79
1955	24	9	1979	18	60	2003	55	69
1956	31	10	1980	23	69	2004	44	63
1957	30	5	1981	12	61	2005	54	76
1958	21	10	1982	16	72	2006	51	86
1959	47	17	1983	25	77	2007	33	57
1960	30	19	1984	32	63	2008	23	69
1961	40	32	1985	28	91	2009	37	59
1962	55	34	1986	29	71	2010	35	76
1963	38	33	1987	102	93	2011	45	62
1964	36	32	1988	93	78	2012	34	67
1965	53	51	1989	72	71	2013	41	51
1966	33	50	1990	57	79	2014	30	54
1967	27	49	1991	51	73	2015	36	67
1968	23	46	1992	65	77	2016	47	54
1969	75	45	1993	47	73	2017	39	51
1970	29	75	1994	60	70	2018	42	43
1971	13	70	1995	47	93	2019	48	49
1972	17	67	1996	49	83	2020	49	50
1973	14	77	1997	37	81	2021	34	57
1974	20	85	1998	36	76	2022	48	53
1975	16	62	1999	39	86	2023	45	47
1976	10	53	2000	51	67			
1977	15	49	2001	46	76			

た優秀な生徒が京都大合格実績を高めたことを意味する。神戸一中を継いだ神戸高校の学校史にも、これを裏付ける資料が紹介されている。

「神戸高校々区に縁故を持たぬものは一斉に灘高校に参集したのです。（略）、他方は現在の灘高校を創りだしたのです」（『同窓会誌』9号。『神戸高校百年史』1997年に所収）。

50年代まで京都大志向が高かったが、60年代半ばから東京大志向にシフトする。64年に東海道新幹線が開通し、関西から東京までの所要時間が短縮。東京大を受験しやすくなった、という見方もある。

【１９６２年】京都大55人 ＞ 東京大39人
【１９６３年】京都大38人 ＜ 東京大48人
【１９６４年】京都大36人 ＜ 東京大56人
【１９６５年】京都大53人 ＜ 東京大66人
【１９６６年】京都大33人 ＜ 東京大95人
【１９６７年】京都大27人 ＜ 東京大112人
【１９６８年】京都大23人 ＜ 東京大132人

高校２年で高校課程を終えて３年に入試対策を行う。灘はこのスタイルを早い時期から採り入れたことで、進学実績を高めた。しかし、授業にはかなりハードな予習が課せられたという。学校新聞にこんな意見が出ている。「灘高生は受験一本ヤリに徹した教育方針に追いまくられ窒息させられているのである」（灘高新聞１９６２年４月23日）。

まだ京都大合格者のほうが多かったころだが、いつ、どのようなきっかけで東京大志向がふえたのか、はっきりしない。学校史をひもとくとこんな記述にぶつかった。１９５９年卒業生によれば「日本全体が東大中心に、経済の高度成長へまっしぐらに走り出し、それに自然と灘中、灘高が引きずられて東大一辺倒になった気がするんです」（『五十周年記念誌』１

９７７年）。１９６６年、京都大は前年比20人減、東京大は前年比29人増となっており、これまで京都大へ進んでいた層が東京大にシフトしたのはあきらかだ。この年の受験誌で灘の教員がこう話す。「東大を受けるために来たんだから、といって浪人覚悟で受ける生徒が毎年かなりいます」（「高３コース」１９６６年７月号）。

　このときから半世紀後、２０１０年代半ば、東京大志向の強さは変わらない。そして授業では自信を持って多くの課題を課す。灘中受験生に対し、塾について説明している。「学校での勉強や課題は十分にあり、それをきちんとこなすことが大切で、塾に通う意味があるとは思いません」（「平成27年度版　灘中・灘高入試説明会」）。

　しかし、そう思っていない生徒は、鉄緑会などに通っている。

甲陽学院は京都大志向が強い。関西の中学受験の世界ではこう言われている。兵庫では１９７０～86年、１９９０～２０２３年まで京都大合格者１位を続けていた。全国トップになったのは１９８２年72人、83年77人、85年91人である。

甲陽学院は１９１７年（大正６年）に開校した。戦後、新制中学・高校として出発したとき、京都帝国大学出身者の教員が多く教壇に立ち、このなかには作家、村上春樹氏の父がおり、生徒には文芸批評家の柄谷行人氏がいた。こうした雰囲気が京都大合格者を多く出したのではないか、という見方がある。校長の今西昭さんが話す。１９７０年甲陽学院中学に入学。１９７６年京都大に入学した。

「京大出身の先生が幅広い教養、最先端の知を教えており、それに影響を受けた生徒が京大を目ざすようになったという側面もあったと思います。だからといっていまもむかしも京大受験に特化した授業は行っていません」

１９８７、88年は東京大とダブル受験が可能だった。このとき異変が起こっている。87年は現役で京都大、東京大にダブル合格したのが25人、このうち京都大進学者は２人だけだった。ところが88年にはダブル合格20人のうち京都大へ10人進学している。

今西さんが話す。「87年は保護者が東大を強く勧めたケースがあったようで『東大生の母になりたい』という話を聞きました。88年は京大にこだわる生徒が多く、たとえば建築を学びたいけど理一では建築学科に行けるかわからない、だから京大工学部建築学科に進んだケースがありました。その後、ダブル受験はできなくなりましたが、まだ東大よりも京大理学部のほうが上というブランド力があった時代で、甲陽は京大志向に戻りました」。

２０００年代以降、甲陽学院には依然として京都大にあこがれる層が少なくない。

「ただ、いま、京大のブランド力は落ちているのではないかと心配しています」

京都大に多くの俊才を送り出した高校（奈良）

年	東大寺学園	西大和学園	年	東大寺学園	西大和学園	年	東大寺学園	西大和学園
1954			1978	34		2002	78	69
1955			1979	31		2003	91	66
1956			1980	50		2004	92	86
1957			1981	39		2005	84	95
1958			1982	34		2006	78	95
1959			1983	47		2007	79	75
1960			1984	39		2008	83	83
1961			1985	53		2009	66	75
1962			1986	64		2010	71	83
1963			1987	54		2011	65	83
1964			1988	76		2012	70	66
1965			1989	64		2013	70	82
1966	7		1990	73	2	2014	58	74
1967	18		1991	77		2015	70	81
1968	14		1992	72	4	2016	65	49
1969	16		1993	62	5	2017	66	40
1970	19		1994	77	17	2018	57	57
1971	16		1995	99	17	2019	68	34
1972	16		1996	75	23	2020	60	52
1973	11		1997	77	31	2021	70	63
1974	13		1998	90	42	2022	76	40
1975	25		1999	94	50	2023	64	39
1976	17		2000	89	46			
1977	27		2001	82	75			

（5）東大寺学園、西大和学園

不思議なことに東大寺学園は合格者90人以上が5回あるが、1位になったことはない。2位は13回もある（1995、99、2003、04、07、08、12、15、16、17、19、21、22年）。京大愛の強さについて、かつて校長がこう話した。「うちの生徒は、みな京大に入りたくて本校にきている。この数字ではまだまだ不十分。全員を京大に合格させてやらなければ。（略）うちはアンチ東大の空気が強いから」（「サンデー毎日」1981年4月12日号）。

88年東京大理科一類、京都大工学部ダブル合格で京都大に進んだ男子が語る。「東大は官僚主義的で嫌いだった。最初は東大を受けたくなかったけど、塾の先生なんかの勧めで一応受けた。親も京都だと生活費が安いと喜んでいる」（「サンデー毎日」88年4月17日）。

西大和学園は1986年の開校当初、国公立大学、関関同立の合格を目標としており、京都大はまだ遠い存在だった。そこで進学実績を上げるため、授業時間数を公立の1.5倍に設定、補習の強化、部活動の規制（高校2年3月まで。練習は週3回）、平日校内合宿や高野山夏期勉強合宿実施などを行っている。教員は学年責任制度を採り入れ、中学1年から高校3年まで学年部長がそれぞれの学年に責任を持ち、ほかの学年と競争しながら進学実績を伸ばした。1990年、京都大に初めて合格者を出している。

【1989年（1期生）】関関同立42人、早慶5人、大阪大、神戸大など国立大学25人。

【1995年（中高一貫1期生）】京都大17人、東京大6人、国公立大207人。

同校学園長の岡田清弘さんは、開校まもない頃から教壇に立っている。こう話す。

「京大日本一を掲げたのは、中高一貫1期生の合格実績で手応えをつかんだころです。遅い時間まで学校で補習を行い、自習させるなど塾みたいなことまでしました。学年部長は職員会議で模試の結果が発表されたとき、前年度より成績が下がったときはもっとも弱い教科を見つけ、そこを重点的に教えたものです」

職員室では「東大寺学園を追い抜こう」「京大合格日本一になろう」などのかけ声があがった。２００２年にスーパーサイエンスハイスクールに指定され、最先端研究者との交流などで深い専門知、幅広い教養に接することで、進学実績の勢いがつく。

【２００５年】京都大95人。うち現役合格者数71人となっており全国１位。

【２０１０年】京都大83人。洛南と同数で全国１位。15年81人で単独１位。

２０１４年京都大医学部医学科に合格した男子はこう話す。「僕は塾や家庭教師を一切利用していません。学校を信じて頑張れば大丈夫です。西大和には素晴らしい先生方や切磋琢磨できる友人達が揃っています」（同校「２０１５年度学校案内」）。

関西地区の中学受験では西大和学園は難関校として数えられるようになった。岡田さんはふり返る。「かつては勉強を後回しにした生徒が多かったとき、教員は生徒の学力を上げようと必死でした。予備校のような進学指導も可能な限り行っていますが、勉強を優先させる生徒が増えるようになってから、教員は生徒の興味、関心を引き出す環境作りに力を入れており、そのために体験学習を重視しています。たとえば、模擬国連への参加などハイレベルな分野で生徒が活躍するようになりました」。

２０２３年東京大73人、京都大39人。いま、西大和学園の職員室前には「目標、東大合格日本一」というスローガンが掲げられている。

12章

時代を超越する女子校の底力

１９４９年、最初の京都大合格者１５２９人のなかに女子は53人、入学したのは15人だった。出身高校名は不明だが、新制高校卒は383人しかいない。それゆえ、おそらく女子の多くは旧制の高等女学校卒だろう。51年、大学新聞で女子学生座談会を行っている（「学園新聞」51年）。このうち、２人は同志社女子専門学校（同志社女子大の前身）出身である。

京都大合格者で女子校出身者が初めて登場したのは、確認できる限り、54年の京都女子である。51年、女子の高校進学率は39・6％、54年の大学進学率は2.4％となっており、女子のなかでもエリートといってよい。京都大に娘が通う家庭に先進性を感じる。

１９５０年代半ば、京都大に女子学生はすこしずつ増えるが、それを引っ張ったのが文、教育、薬学部だった。52年、薬学部合格者の上位成績者は女子で占められていた。こんな記録が残っている。「薬学科入学者五十名のうち二番から十三番までズラリと十二人を女子で占めたという実績があるから、質において男子受験生も油断できない」（「螢雪時代」１９５３年６月号）。この時代、書き手から男尊女卑感が漂う。なお、12人のなかに女子校出身者はいなかった。

当時、大学入試では進学適性検査を受けることになっていた（27ページ）。この頃、神戸女学院は進学適性検査で抜群の成績をあげている。学校史によれば、１９５０年の進学適性

京都大に強い女子校累計（1964-1993年、1994-2023年）

順位	高校	人
1964-1993年累計		
1	◎神戸女学院	189
2	◎ノートルダム清心	43
3	◎京都女子	40
4	◎桜蔭	36
5	◎四天王寺	33
6	□お茶の水女子大学附属	31
7	◎女子学院	24
	◎親和女子	24
9	宇都宮女子	18
	◎フェリス女学院	18
11	浦和第一女子	13
12	◎雙葉	11
13	◎小林聖心女子学院	10
	◎広島女学院	10
15	高崎女子	9
	◎賢明女子学院	9
17	◎神戸海星女子学院	8
18	川越女子	7
	◎ノートルダム女学院	7
20	前橋女子	5
	◎白百合学園	5
	◎福山暁の星女子	5
23	熊谷女子	4
	◎立教女学院	4
	◎慶應義塾女子	4
	◎静岡雙葉	4
	◎筑紫女学園	4
28	第一女子	3
	光塩女子学院	3
	◎横浜雙葉	3
	◎福岡雙葉	3

順位	高校	人
1994-2023年累計		
1	◎四天王寺	666
2	◎女子学院	152
3	◎京都女子	149
4	◎ノートルダム清心	135
5	◎桜蔭	107
6	◎神戸海星女子学院	105
7	◎神戸女学院*	102
8	◎豊島岡女子学園	78
9	□お茶の水女子大学附属	54
10	◎フェリス女学院	51
11	宇都宮女子	49
12	◎雙葉	40
	◎鷗友学園女子	40
14	◎筑紫女学園	38
15	◎親和女子	34
	◎広島女学院	34
17	浦和第一女子	33
18	◎ノートルダム女学院	30
19	◎静岡雙葉	29
20	高崎女子	28
21	前橋女子	27
	◎甲南女子	27
23	◎洗足学園	26
	◎小林聖心女子学院	26
25	◎吉祥女子	25
26	◎浦和明の星女子	22
	◎同志社女子	22
28	◎大阪女学院	18
29	◎白百合学園	17
30	川越女子	16
31	◎頌栄女子学院	15
	◎福山暁の星女子	15
33	◎横浜雙葉	13
34	◎大妻	12
35	◎賢明女子学院	11
36	◎福岡雙葉	10
37	栃木女子	9
38	◎共立女子	8
39	太田女子	7
	◎清泉女学院	7
41	真岡女子	6
	◎立教女学院	6
	◎桐朋女子	6
	◎湘南白百合学園	6
	◎鎌倉女学院	6
	◎安田女子	6
47	熊谷女子	5
	◎カリタス女子	5
49	◎遺愛女子	4
	◎藤女子	4
	◎淑徳与野	4
	◎恵泉女学園	4
53	◎江戸川女子	3
	◎淑徳	3
	◎聖マリア女学院	3
	◎金城学院	3
57	◎函館白百合学園	2
	沼田女子	2
	◎国府台女子学院	2
	◎慶應義塾女子	2
	◎東京女学館	2
	◎福岡女学院	2

*神戸女学院の合格者数は1999年まで

検査では同校生徒が兵庫県でトップだった。「二十八年には一〇四人受験し、女学院の平均点は四五・一で県下最高の灘高等学校の四九・五、甲南高等学校四七・四についで三位だった。(略) 二十八年三月の大阪大学文学部の入学試験では本学院出身者がトップの成績であったという」(『神戸女学院百年史　総説』1976年)。57年、神戸女学院から初めて京都大に合格者を出した。

1956年文学部121人うち女子15人、医学部薬学科40人うち女子10人だった。同志社女子高校から3人合格しており、医学部薬学科2人、文学部1人となっている。

1960年前後から同志社女子、神戸女学院、ノートルダム女学院(京都)、ノートルダム清心(広島) などミッションスクールから合格者を出すようになった。キリスト教系の学校は学費が高く、経済的に余裕がなければ子供を通わせることはできない。俗っぽく言えば、「お嬢さま」学校であり、国立大学に合格できる学力がありながら、親の意向に従って女子大に進むケースが多く見られた。こうしたなか、きわめて少ないが、関西では女子校から京都大、大阪大、神戸大に進む女子が現れる。

1970年代以降、高崎女子、前橋女子(以上、群馬)、宇都宮女子(栃木)、浦和第一女子、熊谷女子、川越女子(以上、埼玉) など北関東の公立女子校から合格者が出てきた。こ

京都大に強い女子校（1954-1985年）①

順位	高校	人
1954年		
1	京都女子	1
1957年		
1	太田原女子	1
	宇都宮女子	1
	◎フェリス女学院	1
	◎同志社女子	1
1959年		
1	□お茶の水女子大学附属	1
	◎同志社女子	1
1961年		
1	多治見北	1
	◎同志社女子	1
	◎ノートルダム女学院	1
1964年		
1	□お茶の水女子大学附属	1
1967年		
1	◎賢明女子学院	2
2	◎ノートルダム女学院	1
	◎神戸女学院	1
1969年		
1	◎神戸女学院	3
2	□お茶の水女子大学附属	2
3	第一女子	1
	宇都宮女子	1
	栃木女子	1
	高崎女子	1
	太田女子	1
	浦和第一女子	1
	熊谷女子	1
	光塩女子学院	1
	聖母女学院	1
1970年		
1	磐城女子	1
	□お茶の水女子大学附属	1
	◎立教女学院	1
	◎フェリス女学院	1
	◎静岡雙葉	1
	◎京都女子	1
	◎親和女子	1
	◎神戸女学院	1
	◎小林聖心女子学院	1
	◎甲南女子	1
1972年		
1	◎神戸女学院	4
2	□お茶の水女子大学附属	2
3	◎親和女子	1
	光塩女子学院	1
1975年		
1	◎神戸女学院	7
2	高崎女子	2
3	浦和第一女子	1
	◎広島女学院	1
	◎九州女学院	1
	◎西南女学院	1
1978年		
1	◎神戸女学院	9
2	◎ノートルダム清心	2
3	◎横浜雙葉	1
	◎賢明女子学院	1
1980年		
1	福島女子	1
	浦和第一女子	1
	◎静岡雙葉	1
	◎京都女子	1
	◎賢明女子学院	1
	◎親和女子	1
	◎神戸海星女子学院	1
	◎福岡雙葉	1
1982年		
1	◎神戸女学院	5
2	◎広島女学院	2
3	前橋女子	1
	浦和第一女子	1
	光塩女子学院	1
	◎京都女子	1
	◎親和女子	1
	◎ノートルダム清心	1
1985年		
1	◎神戸女学院	10
2	◎親和女子	2
3	宇都宮女子	1
	足利女子	1
	浦和第一女子	1
	□お茶の水女子大学附属	1
	◎桜蔭	1
	◎雙葉	1
	◎清泉女学院	1
	◎京都女子	1
	◎ノートルダム清心	1

第一女子→宮城第一

れらの女子校は毎年、コンスタントに東京大合格者を出している。埼玉は通学圏内、群馬、栃木も片道２時間～２時間半であり、保護者にすれば同じ関東圏でたいして遠距離感はなく、学生寮や１人暮らしにそれほど心配はなかったようだ。しかし、京都大となれば話は違う。関東の女子が箱根の山を越えるにはハードルが高かった。

１９８０年代以降、大阪女学院、四天王寺（以上、大阪）、親和女子、神戸海星女子学院、小林聖心女子学院（以上、兵庫）からの合格者が増える。これらはみな大学の附属、系列校である。前出の京都女子、同志社女子、神戸女学院、ノートルダム女学院などすでに難関校合格実績がある女子校にも、系列の大学がある。だが、そのままエスカレーター式で女子大に進む者は次第に少なくなっていく。たとえば京都女子大より関関同立志向が強かった。

20年医学部医学科合格の女子（四天王寺）はこう綴っている。「大学生になって周りの友達の勉強方法を見て、いかに四天王寺の人たちが真面目でコツコツ努力していたかを痛感しました。日々の小テストや課題の取り組みが、地道に勉強する力に繋がっていたのだと思います」（高校ウェブサイト）。四天王寺は文理選抜、文理、文化・スポーツのコースに分かれている（コースは２０２２年度に改編）。１９８６年に初めて合格者を出し、98年24人、２００２年37人、10年40人を京都大に送り出した。系列の四天王寺大は１９８１年、四天王寺女子大から四天王寺国際仏教大に改称し共学化した。２００８年に現校名に変わった。それゆえ、高校の共学化もあり得ない話ではない。学校名に「女子」が付かないので、校名を変更せずともブランド力は保持できる。

　１９６０年代から１９９０年代まで、神戸女学院が多くの年で女子校トップの座にあった。ところが２０００年以降、京都大が合格者を名前ではなく受験番号で発表するようになり、メディアが合格者氏名から出身校を割り出すことが不可能になった。神戸女学院は大学合格実績を公表しないため、同校の東京大、京都大合格実績は今日まで20年以上、わかっていない。関西の私立女子中学の難易度は四天王寺、神戸女学院、同志社女子、京都女子、神戸海星女子、甲南女子の順となっている（浜学園の偏差値など）。神戸女学院は四天王寺と同じかそれ以上に合格者を出してきたといっていい。

　２０１０年代には神戸海星女子学院からの合格者が増え、２０１０年10人、13年９人を数えた。系列の神戸海星女子学院大は24年度以降の学生の募集停止を発表した。親和女子については、系列の親和女子大が23年に神戸親和大に改称し共学化した。これによって、将来的に親和女子は神戸親和という共学校に生まれ変わる可能性がある。

　関東はどうだろうか。１９８０年代半ばから、桜蔭《おういん》、女子学院、２０００年代以降は豊島岡女子学園、鷗友《おうゆう》学園女子、大妻、洗足《せんぞく》学園が増えている。地元を離れることに保護者が理解を示すようになったからだろう。

17年工学部に合格した女子（東京・お茶の水女子大学附属）は当初、京都大志望について家族の理解を得られなかったという。「京大に惹かれつつも、娘の１人暮らしへの不安や金銭的な面から両親に反対されます。夏休み前までそのようなどっちつかずの状況が続きましたが、夏休みに家族で京都に旅行し改めて京都に魅せられたこともあり、９月頃、両親と話し合い京大を第一志望とすることを決めました」（『私の京大合格作戦２０１８年版』）。

16年、女子学院から18人が合格した。鵜崎《うざき》創《はじめ》院長（当時）はこう話す。「たまたまです。学校側が京大をすすめたわけではなく、何人かの生徒が示し合わせて受験したのでもない。それぞれ別のクラスの生徒でしたし、受験後に、あなたも受けていたのという感じでした。それぞれが自分で考えた末、京大を受験しただけです。実際、17年は京大合格者は5人になりましたしね」（日本経済新聞２０１７年5月20日）。

16年理学部に合格した女子（東京・女子学院）はこう話す。「京都大学の自由でのびのびした雰囲気や、京都という土地に一人暮らしするという憧れを持ち、その後もイベントなどで数回京大を訪れてみて。さらに他大学を見て比べるうちに、京大に行きたいという意思が

京都大に強い女子校（1988-2004年）②

順位	高校	人
1988年		
1	◎神戸女学院	14
2	□お茶の水女子大学附属	6
3	◎ノートルダム清心	5
4	◎桜蔭	4
	◎フェリス女学院	4
6	◎雙葉	3
	◎女子学院	3
8	宇都宮女子	2
9	浦和第一女子	1
	川越女子	1
	◎慶應義塾女子	1
	◎恵泉女学園	1
	◎桐朋女子	1
	◎京都女子	1
	◎同志社女子	1
	◎四天王寺	1
	◎小林聖心女子学院	1
	◎広島女学院	1
1991年		
1	◎神戸女学院	13
2	◎ノートルダム清心	6
3	◎桜蔭	5
	◎京都女子	5
	◎四天王寺	5
6	◎女子学院	4
	◎親和女子	4
8	◎フェリス女学院	2
9	◎慶應義塾女子	1
	◎白百合学園	1
	◎セントヨゼフ女子学園	1
	◎小林聖心女子学院	1
	◎賢明女子学院	1
	◎神戸海星女子学院	1
	◎広島女学院	1
1995年		
1	◎四天王寺	22
2	◎神戸女学院	16
3	◎京都女子	7
4	□お茶の水女子大学附属	5
5	◎桜蔭	4
	◎女子学院	4
7	宇都宮女子	3
	◎親和女子	3
	◎ノートルダム清心	3
10	◎フェリス女学院	2
	◎福山暁の星女子	2
	◎筑紫女学園	2
1998年		
1	◎四天王寺	24
2	◎神戸女学院	15
3	◎京都女子	10
4	◎桜蔭	5
	◎ノートルダム清心	5
6	◎神戸海星女子学院	4
7	□お茶の水女子大学附属	3
	◎福山暁の星女子	3
9	◎女子学院	2
	◎桐朋女子	2
	◎ノートルダム女学院	2
	◎親和女子	2
	◎筑紫女学園	2
	◎福岡雙葉	2
2002年		
1	◎四天王寺	37
2	◎桜蔭	7
3	◎女子学院	5
4	□お茶の水女子大学附属	4
	◎京都女子	4
	◎ノートルダム清心	4
7	◎神戸海星女子学院	3
	◎小林聖心女子学院	3
	◎筑紫女学園	3
10	◎吉祥女子	2
	◎白百合学園	2
	◎共立女子	2
	◎雙葉	2
	◎フェリス女学院	2
	◎静岡雙葉	2
	◎広島女学院	2
2004年		
1	◎四天王寺	30
2	◎ノートルダム清心	6
3	□お茶の水女子大学附属	3
	◎桜蔭	3
	◎女子学院	3
	◎京都女子	3
	◎親和女子	3
8	前橋女子	2
	川越女子	2
	◎豊島岡女子学園	2
	◎静岡雙葉	2
	◎ノートルダム女学院	2
	◎小林聖心女子学院	2
	◎筑紫女学園	2

強くなり、親も応援してくれました。（略）受験指導に関して進路指導などあまりなく課題なども少なく、かなり放任だったと思います」（『私の京大合格作戦２０１７年版』）。女子学院は制服がないなど校則が緩い。同校の自由な校風は京都大に重なるものがあるようだ。

11年理学部合格の女子（北海道・遺愛《いあい》女子）は札幌出身だ。京都の環境、気候に惹かれたという。「自分は井の中の蛙だ。もっと広い世界があるはずだ」と地元を飛び出した。なぜ京都か。「ビルばかりで空のない東京や、暑すぎる九州に行く気もない。その点、父の仕事にくっついて訪れた京都は、言葉も文化も違うのに、空もあるし雪も降るというのでいたく気に入ったのである」（『私の京大合格作戦２０１２年版』）。

難関校向け進学塾は女子校にも浸透している。20年工学部に合格した女子（兵庫・神戸海星女子学院）は中学1年から高校卒業まで研伸館に通った。「オープンキャンパスで情報工学の模擬授業を受けて、その内容に興味を持ちました。（略）先生が中3の間に数ⅠＡの基礎を固めましょう、と仰っていたので、青チャートを繰り返し解きました」（研伸館案内「強者の戦略２０２０」）。この「先生」とは塾講師を指す。

22年医学部医学科合格の女子（兵庫・神戸女学院）は中学1年から鉄緑会通いを続けた。「本格的に鉄緑会の勉強に取り組むようになった高1では、先生方の指導や面白い授業、鉄

京都大に強い女子校（2007-2023年）③

順位	高校	人
2007年		
1	◎四天王寺	31
2	◎女子学院	4
	◎神戸海星女子学院	4
	◎甲南女子	4
5	前橋女子	3
	◎桜蔭	3
	◎筑紫女学園	3
8	宇都宮女子	2
	浦和第一女子	2
	□お茶の水女子大学附属	2
	◎豊島岡女子学園	2
	◎京都女子	2
	◎大阪女学院	2
	◎小林聖心女子学院	2
	◎ノートルダム清心	2
2011年		
1	◎四天王寺	22
2	◎京都女子	6
	◎神戸海星女子学院	6
4	◎大阪女学院	5
5	◎小林聖心女子学院	4
6	◎桜蔭	3
	◎ノートルダム清心	3
8	宇都宮女子	2
	◎女子学院	2
	◎鷗友学園女子	2
	◎頌栄女子学院	2
	◎静岡雙葉	2
	◎ノートルダム女学院	2
	◎広島女学院	2
	◎筑紫女学園	2
2014年		
1	◎四天王寺	21
2	◎女子学院	5
	◎甲南女子	5
4	◎神戸海星女子学院	4
	◎ノートルダム清心	4
6	◎鷗友学園女子	3
	◎豊島岡女子学園	3
	◎フェリス女学院	3
	◎京都女子	3
10	高崎女子	2
	浦和第一女子	2
	□お茶の水女子大学附属	2
	◎同志社女子	2
	◎広島女学院	2
2018年		
1	◎四天王寺	16
2	◎女子学院	11
3	◎神戸海星女子学院	6
4	◎豊島岡女子学園	5
5	◎鷗友学園女子	4
	◎洗足学園	4
	◎京都女子	4
8	宇都宮女子	3
	高崎女子	3
	◎浦和明の星女子	3
	◎桜蔭	3
	◎雙葉	3
	◎フェリス女学院	3
	◎甲南女子	3
	◎広島女学院	3
2020年		
1	◎四天王寺	14
2	◎女子学院	6
3	◎洗足学園	5
	◎神戸海星女子学院	5
5	□お茶の水女子大学附属	4
	◎豊島岡女子学園	4
	◎京都女子	4
8	宇都宮女子	3
	◎鷗友学園女子	3
	◎ノートルダム清心	3
11	浦和第一女子	2
	◎浦和明の星女子	2
	◎桜蔭	2
	◎吉祥女子	2
	◎フェリス女学院	2
	◎ノートルダム女学院	2
2023年		
1	◎豊島岡女子学園	13
2	◎女子学院	6
	◎桜蔭	6
4	◎鷗友学園女子	4
	◎フェリス女学院	4
	◎四天王寺	4
7	宇都宮女子	3
	◎神戸海星女子学院	3
9	浦和第一女子	2
	◎雙葉	2
	◎ノートルダム女学院	2
	◎ノートルダム清心	2

緑会のおかげで、高2になるまでには英数を安定させることができました」（「鉄緑会大阪校合格実績と合格者の声」２０２２年版）。学校の授業との優先順位が気になる。

16年に始まった特色入試入学者では女子比率が高く、17年には71人、58・7％となった。

22年文学部に特色入試で入学した女子（神奈川・洗足学園）の合格作戦は次のとおり。

「私は、とにかく日本史が好きなことと、現場を実際に訪ねて学ぶ自身の性格をアピールしました。小学生で大河ドラマを見て日本史に興味をもってからは日本各地の史跡や博物館を訪ねていること、公共活動として神奈川県内のＮＰＯ法人を取材して記事を書いた経験を『設計書』に書きました」（京都大学案内「知と自由への誘い２０２３」）。

25年度入試で、法学部の特色入試が学校推薦型選抜へ変更されるとの発表があった。これに伴って同学部の後期日程は廃止となり、全学部で後期日程がなくなった。学校が推薦できる人数は各校2人までで、男子の上限を1人とした。女子校は1校2人でも認められる。経済学部ではすでに学校推薦型を導入しているが、今回規定を変更し、男子の推薦人数に上限を設けた。これらは「女子生徒の受験を促す目的」（入試企画課）とされる。女子校にはアドバンテージとなる。

13章

京都大御用達予備校の面々

１９７９年、すばる文学賞（集英社）に松原好之さんの小説『京都よ、わが情念のはるかな飛翔を支えよ』が選ばれた。小説の舞台は１９７０年代前半、京都大志望の浪人生が通う予備校だ。ここには名物英語講師「須磨」がいた。こう描かれている。「『私は諸君に全員、東大を目指して欲しいと思う。京大では駄目だ、早稲田ではもっと駄目だ。』独特の『須磨節』と呼ばれる講義が始まっていて、時々館内に笑い声がどっと上がる。『なぜなら京大は権力と無縁だからだ。権力志向を放棄して何が学問だ。学問とか英知とかは、権力を媒介として初めてかたちをとるのだ。権力志向のないアカデミズムはすべて欺瞞であり、逃避なのだ…』」。

須磨にはモデルがいた。近畿予備校の橋本実氏である。彼の教え子が30年以上経って自身のブログで記している。「橋本先生は、だみ声で『猛勉したまえよ。猛勉！』が口癖。解釈論などそっちのけで、とてもそんな名訳できない、と受験生があきらめかねない訳を披露し、熱く語る先生だった。悪く言えば、どうしてそんな訳になるのか分からないまま、模範の訳だけおっしゃるイメージがあったが、受験生に活を入れるだけのパワーは十分にあった」（２０１１年９月３日）。この「パワー」のおかげで教え子は京都大法学部に合格し、現在は弁護士をつとめる。

近畿予備校からの京都大合格者出身高校（1969年）

順位	高校	人
1	北野	18
2	膳所	11
3	洛東	9
4	乙訓	6
	嵯峨野	6
	□奈良女子大学附属	6
7	堀川	5
8	紫野	4
	日吉ヶ丘	4
	桃山	4
	朱雀	4
	桂	4
	天王寺	4
14	洛北	3
	城南（京都）	3
	塔南	3
	大手前	3
	姫路西	3
	◎東大寺学園	3
	津山	3
	□広島大学附属福山	3
	◎土佐	3
23	武生	2
	勝山（福井）	2
	岐阜	2
	静岡	2
	□京都教育大学附属	2
	西舞鶴	2
	◎同志社	2
	◎花園	2
	豊中	2
	加古川東	2
	◎灘	2
	□広島大学附属	2
	岩国	2
	丸亀	2
	佐賀西	2
38	札幌南	1
	帯広柏葉	1
	仙台第二	1
	土浦第一	1
	□東京学芸大学附属	1
	□東京教育大学附属	1
	戸山	1
	湘南	1
	佐渡	1
	富山中部	1
	□金沢大学附属	1
	大聖寺	1
	藤島	1
	若狭	1
	諏訪清陵	1
	藤枝東	1
	時習館	1
	明和	1
	津	1
	四日市	1
	上野（三重）	1
	彦根東	1
	鴨沂	1
	山城	1
	福知山	1
	八幡（京都）	1
	◎洛星	1
	◎啓光学園	1
	□大阪教育大学附属	1
	茨木	1
	四條畷	1
	八尾	1
	◎大阪星光学院	1
	◎関西大倉	1
	三木	1
	長田	1
	尼崎	1
	◎甲陽学院	1
	奈良	1
	桐蔭	1
	松江北	1
	邑久	1
	倉敷天城	1
	福山誠之館	1
	◎広島学院	1
	宇部	1
	防府	1
	城南（徳島）	1
	新居浜西	1
	◎愛光	1
	小倉	1
	三池	1
	武雄	1
	熊本	1
	宮崎大宮	1
	延岡	1
	加世田	1

奈良女子大学附属→奈良女子大学附属中教　「螢雪時代 全国大学内容案内号」（1970年5月、旺文社）の広告から作成

関西ではかつて京都大に多くの浪人生を送り出した予備校があった。他校の追随を許さない。それが近畿予備校だった。１９５０年代から１９８０年代半ばにかけての話だ。１９６５年の広告は自信にあふれている。「近畿では５カ年間でも京大合格率はつねに上昇を続け停滞を知りません」（「螢雪時代」１９６６年10月臨時増刊号）。１９７０年代、近畿予備校の京都大合格者は次のとおり。１９７０年311人→71年302人→72年283人→73年334人→74年338人→75年410人→76年392人→77年333人→78年356人→79年269人。その後、80年代半ばまでは100人以上の合格者を出していた。近畿予備校からの京都大合格者の出身校を表にまとめた。出身高校ランキングに比べると上位校に公立が多く並んでおり、洛星、洛南、灘など私立は現役が多いことを示す。滋賀、北野、奈良など周辺府県の浪人生が１時間以上かけて通っている。札幌南、仙台第二、新潟、高松、熊本、宮崎大宮など地方進学校出身者が上洛し、京都で１人暮らしをする浪人生も少なくなかった。

１９８１年経済学部合格の男子（宮崎・宮崎大宮）は述懐する。「あそこで実力をつけた。高校の授業と比べものにならない。数学なんか、毎時間が感動の連続。高校で本質を勉強して予備校でテクニックを学び、と世間は言うけど、そんなのはマスコミが喜ぶ理屈に過ぎないね。これが数学なんだあ、すばらしいなあって純粋に感動したよ。高校じゃ、こんな感動

近畿予備校からの京都大合格者出身高校（1973年）

順位	高校	人
1	膳所	21
2	北野	16
3	大手前	15
4	◎洛星	13
5	□広島大学附属福山	9
6	津	8
	□京都教育大学附属	8
	茨木	8
9	紫野	7
	奈良	7
	◎修道	7
12	彦根東	6
	乙訓	6
	洛北	6
	◎広島学院	6
	◎愛光	6
17	嵯峨野	5
	堀川	5
	日吉ヶ丘	5
20	藤島	4
	塔南	4
	豊中	4
	□奈良女子大学附属	4
	津山	4
	高松	4
	松山東	4
	修猷館	4
28	□金沢大学附属	3
	伊勢	3
	桂	3
	□大阪教育大学附属	3
	四條畷	3
	◎甲陽学院	3
	宇部	3
35	◎創価	2
	岐阜	2
	綾部	2
	朱雀	2
	大江	2
	◎高槻	2
	八鹿	2
	桐蔭	2
	□広島大学附属	2
	呉三津田	2
	今治西	2
	新居浜西	2
	佐世保南	2
48	札幌北	1
	札幌南	1
	◎函館ラ・サール	1
	小山台	1
	新潟	1
	柏崎	1
	高岡	1
	金沢泉丘	1
	羽咋	1
	七尾	1
	輪島	1
	大聖寺	1
	武生	1
	若狭	1
	松本深志	1
	上田	1
	野沢北	1
	浜松北	1
	藤枝東	1
	磐田南	1
	沼津東	1
	瑞陵	1
	松阪	1
	虎姫	1
	八日市	1
	山城	1
	洛東	1
	園部	1
	◎同志社	1
	天王寺	1
	高津	1
	住吉	1
	市岡	1
	◎桃山学院	1
	◎上宮	1
	◎追手門学院	1
	西宮東	1
	◎神戸女学院	1
	◎東大寺学園	1
	◎天理	1
	浜田	1
	益田	1
	邑久	1
	◎関西	1
	基町	1
	三原（広島）	1
	岩国	1
	観音寺第一	1
	川之江	1
	八幡浜	1
	◎土佐	1
	長崎北	1
	◎熊本マリスト学園	1
	大分上野丘	1
	宮崎大宮	1
	都城西	1
	鹿児島中央	1
	◎ラ・サール	1

「螢雪時代 全国大学内容案内号」（1974年5月、旺文社）の広告から作成

を受けた事がない」（『私の京大合格作戦１９８２年版』）。

　１９９０年代以降、近畿予備校の生徒数は減少の一途をたどる。駿台予備学校、河合塾、代々木ゼミナールの関西進出に抗うことはできなかった。２０２０年代、近畿予備校の看板は残っているが、かつてのように浪人生で賑わうことはない。かつての近畿予備校の勢いを引き継いだのは関西の鉄緑会（大阪校、京都校、西宮北口校）であろう。浪人相手ではない。中高一貫校の現役生を数多く取り込んでいる。２０２３年、鉄緑会大阪校の学校別在籍者数は洛南507人、灘328人、神戸女学院302人、四天王寺205人、高槻160人、甲陽学院158人、東大寺学園156人、大阪教育大学附属池田124人、西大和学園112人、洛星107人、大阪星光学院105人となっている（鉄緑会大阪校ウェブサイト）。22年医学部に合格した男子（京都・洛南）は鉄緑会漬けの受験生活を送っていた。「鉄緑のことを最優先して全力で頑張れば、鉄緑の勉強だけで、英数理に関して堅牢な学力が身につきます」（「鉄緑会大阪校　合格実績と合格者の声」２０２２年版）。

　一方、１９６０年代から２０２０年代の今日にいたるまで、京都大受験生に愛された通信添削塾がある。Ｚ会だ。１９３１年、「実力増進会」としてスタートした。45年、戦災で添削指導は中断するが、52年に再開。１９６０年代になると難関大学志望の受講生が急激に増

Z会会員（増進会出版社、通信添削講座受講生）における京都大合格者出身高校（1974-1976年）①

順位	高校	人	順位	高校	人	順位	高校	人
1974年			1975年			1976年		
1	北野	50	1	北野	46	1	北野	46
2	◎甲陽学院	49	2	天王寺	32	2	天王寺	29
3	大手前	31	3	大手前	29	3	□大阪教育大学附属	27
4	◎洛星	28		◎甲陽学院	29		大手前	27
5	旭丘	27	5	藤島	26	5	◎洛星	26
6	三国丘	22	6	◎洛星	25	6	神戸	21
7	□京都教育大学附属	20		◎東大寺学園	25		◎甲陽学院	21
	□大阪教育大学附属	20	8	明和	24	8	高津	20
9	天王寺	18	9	岐阜	23	9	□京都教育大学附属	19
	神戸	18		□奈良女子大学附属	23		三国丘	19
11	岐阜	16	11	時習館	21	11	旭丘	15
12	◎灘	14	12	◎六甲	20	12	茨木	14
13	岡山朝日	12		鳥取西	20		長田	14
14	膳所	9	14	紫野	19		◎六甲	14
	高松	9		□広島大学附属福山	19	15	岐阜	11
16	茨木	8	16	静岡	18	16	四條畷	9
	高津	8		□大阪教育大学附属	18		◎東大寺学園	9
	豊中	8		長田	18	18	豊中	8
	◎淳心学院	8	19	旭丘	16	19	膳所	7
	□広島大学附属福山	8		◎灘	16		姫路西	7
	城南（徳島）	8	21	津	15	21	□奈良女子大学附属	5
22	藤島	7		□京都教育大学附属	15		奈良	5
	長田	7		三国丘	15	23	熊本	4
24	彦根東	6		神戸	15	24	藤島	3
25	明和	5	25	膳所	14		松山東	3
26	高岡	4		高津	14	26	彦根東	2
27	四條畷	3	27	姫路西	4		高松	2
28	津	2	28	高松	3		小倉	2
29	姫路西	1	29	豊中	2			

奈良女子大学附属→奈良女子大学附属中教、六甲→六甲学院
大阪教育大学附属は池田校舎、天王寺校舎の合計
各年、京都大合格者数の順位で掲載　京都大学新聞掲載の広告から作成

えていく。会員の東京大合格者は１９５５年25人↓65年984人↓71年１３３５人↓77年１８３８人と驚異的に伸びた。この背景についてＺ会は社史でこう記している。「英語は再開当初から藤井豊が担当して非常に高い評価を得ていたが、数学・国語は会員から必ずしも好評を得ていなかった。このため、藤井豊は、添削者として力量を発揮していた土師《はじ》政雄、山本敏夫を執筆者に起用し、教材の質的向上をはかったのである」（『80周年記念誌　未来』Ｚ会グループ、２０１１年）。「藤井豊」とはＺ会創業者であり、名前のあがった執筆者は受験界で知られた存在だった。Ｚ会会員の京都大合格者数は次のとおり。１９５９年204人↓62年396人↓65年429人↓68年836人↓74年853人↓80年１１４３人↓84年１１９７人↓87年２０７５人。ここまではほぼ右肩上がりだった。

　１９６１年工学部合格の男子（京都・西舞鶴）は都市部とのハンディを埋めてくれたと絶賛している。「唯一人田舎のかたすみに取り残されてしまって何とも言えない寂しさに襲われたただボンヤリと机に向かっているだけの毎日が夏ごろまで続いたが、もし添削を受けていなかったらこの期間のloseは取り返せなかったかもしれない。又、いつもランキングの上位を占める秀才諸氏の実力に驚き、自分の実力と、自分が井の中の蛙であったことをつくづく思い知らされた」（「増進会旬報」１９６１年９月11日号）。通信添削は離島や山間部の受

Z会会員（増進会出版社、通信添削講座受講生）における京都大合格者出身高校（1977-1979年）②

1977年

順位	高校	人
1	北野	50
2	天王寺	35
3	◎洛星	30
	□大阪教育大学附属	30
5	◎甲陽学院	29
6	三国丘	27
7	茨木	21
8	旭丘	19
9	神戸	16
10	大手前	15
11	四條畷	14
	◎東大寺学園	14
13	千種	13
14	□京都教育大学附属	12
	高津	12
16	岐阜	11
	長田	11
	姫路西	11
	◎淳心学院	11
20	◎六甲	10
21	◎修道	9
22	膳所	7
	生野（大阪）	7
	高松	7
	◎土佐	7
26	豊中	6
27	静岡	5
28	藤島	3
29	小倉	2

1978年

順位	高校	人
1	◎甲陽学院	41
2	◎洛星	33
3	北野	31
4	天王寺	30
5	三国丘	28
6	大手前	23
7	◎東大寺学園	22
8	□大阪教育大学附属池田	21
9	高津	19
10	茨木	17
11	高松	15
12	□京都教育大学附属	14
13	膳所	13
	四條畷	13
	長田	13
16	千種	12
	神戸	12
18	□大阪教育大学附属天王寺	11
	姫路西	11
	加古川東	11
	奈良	11
22	丸亀	9
23	旭丘	7
	生野（大阪）	7
	□広島大学附属	7
26	豊中	6
27	藤島	5
	静岡	5
29	小倉	3

1979年

順位	高校	人
1	北野	49
2	◎洛星	36
	◎甲陽学院	36
4	天王寺	33
5	三国丘	26
6	四條畷	24
7	□大阪教育大学附属池田	21
8	茨木	20
	◎東大寺学園	20
10	大手前	19
	◎大阪星光学院	19
12	□京都教育大学附属	18
	◎洛南	18
	生野（大阪）	18
	◎広島学院	18
16	◎灘	17
17	□大阪教育大学附属天王寺	15
18	神戸	14
19	旭丘	13
	膳所	13
	豊中	13
	高松	13
23	加納	11
	高津	11
25	姫路西	9
	奈良	9
27	岐阜	8
28	藤島	3

京都大学新聞掲載の広告から作成

験生に、教育内容面で大都市とのハンディを感じさせない環境を作ってくれた。Ｚ会会員の京都大合格者数は１９９０年代から２０００年代まで１５００人前後で推移するようになる。91年１５１１人↓95年１５２０人↓99年１４８０人↓２００３年１４７６人↓２００７年１２０１１人だった。２０１０年代以降、１０００人前後を推移するようになった。２０２２年は937人である。

インターネットの受験アプリが普及するなか、通信添削にはローテク感がある。だが、自学自習の習慣を身につけるにはうってつけだ。受験誌、予備校系の通信添削がほぼ消滅したなか、Ｚ会のような、京都大など難関大学特化型のカリキュラムは受験生から支持されている。２０２２年のＺ会会員数で90人以上の高校は洛南176人、北野172人、大阪桐蔭142人、神戸138人、膳所115人、大阪教育大学附属池田115人、長田110人、茨木108人、清風南海106人、高槻104人、大阪星光学院103人、大手前100人、四天王寺97人、洛星92人となっている。Ｚ会は難問ぞろいである。学校で授業の予復習に支障が出るからとすすめない教員がいる。一方で、Ｚ会の教材を授業で活用するところもある。

14章

ノーベル賞など
最先端研究者の出身校

将来、世界最先端で活躍する研究者になりたい、という高校生がいる。多くは難易度がもっとも高い東京大をめざす。だが、「絶対に京都大へ行きたい」という高校生もいる。その念頭にあるのは、ノーベル賞受賞者が多く輩出したことだ。東京大よりも。

２００３年経済学部合格の男子（奈良・奈良学園）はこう話す。「学問をきわめたければ当然高いレベルで勉強したいので、ノーベル賞の輩出数も多く、また、多くの学部があることからより学際的に幅広く勉強できる」（『私の京大合格作戦２００４年版』）。日本からノーベル経済学賞受賞者は出ていない。それでも経済学部の学生にすれば京都大ならばどんな分野でも世界トップクラスになれると夢を抱かせてくれる。

20年医学部医学科に合格した男子（兵庫・甲陽学院）はこう話す。「２０１２年に山中伸哉教授のｉＰＳ細胞の研究でノーベル賞を受賞されたのを知って、山中教授の授業を聞いてみたいと思ったから。また、京大の『自由な校風』に惹かれたから」（研伸館案内「強者の戦略２０２０」）。山中さんは京都大出身ではないが、ノーベル賞を受賞したのは京都大教授として再生医学の最先端分野に取り組んでいたときだ。

京都大は日本でもっともノーベル賞受賞者に縁がある。それだけ、世界の最先端分野で活躍した研究者をたくさん送り出してきたわけだ。京都大の学部、出身大学院、また教壇に立ったノーベル賞受賞者の出身校から「京大ノーベル賞学者高校盛衰史」をふり返ってみよう（カッコ内は受賞年）。

◆湯川秀樹　物理学賞（１９４９年）

日本人初のノーベル賞受賞者。１９０７年東京生まれ。府立京都第一中学、第三高等学校を経て京都帝国大学に進む。34年「中間子論」の論文を発表。素粒子論の足がかりを作った。戦後は京都大教授として後進の指導にあたった。京都一中開校百年記念の講演で学問の世界に入った理由を話している。「理屈は何とでも付きますが、一中時代に大変厭世的になり『この世は、煩わしい』、世の中を全然知らんとそう思ってるんです。つまり、内向的で今頃言う子供の自閉症のちょっと軽い位のものだったと思います。そういうところから何だか少し浮き世離れした事がやれたらいいなと思う事もありまして、物理学なぞやる様になったのです」（京一中洛北高校同窓会誌「あかね」９号、１９７１年）。

◆朝永振一郎　物理学賞（１９６５年）。

１９０６年東京生まれ。中学から大学まで湯川氏とまったく同じコースをたどる。戦後、東京教育大学教授、同大学学長を歴任した。「超多時間理論」「くりこみ理論」などの理論物理学を確立した。

この時点でノーベル賞学者出身校は京都一中（洛北）が２人となる。歴代（～２０２３年）のノーベル賞学者で２人以上出した高校（旧制中学）はほかにない。

◆福井謙一　化学賞（１９８１年）

１９１８年奈良生まれ。今宮中学（大阪・今宮）、旧制大阪高校を経て京都帝国大学に進んだ。「フロンティア軌道理論」を発表し世界の化学界に多大な影響を与えた。京都大教授、京都工芸繊維大学長をつとめた。

◆利根川進　生理学・医学賞（１９８７年）

１９３９年愛知生まれ。日比谷（東京）から京都大に進み、カリフォルニア大学サンディエゴ校博士課程を修了した。マサチューセッツ工科大教授などを歴任する。哺乳動物が示す免疫現象を世界で初めて遺伝子レベルで解析し、分子生物学の発展に大きく寄与した。当時、日比谷の生徒は「ほとんど全員東大を受ける。ぼくともう１人だけだ、東大を受けなかったのは。京大受けた。それで、みんなにバカにされたもん（笑）」（「畑恵オフィシャルウェブサイト」２０００年９月13日）。

◆野依良治　化学賞（２００１年）

１９３８年兵庫生まれ。灘（兵庫）、京都大、同大学院工学研究科修士課程修了。「ＢＩＮ

ＡＰ（バイナップ）」という左右の物質を作り分けられる触媒を用いた不斉水素化反応技術を開発する。医薬品、農薬、香料などの製造、食品産業の発展に大きく貢献した。名古屋大教授を経て、理化学研究所理事長をつとめた。灘時代を話す。「立派な先生がたくさんおられましたから、授業についてさえゆけば、そんなにがつがつしなくても、大学には入れるのです」（『人生は意図を超えて　ノーベル化学賞への道』２００２年、朝日新聞社）。野依氏が京都大に合格した１９５７年、灘からの合格者は30人だった。

◆益川敏英　物理学賞（２００８年）

１９４０年愛知生まれ。市立向陽（愛知）、名古屋大理学部、同大学院理学研究科博士課程修了。「ＣＰ対称性の破れ」の起源を解明した。京都大学基礎物理学研究所教授、京都産業大教授などをつとめる。

◆小林誠　物理学賞（２００８年）

１９４４年愛知生まれ。明和（愛知）、名古屋大理学部、同大学院理学研究科博士課程修了、高エネルギー物理学研究所教授などを歴任した。益川氏とともに「ＣＰ対称性の破れ」の起源の解明に取り組んだ。大学受験時を益川敏英氏との共著でこうふり返っている。「東大、京大を狙うには成績もあぶなかったし、『名大なら行けそうだ』ということで、それ以上のことはあまり考えずに受験して進学しました」（『いっしょに考えてみようや　ノーベル物理学賞のひらめき』２００９年、朝日新聞出版）。

◆山中伸弥　生理学・医学賞（２０１２年）

１９６２年大阪生まれ。大阪教育大学附属高校天王寺（大阪）、神戸大医学部、大阪市立大大学院医学研究科博士課程修了。奈良先端科学技術大学院大教授、京都大教授をつとめる。現在、同大学ｉＰＳ細胞研究所長。ヒトｉＰＳ細胞（人工多能性幹細胞）の樹立に成功し再生医学に新たな道を切り開いた。

◆赤﨑勇　物理学賞（２０１４年）

１９２９年鹿児島生まれ。旧制第二鹿児島中（甲南）、京都大理学部を経て神戸工業（現、富士通）に入社。その後、名古屋大教授、名城大教授をつとめた。高品質窒化ガリウム（GaN）系窒化物結晶の創製に関する技術を開発し、世界初の高輝度青色発光ダイオード（青色ＬＥＤ）を実現させる。

◆本庶佑　生理学・医学賞（２０１８年）

１９４２年京都生まれ。宇部（山口）、京都大医学部、同大学大学院医学研究科博士課程修了。大阪大教授、京都大教授を歴任した。免疫抑制分子であるＰＤ－１分子を同定し、世

京都大、歴代総長の出身高校（旧制中学）

歴代	名前	就任期間	出身高校（旧制中学）
13代	鳥養利三郎	1949～1951	徳島中（徳島・城南）
14代	服部峻治郎	1951～1953	不明
15代	瀧川幸辰	1953～1957	北野中（大阪・北野）
16代	平澤興	1957～1963	京都二中（京都・鳥羽）
17代	奥田東	1963～1969	京都一中（京都・洛北）
18代	前田敏男	1969～1973	高知師範学校
19代	岡本道雄	1973～1979	舞鶴中（京都・西舞鶴）
20代	沢田敏男	1979～1985	不明
21代	西島安則	1985～1991	京都一中（京都・洛北）
22代	井村裕夫	1991～1997	八日市（滋賀）
23代	長尾真	1997～2003	膳所（滋賀）
24代	尾池和夫	2003～2008	土佐（高知）
25代	松本紘	2008～2014	奈良女子大学附属（奈良）
26代	山極壽一	2014～2020	国立（東京）
27代	湊長博	2020～	高岡（富山）

界で初めてがん治療の応用に成功している。

◆吉野彰　化学賞（２０１９年）

　１９４８年大阪生まれ。北野（大阪）、京都大工学部、同大学院工学研究科修士課程修了。旭化成工業（現、旭化成）に入社。スマートフォン、電気自動車、家庭用蓄電システムなどに使用されているリチウムイオン電池（ＬＩＢ）を開発した。「進学校だったが、仲間たちは皆、受験勉強だけに青春を費やすのはもったいないと思っていた」（日本経済新聞２０２１年10月４日）

　ノーベル賞に数学の分野はない。もし、数学があればノーベル賞を受賞した日本人は何人かいた、と言われている。数学の世界でもっとも権威があるのはフィールズ賞であり、数学界のノーベル賞と称される。フィールズ賞受賞の日本人は３人いる。うち２人は京都大出身者だ（カッコは受賞年、受賞当時の肩書）。

◆廣中平祐（１９７０年、ハーバード大教授）

　１９３１年生まれ。旧制柳井中（山口・柳井）、京都大理学部を経て同大学大学院理学研究科修士課程修了。専門は代数幾何学。京都大教授、山口大学長をつとめた。

◆森重文（１９９０年、京都大教授）

　１９５１年生まれ。東海（愛知）、京都大理学部、同大学院理学研究科修士課程修了後、ハーバード大学助教授、名古屋大教授、京都大教授を歴任した。

　ノーベル賞候補として名前があがった学者が京都大には何人かいる。自然科学系分野においてそのほとんどは文化勲章を受章した。人文・社会系でも各分野の大御所が並んでいる。京都大歴代総長の出身校とともに表にまとめた。

　また、文化功労者にも触れておこう。顕彰を受けたおもな元京都大教員は次のとおり（文化勲章受章者を除く）。

＊高田保馬（経済学）　佐賀中（佐賀西など）→五高→京都帝国大学

＊吉川幸次郎（文学）　神戸第一中（兵庫・神戸）→三高→京都帝国大学

京都大教員の文化勲章受章者（1970年以降）

名前	受賞年	おもな所属部署	専門分野	出身高校（旧制中学）
早石修*	1972	医学部	生化学	北野中（大阪・北野）
櫻田一郎	1977	工学部	高分子化学	京都一中（京都・洛北）
田中美知太郎	1978	文学部	哲学	開成中（東京・開成）
今西錦司	1979	人文科学研究所	霊長類学	京都一中（京都・洛北）
貝塚茂樹	1984	人文科学研究所	中国史学	京都一中（京都・洛北）
林忠四郎	1986	理学部	天体核物理学	京都一中（京都・洛北）
桑原武夫	1987	人文科学研究所	西洋文化	京都一中（京都・洛北）
大隅健一郎	1993	法学部	商法	岡崎中（愛知・岡崎）
梅棹忠夫	1994	人文科学研究所	民族学	京都一中（京都・洛北）
岡田節人	2007	理学部	発生生物学	甲南（兵庫）
伊藤清*	2008	数理解析研究所	確率解析学	富田中（三重・四日市）
日沼頼夫*	2009	ウイルス研究所	ウイルス学	能代工業（秋田）
柳田充弘*	2011	生命科学研究科	分子遺伝学	戸山（東京）
山田康之	2012	農学部	植物分子細胞生物学	六甲（兵庫・六甲学院）
中西重忠	2015	生命科学研究科	神経科学	大垣北（岐阜）
長尾真	2018	工学研究科、元総長	情報工学	膳所（滋賀）
坂口志文	2019	再生医科学研究所	免疫学	長浜北（滋賀）

文化勲章受章者には、ほかに前出の廣中平祐（1975年）、福井謙一（1981年）、益川敏英（2008年）、山中伸弥（2012年）、本庶佑（2013年）、森重文（2021年）がいる。なお受章者で満田久輝（1994年）、西島和彦（2003年）、沢田敏男（2005年）、吉川忠夫（2022年）は出身校不明（カッコ内は受賞年）。
＊京都大以外の出身者。

＊宮崎市定（東洋史）　飯山（長野・飯山北）↓松本高校↓京都帝国大学

＊田畑茂二郎（政治学）　舞鶴中（京都・西舞鶴）↓三高↓京都帝国大学

＊梅棹忠夫（民族学）　京都一中（京都・洛北）↓三高↓京都帝国大学

＊上山春平（哲学）　台北一中（台湾・廃校）↓台北高校↓京都帝国大学

＊猪木正道（政治学）　上野中（三重・上野）↓三高↓東京帝国大学

＊松沢哲郎（霊長類学）　両国（東京）↓京都大

＊村松岐夫（政治学）　掛川西（静岡）↓京都大

＊白石隆（政治学）　愛光（愛媛）↓東京大

ノーベル賞、京都大総長、文化勲章、文化功労者では「京都一中↓三高」（洛北↓京都大）が存在感を示している。いわば京都のエリートコースであり、ほかに川喜田二郎（文化人類学）、辻清明（政治学）、新村猛（言語学）など錚々たる学者がいる。戦後、１９５０年代まで「洛北↓京都大」が成り立っていたが、１９６０年代以降、北野、洛星、洛南、甲陽学院、東大寺学園にとって代わられてしまう。だが、北野を除いてこれらの学校からノーベル賞学者は生まれていない。ノーベル賞学者を生んだ学校で勉強すること。それはいつだって研究者を志望する高校生のたいへんな励みになる。京都大合格者ランキングで上位になるより、卒業生がノーベル賞をとったほうがはるかにうれしい。知名度はいっきに全国区になり、それが結果的に京都大合格者を増やすことになる。こうして新しい歴史と伝統が作られる。

参考文献（引用などに用いた主要文献）

【書　籍】

『学制百年史』（文部省）、『いま学校で　高校生①〜③』（朝日新聞社）、『教育の森』（村松喬、毎日新聞社）、『灘高校生の受験日記』（園池靖、秋元文庫）、『灘高のモーレツ受験宣言』（勝山正躬、協同出版）、『エリート教育の光と影』（毎日新聞神戸支局、毎日新聞社）、『京大的文化事典』（杉本恭子、フィルムアート社）、『必勝大学受験法』（加川仁、講談社）、『乱塾時代』（毎日新聞社会部、サイマル出版会）、『日本教育歴年史』（新堀通也、北大路書房）、『入学試験』（黒羽亮一、日本経済新聞社）、『試験の社会史』『学歴の社会史』（以上、平凡社、天野郁夫）、『立志・苦学・出世――受験生の社会史』（竹内洋、講談社）、『現代日本の名門校』（二見喜章、主婦の友社）、『私の京大合格作戦』（各年版、エール出版社）、『高校生は反逆する』（三一新書）、『宗教教育資料集』（すずき出版）、『47都道府県の名門高校――藩校・一中・受験』（八幡和郎他、平凡社新書）、『名門高校人脈』（鈴木隆祐、光文社新書）、『名門高校ライバル物語』（宮島英紀・小峰敦子、講談社）、『日本における中学校形成史の研究（明治初期編）』（神辺靖光、多賀出版）、『田舎の無名高校から東大、京大にバンバン合格した話―西大和学園の奇跡』（田野瀬良太郎、主婦の友社）、『この男《ひと》を見よ――智辯学園を一流校にした藤田照清の生き様』（二見喜章、ＥＲＣ出版）、『京都一中百五十周年記念　われら自由の学び舎に育ち』（稲垣直美・熊谷かおり、ミネルヴァ書房）、『むかし　京都の一中生』（京一中記念誌編集委員会）

【新聞、雑誌、機関誌、受験情報誌など】

「朝日新聞」「毎日新聞」「読売新聞」「日本経済新聞」「京都大学新聞」「京都学生新聞」『朝日ジャーナル』『週刊朝日』『サンデー毎日』『週刊サンケイ』『週刊読売』『読売ウイークリー』『ＡＥＲＡ』『週刊現代』『週刊文春』『週刊新潮』『文藝春秋』『月刊現代』『プレジデント』『内外教育』『進学レーダー』『螢雪時代』（旺文社）、『受験旬報』（旺文社）、『高3コース』（学研）、『増進会旬報』（Z会）、『Guideline』（河合塾）、『大学受験α』（代々木ゼミナール）、『東大受験αβ』（東京大学学生文化指導会）、『親学』（京都大学親学会）、『京大を受ける人のために』『京都大学を知る本』（以上、各年版、京都大学新聞社）

【学校史（学校新聞を含む）】

〈高校〉札幌南、札幌北、青森、八戸、弘前、盛岡第一、仙台第一、仙台第二、秋田、山形東、米沢興譲館、福島、磐城、安積、会津、水戸第一、土浦第一、宇都宮、栃木、宇都宮女子、高崎、前橋、県立浦和、浦和第一女子、熊谷、川越、県立千葉、日比谷、西、戸山、小石川、新宿、両国、立川、国立、開成、麻布、桜蔭学園、女子学院、筑波大学附属駒場、筑波大学附属、東京学芸大学附属、お茶の水女子大学附属、湘南、横浜翠嵐、平塚江南、厚木、横須賀（神奈川）、フェリス女学院、新潟、高田（新潟）、高岡、富山中部、富山、金沢大学附属、金沢泉丘、金沢二水、藤島、高志、松本深志、長野、甲府西、甲府東、岐阜、大垣北、静岡、浜松北、沼津東、掛川西、旭丘、東海、岡崎、時習館、四日市、津、伊勢、膳所、彦根東、虎姫、洛北、山城、西舞鶴、東舞鶴、大阪教育大学附属天王寺、北野（大阪）、天王寺、大手前、茨木、清水谷、大阪桐蔭、神戸、姫路西、灘、甲陽学院、神戸女学院、奈良、奈良女子大学附属中等教育、桐蔭、鳥取西、米子東、松江北、出雲、岡山朝日、岡山操山、広島国泰寺、広島学院、広島女学院、広島大学附属、修道、下関西、山口、城南（徳島）、徳島市立、高松、丸亀、愛光、松山東、今治西、久留米大学附設、修猷館、小倉、福岡（福岡）、筑紫丘、弘学館、佐賀西、長崎東、長崎西、佐世保北、熊本、済々黌、大分上野丘、宮崎大宮、鶴丸、甲南（鹿児島）、鹿児島玉龍、ラ・サール、首里

〈大学〉『京都大学百年史』『第三高等學校一覧』『東京大学百年史』『京都教育大学百二十年史』

〈予備校〉『ルポ・河合塾の75年』『駿河台学園七十年史』『大道学園創立十周年記念史』『創立三十年　夕陽丘予備校史』

【都道府県関係】

各都道府県教育史

おわりに

高校にかかわるさまざまなランキングを作ってきた。もう30年以上になる。サッカーワールドカップ日本代表、国際数学オリンピック出場者、ノーベル賞学者、国会議員や官僚、社長、小説家、宝塚歌劇団メンバーなどの出身校についてである。そして定番の、東京大合格者の出身校。ランキングの作成を通じて、高校の特徴を少しでも知りたいと思ったからだ。

本書では、京都大合格者の出身高校を徹底的に調べてみた。集めたデータを整理してソートをかけると、個性あふれる高校がズラリと並ぶ。ランキングができあがる瞬間は、驚きあり、発見ありでなかなか楽しい。

京都大合格者をしぶとく出し続ける高校を見ると、歴史と伝統に基づく執念を感じる。お役所（教育委員会）に振り回されて進学実績の浮き沈みが激しい高校には、同情を禁じ得ない。急速に合格者を増やした「新参者」の高校は、ＩＴビジネス分野で大成功をおさめたベンチャー企業を連想させる。

興味本位と叱られるかもしれない。しかし、ランキングは学校の伝統、あるいは努力を測る1つの指標であり、より良い教育を築くための基本データとなり得る。なぜ、あれほど有名な進学校だったのに、現在は元気がないのか。なぜ、このあいだまで不良が多かったのに、わずか数年で京都大合格者を増やしたのか。こうした高校のドラマを追求すると、教育学、社会学など学問の醍醐味を味わうことができる。本書をもとに京都大、そして京都大合格高校の研究を進めていただけたなら、これ以上うれしいことはない。

もちろん、寝っ転がりながらランキングを眺めるのもいい。「わが母校は最近、今イチ伸びないなあ」。あるいは「私たちのころと違って、すげえ進学校になってしまった」などと、床屋談議的に読まれることも歓迎したい。京都大合格高校の世界は、きっと奥深い。

本書を書き進めるにあたって、大学通信の安田賢治さん（故人）、井沢秀さん、秋山亘さん、小林聡さん、代々木ゼミナールの奥村直生さん、高宮敏郎さん、坂口幸世さん、駿台予備学校の石原賢一さんからの資料提供、お知恵拝借にはたいへん助けられました。京都大に多くの合格者を出している高校にも、取材や情報提供などでご協力いただきました。ランキングデータの作成については、明治学院大の中村眞大さん、学習院大の大森開登さんの力を借りました。そして、本書の編集を担当してくださった光文社の三宅貴久さん、江口裕太さんにはたいへんお世話になりました。
どうもありがとうございました。

２０２３年12月

小林哲夫